KB108123

고수의
보고법

고수의 보고법

지은이 박종필

1판 1쇄 발행 2015년 1월 25일
1판 16쇄 발행 2020년 1월 21일
개정증보판 1쇄 발행 2020년 8월 30일
개정증보판 8쇄 발행 2024년 2월 15일

발행처 (주)옥당북스
발행인 신은영

등록번호 제2018-000080호
등록일자 2018년 5월 4일

주소 경기도 고양시 일산동구 위시티1로 7, 507-303
전화 (070)8224-5900 팩스 (031)8010-1066

값은 표지에 있습니다.
ISBN 979-11-89936-28-0 03320

이메일 coolsey2@naver.com
블로그 https://blog.naver.com/coolsey2
포스트 https://post.naver.com/coolsey2

이 도서의 국립중앙도서관 출판시도서목록(CIP)은 서지정보유통지원시스템 홈페이지(http://seoji.nl.go.kr)와
국가자료공동목록시스템(http://www.nl.go.kr/kolisnet)에서 이용하실 수 있습니다.
(CIP제어번호: CIP2020033171)

상사의 마음을 얻는 보고의 원칙

고수의
보고법

박종필 지음

옥당

필자는 국문과 출신이 아니다. 글쓰기를 업으로 하는 기자나 소설가도 아니고, 말하기 강사도 아니다. 평범한 공무원일 뿐이다. 글쓰기나 프레젠테이션, 스피치 등 글과 말에 관한 학위는 커녕, 강의 한 번 제대로 들어본 적도 없다.

"그런 사람이 어떻게 대다수 직장인의 숙제인 직장 내에서 윗사람에게 글과 말로 잘 보고하는 '보고법'을 이야기하려는 것일까?"라고 의아해 하는 사람도 있을 수 있다. 필자 역시 지난 25년간 공무원 생활을 하면서 보고를 할 때마다 고민스러웠다. 보고받는 사람은 어떤 보고를 원할까? 어떻게 해야 복잡한 것을 쉽게 설명할 수 있을까? 고민을 거듭했지만 묘수를 찾을 수 없었다. 어떤 보고가 좋은 보고인지 알려주는 사람도 없었고, 보고 방법에 대해 체계적인 교육을 받을 기회도 없었다. 맨땅에 헤딩하듯 스스로 답을 찾아야 했고, 그러다 보니 무수히 깨지는 과정을 겪을 수밖에 없었다.

그리고 그 험난한 과정을 거치며 '상대방 입장에서 섬세하게 생각하기'라는 필자 나름의 해답을 발견했다. 필자는 그 어려움을 후배들은 안 겪었으면 좋겠다는 생각에 그 경험과 노하우를 간단한 유인물로 정리해 공유하기 시작했다. 이를 본 한 후배가 부서원을 대상으로 강의해달라고 요청했고, 이를 계기로 필자의 보고법 특강, 즉 '섬세특강'이 시작되었다. 2012년 1월의 일이었다. 이후 그 특강은 지금까지 8년간 계속되고 있다. 주로 중앙부처, 지자체의 공무원과 공공기관 직원이 대상이며, 약 2만여 명이 강의를 들었다.

그런데 왜 이렇게 보고법에 관심을 갖게 되었을까? 필자의 경력과 관련이 있다. 필자는 고용노동부에서 25년 근무하는 동안, 본부의 기획조정실 내 기획재정담당관실에서만 만 5년(사무관 3년, 과장 2년)을 근무했다. 부서 이름에서 알 수 있듯이, 이곳은 기획, 정책조정, 국회, 예산, 결산 등 고용노동부의 정책과 재정 업무를 총괄하는 곳이다. 한마디로 우리부 외부의 자료가 오면 갈무리하여 내부로 정리해주고, 내부의 자료를 모아 전체 모양을 그려 외부를 설득하는 일이다. 그 과정에서 남들보다 훨씬 많은 보고서를 보고, 쓰고, 보고를 하고, 보고하는 사람을 보았다. 물론 고수도 많았다. 그러나 콘텐츠는 훌륭한데, 그것을 제대로 표현하지 못해 곤란을 당하는 안타까운 경우가 더 많았다. 그러면서 콘텐츠를 명확하고 효과적으로 전달하는 '보고법'이 정말 중요한데, 실전에서는 대부분의 직장인이 보고법이 왜 중요하고, 어떻게 잘 할 수 있는지 잘 모른다는 사실도 알게 되었다.

조직에서 일 잘한다는 평가를 받기 위해서는 두 가지가 필요하다. 첫째, 콘텐츠가 풍부해야 한다. 일반교양과 해당 분야의 전문지식이 스스로의 논리구조로 정리되어 있어야 한다. 둘째, 그 콘텐츠를 잘 표현(보고)할 수 있어야 한다.

보통 윗사람에게 말과 글로 내 생각을 표현하는 것을 보고라고 할 때, 표현능력을 기준으로 다음의 세 그룹으로 나눌 수 있다. 100의 콘텐츠를 80만큼 표현하는 A, 90의 콘텐츠를 90 그대로 표현하는 B, 80의 콘텐츠를 120만큼 표현하는 C. 이중 가장 조직기여도가 높고, 좋은 평가를 받는 보고자는 누구일까?

C는 소위 오버하는 사람이다. 결국 콘텐츠의 밑천이 드러나 신뢰를 잃게 된다. 그렇다면 남은 A, B 중 누가 더 조직에 필요한 사람일까? 당연히 B다. 조직의 성과는 구성원들이 얼마나 많은 콘텐츠를 갖고 있는가보다는 그것을 얼마나 잘 표현하는가에 달려 있기 때문이다. 이 책에서 다루려는 것이 바로 이 콘텐츠를 잘 표현하는 방법 즉 '보고법'인 것이다.

그렇다면 어떻게 해야 보고를 잘할 수 있을까? 서점에 가면 기획과 보고서 작성, 프레젠테이션 비법을 다룬 책들이 정말 많다. 기획의 달인이 되는 몇 가지 원칙, 감동적인 보고서를 쓰는 방법, 상사를 사로잡는 스피치 방법, 성공하는 프레젠테이션 비법 등의 문구로 독자를 유혹한다. 마치 그 책을 읽으면 모든 문제가 해결될 것 같다. 하지만 막상 책을 읽어도 갈증은 사라지지 않는다.

"그래, 맞는 얘기야. 그런데 어떻게 그런 방법을 내 것으로 만들 수 있지?"

"책을 볼 때뿐이야. 막상 쓰려고 하면 그 원칙들이 생각 안 나."

"몇 권을 독파해도 다 비슷한 얘기뿐이야."

"책에 나온 목차대로 따라 썼는데, 현실은 또 수렁이잖아?"

"난 이공계 출신 엔지니어야. 나 같은 사람하고는 안 맞아."

결국 해답을 찾지 못하고, '원래 보고는 어려운 거야. 하다보면 어떻게 되겠지'라면서 포기하게 된다

왜 그럴까? 그들은 왜 수많은 원칙과 방법이 있는데도 자기에게 맞는 보고법을 찾지 못할까? 간단하다. 보고가 무엇인지 본질을 잘 모르기 때문이다.

보고란 무엇일까? 필자가 그간 경험에서 찾아낸 본질은 '상대방 입장에서 섬세하게 생각하기'다. 그동안 특강에서 이런 이야기를 할 때마다 대부분 '맞아, 맞아'하면서 고개를 끄덕이고 맞장구를 쳐

주었다. 다들 비슷한 어려움과 경험을 공유했다는 얘기다. 이들의 공감이 이 책을 집필하는 또 다른 힘이 되었음을 밝힌다.

앞으로 이 책에서 설명할 보고의 노하우는 모두 이 본질에 대한 이해를 바탕으로 하고 있다. 보고할 때마다 상대방 입장을 생각한다는 본질을 잊지 않는다면, 누구나 고수가 될 수 있다. 이 책을 통해 여러분이 보고의 두려움을 극복하고 나아가 자신만의 보고법을 만들어내길 기대한다. 문제의 답은 항상 본질의 이해에 있음을 잊지 말자!

시작할 때는 자신감으로 충만했지만, 지금은 부끄러움만 가득하다. 부족함이 넘치는 필자를 채워주신 우리 부서의 선배, 후배, 동료님들께 더욱 겸손해지겠다는 말씀으로 존경을 대신한다. 기가 막힐 때마다 기막힌 코멘트로 뚫어준 김범석 과장, 흔들릴 때마다 유연함으로 붙잡아준 유연희 팀장, 흔쾌히 출간을 허락한 옥당 출판사 대표님께도 고마움이 가득하다. 바쁘다는 핑계로 자주 뵙지 못한 양가 부모님, 재미없는 사람을 이해해준 아내와 아들, 딸에게 이 책을 드린다.

박 종 필

| 차례 |

■ 머리말 • 5

■ 프롤로그 | **기억에 남는 보고, 어떻게 할까?** • 12

1 | 기획   스토리를 찾아내는 **생각 정리하기** ⋯⋯⋯⋯ 29

- 먼저 '왜'라고 질문하자 • 42
- 덩어리로 생각하자 • 45
- 중복과 누락을 없애자 • 53
- 비교해서 좌표를 찾자 • 57
- 마무리하고 수정하자 • 63

2 | 쓰기   누가 봐도 알 수 있는 **생각 풀어내기** ⋯⋯⋯ 69

- 비문을 쓰면 비명이 나온다 • 73
- 길게 쓰면 숨이 막힌다 • 82
- 정보만 나열하면 의미가 안 보인다 • 90
- 원칙만 쓰면 내용이 사라진다 • 94
- 어렵게 쓰면 아무도 모른다 • 97

3 | 편집   내 생각을 그려주는 **생각 보여주기** ⋯⋯⋯⋯ 103

- 마우스를 잡지 말고 자판으로 해결하자 • 107
- 헷갈리게 하지 말고 일관성을 유지하자 • 111
- 글자를 읽지 말고 문맥을 파악하자 • 112
- 모양을 꾸미지 말고 의미를 보여주자 • 114
- 무작정 끝내지 말고 한 번 더 읽어보자 • 115

4 | 말하기 알기 쉽게 말하는 **생각 전달하기** ················· 117

- 시기에 맞는 타이밍을 잡자 · 121
- 상황에 맞는 방법을 고르자 · 129
- 내용에 맞는 화법을 만들자 · 142

5 | 훈련 **종류별 보고서 쓰기** ································· 161

- **정책검토보고서** | 제목부터 확인을 · 165
- **계획수립보고서** | 행사에도 스토리를 · 173
- **상황보고서** | 빨리 쓰려면 신중하게 · 181
- **개요정리보고서** | 짧을수록 제대로 · 188
- **회의 참고자료** | 현장에서 도움이 되도록 · 195
- **외부보고서** | 보고 · 협의 · 설명 · 말씀 자료 · 200

6 | 훈련 **상황별 보고하기** ··································· 219

- **1대1 대면보고** | 상대방 파악부터 · 222
- **회의** | 모두가 아는 말로 · 232
- **프레젠테이션** | 문서가 아니라 그림으로 · 237
- **행사** | 즉석 말하기는 평소 연습으로 · 257
- TIP | **이럴 땐 이렇게**
  ① 동료와 업무 협의할 때 · 265
  ② 부하직원에게 코칭할 때 · 272

- 에필로그 | **상대방 입장에서 생각하라** · 282

특강

역량평가 이해하기 · 287

- 역량평가에 관한 네 가지 오해와 이해 · 290
- 평가방법별 의미 생각하기 · 300
- 미리 준비하는 역량평가 · 321

기억에 남는 보고, 어떻게 할까?

이 정도면 결재받을 수 있겠지?

직장인이라면 누구나 보고 때문에 스트레스를 받는다. 직접 검토하고 보고서 초안을 써야 하는 실무자는 당연하다. 직접 쓰지는 않지만 실무자의 보고서를 가지고 상사의 결재를 받아야 하는 중간 관리자도 마찬가지다. 그뿐만 아니라 최고 경영자에게 5분 안에 수백억짜리 사업 추진계획을 보고하고 결심을 받아야 하는 고위 관리자도 매한가지다. 도대체 왜 우리는 보고 때문에 스트레스를 받아야 하는가?

한국섬세공사 기획총괄팀 박 대리. 직원 워크숍 계획을 세워서 보고하란다. '대학때 동아리 엠티 말고는 행사 경험이 없는데….' 우선 전임자의 작년 폴더를 살펴봤다. 헉, 기본계획서 2종(전체 본과 요약본), 이사장님 말씀자료 3종(무두말씀, 분임토의 강평, 마무리말씀), 행사진행 시나리오, 8개 지역본부 업무보고자료, 외부강사 특강자료, 임차 계약서 2종(숙소, 버스), 안내도 4종(교통편, 좌석·숙소·만찬 배치도), 참석자 명단, 명찰. 파일만 16개다.

'워크숍 한 번 하는데 뭐 이리 쓸 게 많아? 에라, 모르겠다. 옛날 것들 대충 짜깁기하자. 작년에도 이렇게 결재를 받았는데, 금년에도 이 정도면 받겠지. 일단 써서 던지자!'

던지니까 깨졌다. 깨지니까 열받는다. 박 대리는 퇴근하며 동기들과 함께 소주 한잔 걸치며 푸념을 늘어놓는다.

"도대체 내 보고서가 어떻기에 난리야? 자기는 나보다 잘 쓰나? 이거 쓰느라고 사흘 내내 12시까지 야근했어. 전체적인 구성은 내가 보기에 괜찮아. 표현도 대충 뜻이 통하는 데 아무 문제 없고. 오타도 3쪽짜리 페이퍼에 딱 한 개였어. 내용도 최대한 빡빡하게 채웠단 말이야. 더구나 예전 것을 짜깁기한 거라 기본 흐름은 같고 마이너한 부분만 수정한 거잖아. 그런데 왜 그러지? 보고서에 깔려 있는 취지를 이해 못 한 거 아닐까? 내 입장에선 정말 최선을 다한 거거든."

여러분은 '도대체~'부터 시작되는 위의 몇 마디 말에서 박 대리가 깨지는 이유를 몇 개나 찾을 수 있을까? 가장 먼저 눈에 띄는 것은 마지막 "내 입장에선 정말 최선을 다한 거거든."이라는 말이다. 보고서를 쓰는 나는 최선을 다했다. 그런데 그것이 보고서를 읽어야 하는 상사에게 무슨 의미가 있을까? 이런 문제의식을 가지고 다시 한 번 꼼꼼히 살펴보자. 이제 여러분은 박 대리가 깨지는 이유를 몇 군데 더 찾을 수 있을 것이다.

① 전체적인 구성은 내가 보기에 괜찮아. → 아니다. 상대방이 보기에 이해가 되어야 한다.

② 표현도 대충 뜻이 통하는 데~ → 천만에. 뜻이 대충 통한다는 것은 정확하게 안 통한다는 말이다. 그래서 읽는 사람은 당신이 대충 썼다고 생각한다.

③ 오타도 ~ 딱 한 개였어. → 그래서? 한 개라도 오타는 오타다. 30쪽짜리를 써도 오타 없이 쓰는 사람이 수두룩하다.

④ 내용도 최대한 빡빡하게 채웠단 말이야. → 정말 답답하다. 내용이 빡빡하면 읽는 사람 눈에는 절대 안 보인다.

⑤ 예전 것을 짜깁기한 거라~ → 오 마이 갓! 도대체 언제 적 보고서를 카피해서 짜깁기한 거야?

⑥ 보고서에 깔려 있는 취지를 이해 못 한 거 아닐까? → 당연하다. 취지가 깔려 있으니 이해할 수 없다. 취지가 보이게 써야 이해하지 않을까?

박 대리의 푸념을 보면 그가 깨질 수밖에 없는 이유를 정확히 알 수 있다. 보고서를 읽는 '상대방'이 아니라 쓰는 '나' 위주로 대충 썼기 때문이다. 이것이 바로 그가 깨지는 이유다.

자네 같으면 결재하겠어?

　대충 쓴 보고서를 읽은 상사는 과연 어떻게 생각할까? 상사에게 깨지는 보고서 유형과 그에 따른 상사의 반응을 살펴보자.

언행불일치형

- 말은 청산유수인데 왜 말대로 못 써?
- 왜 말하고 글하고 달라? 완전 따로국밥이네.
- 참 이상해. 보고서가 자네 설명하고 전혀 다르잖아?

중언부언형

- 도대체 무슨 말이야? 앞뒤가 안 맞잖아?
- 분량은 긴데 포인트가 뭐지? 왜 한 얘기 또 해?
- 군대 주특기가 정보병과야? 완전히 암호 수준이네.

지지부진형

- 왜 이렇게 길어? 1쪽이면 충분할 거 같은데 종이가 아깝다.
- 이 많은 걸 지금 다 읽으라는 거야? 5분 있다 나가는데?
- 지금 소설 써?

문법무시형

- 학교 다닐 때 국어가 몇 점이었어?

- 요즘은 학교에서 글쓰기 안 가르치나?

- 자네 성이 오씨야? 오탈자가 오묘하네.

무색무취형

- 그래서 나보고 어쩌라고? 자네 검토 의견이 뭐야?

- 나는 모르니까 읽는 사람이 알아서 판단하라는 거야?

- 숫자만 나열하면 어떻게 해? 의미가 뭐야?

이 반응들의 공통된 결론은 '자네 같으면 결재하겠어?'다. 그렇
다. 제대로 된 상사라면 일을 일부러 늦게 하려는 상사는 없다. 모
두 빨리 결재해서 일을 털고 싶어 한다. 여러분이 결재를 받지 못하
는 보고서를 쓰고 있을 뿐이다. 여러분의 폴더를 열고 지난 보고서
파일을 보자. 혹시 깨지는 보고서의 다섯 가지 유형에 해당하는 파
일이 있는가? 그렇다면 반드시 고쳐야 한다.

내 글과 말이 우리 조직을 움직인다

조직이란 특정한 목적을 달성하기 위해 일하는 사람들이 모인
집단이다. 단순화하면 일과 사람이다. 따라서 조직이 일이라는 목

적을 달성하기 위해서는 구성원 간의 책임과 소통이 중요하다.

그런데 책임은 어떻게 지는가? 중요한 결정은 근거가 있어야 하므로 글과 말로 이루어질 수밖에 없다. 그렇다면 소통은 어떻게 이루어져야 하는가? 물론 몸짓과 표정 등 비언어적 방법으로도 소통할 수 있지만, 그것만으로는 부족하다. 정확한 글과 말이 없이는 정확한 소통도 이루어질 수 없다. 따라서 내 글과 말은 책임과 소통을 통해 거대한 조직을 운영하는 핵심 도구인 셈이다.

사람들은 상대방 입장을 이해할 수 없을 때 흔히 "저 친구는 꽉막혔어. 커뮤니케이션이 전혀 안 돼!"라고 말한다. 커뮤니케이션, 즉 소통에는 이해와 표현이란 두 요소가 필요하다. 이해란 단순히 상대의 글과 말을 보고 듣기가 아니라 그것으로 표현된 생각을 받아들이는 것이다. 표현 역시 상대가 내 생각을 이해할 수 있도록 글과 말로 나타내는 것이다. 따라서 소통의 핵심은 내 생각을 그냥 표현하는 것이 아니라 '상대방이 이해할 수 있게 표현하는 것'에 있다.

허준 선생의《동의보감》에 '통즉불통通則不痛 불통즉통不通則痛'이란 말이 있다. 몸속에 기가 통하면 아프지 않고 안 통하면 아프다는 뜻이다. 내가 대충 쓰고 말한다면 상대방이 제대로 이해할 수 없다. 그러면 우리 조직은 '불통즉통'이다. 보고를 대충하면 안 되는 첫 번째 이유다.

내 글과 말이 나를 평가한다

'내 일My work'을 잘해야 '내일Tomorrow'이 보인다. 무슨 말일까? 직장인이 원하는 조직에서의 내일은 대부분 승진일 것이다. 그런데 내일(승진)에만 관심을 갖는다고 그것이 빨리 올까? 제대로 된 조직이라면 내일(승진)은 내 일을 잘할 때 주어지는 보상일 뿐이다. 그 내 일은 내 글과 말, 즉 보고로 평가를 받는다. 그런데 대부분 보고를 잘 못하고 있고, 이는 보고의 본질을 잘 모르기 때문이다. 보고에 대한 잘못된 생각 몇가지를 보자.

● "뜻만 통하면 돼" 스타일

주변을 보면 대범하게 "보고서에 형식이나 문장이 뭐가 중요해? 뜻만 통하면 되지."라고 말하는 사람들이 있다. 전혀 아니다. 형식은 논리의 틀이다. 형식이 이상하면 논리가 흔들린다. 문장은 생각 풀기의 실타래다. 문장이 어색하면 생각이 없어 보인다. 혹시 '난 공대 출신 엔지니어야. 데이터가 중요하지, 보고서 형식이 뭐가 중요해? 문과대 출신도 아닌데 문장도 조금 딱딱할 수도 있지 뭐.'라고 생각하는가? 입장을 바꿔서 생각해보라. 내 보고서를 읽는 상사가 내가 공대출신임을 감안해서 읽어줄까? 그런 일은 절대 생기지 않는다!

● "양식 같은 건 기획실이 알아서 하겠지" 스타일

공기업이든 사기업이든 기획조정실이나 경영전략실 같은 총괄 부서에서 제일 싫어하는 사람이 누구일까? 기본 양식대로 해주지 않는 사람이다. 자료를 취합해보면 아무리 이대로 해달라고 양식을 만들어 뿌려도 절대 그대로 안하는 사람들이 꼭 있다. 그런 사람을 보면 '남을 전혀 배려하지 않는 생각 없는 사람'이란 생각이 든다. 그런데 문제는 이런 생각만으로 끝나지 않는다는 것이다.

여러분이 어느 부처 또는 회사의 기획총괄팀장이라고 생각해보 자. 며칠 후 국정감사가 있다. 장관 또는 이사장, 회장에게 각 부서 의 답변 참고자료를 전체 취합해서 보고하는 중이다. 그런데 그분 이 보다가 "박 팀장, 이 부분 내용이 이상한데? 앞뒤가 전혀 안 맞 잖아?" 하고 지적을 한다면 여러분은 어떻게 대답을 할까?

평소 자료 협조가 잘 안 되는 부서가 실수했다면 ⇨ "죄송합니다. 그 부서가 자료를 너무 늦게 보내줘서 제가 미처 볼 시간이 없었 습니다. 그런데 그 부서는 항상 그렇습니다. 사람은 많은데 부서 내에서 이런 실수가 잘 걸러지지 않는 것 같습니다."

평소 자료 협조가 잘되는 부서가 실수했다면 ⇨ "죄송합니다. 제가 바빠서 미처 꼼꼼히 검토를 못 했습니다. 원래 그 부서는 실수가 전혀 없는데, 요즘 너무 많은 현안이 겹쳐서 바쁜 것 같습니다. 일시적이라도 인력보강이 필요해 보입니다."

실제로 매번 이렇게 말하지는 않는다. 그러나 사람인지라 이렇게 말하고 싶은 충동이 든다. 그리고 이런 충동이 자주 들다 보면 한 번쯤은 그렇게 말하게 될 가능성도 높아진다. 사소해 보이는 1쪽짜리 자료가 사소한 것이 아니다.

● "오탈자 같은 건 가끔 있을 수 있지." 스타일

우리들은 오탈자 또는 비문非文(문법에 맞지 않는 문장)을 그럴 수도 있는 실수라고 생각한다. 정말 그럴까?

> 어떤 분들은 저보고 장관이나 되었으면서도 보고서의 오탈자까지 지적한다고 흉본다는 것을 잘 알고 있습니다. 그러나 전 생각이 다릅니다. 자기 업무에 관심이 있으면 애정이 생기고, 애정이 생기면 디테일이 보이는 법입니다.

2010년 모 장관이 차관 이하 전 실·국장이 모인 간부회의에서 공개적으로 한 말이다. 쓰는 사람에게는 오탈자가 작은 실수일 수 있지만, 읽는 사람에게는 이해를 방해하는 큰 걸림돌이다. 위의 말처럼 오탈자는 나를 업무에 관심과 애정이 없는 사람으로 보이게 할 뿐이다. 그런데 사실 오탈자보다 더 큰 것이 비문, 즉 오탈문이다. 오탈자는 실수지만 오탈문은 실력이다. 오탈자는 바빠서 낸 것이고 원뜻을 이해할 수 있지만, 오탈문은 관심이 부족해서 난 것이고, 결정적으로 무슨 뜻인지 알 수가 없다. 따라서 오탈문은 내 인생을 오류와 탈락으로 이끄는 지름길이 될 뿐이다.

보통 평가라고 하면 남이 나를 평가한다고 생각한다. 아니다. 남이 나를 평가하는 것이 아니라 내가 나를 평가하는 것이다. 내가 쓴 1쪽짜리 보고서가, 엘리베이터에서 10초간 했던 한마디 보고가 부메랑처럼 돌아와 나를 평가한다. 직장인에게 보고란 자신을 평가하는 잣대인 것이다. 대충 보고하면 안 되는 두 번째 이유다.

보고에도 급이 있다

모든 평가에는 등급이 있다. 성적표에는 수우미양가, 성과연봉등급에는 SABC, 한우에도 A++, A+ 급이 있다. 보고에도 하수, 중수, 고수가 있다. 지금 나의 보고는 어떤가? 1쪽짜리 보고서 때문에 무참히 깨지고 몇 번씩 다시 고쳐야 하는 하수下手인가? 아니면 수십 장짜리 보고서도 말 한마디로 그대로 통과시키는 고수高手인가?

하수와 중수의 보고

도대체 보고가 무엇일까? 매일 보고서를 쓰느라 회사에서 머리를 싸매고 야근을 한다. 보고서를 가지고 상사에게 깨지기도 한다. 그런데 막상 보고가 무엇인지 생각해본 적은 별로 없다. 사전을 보면, 보고는 '일의 내용이나 결과를 말이나 글로 알리기'라고 한다.

그런데 한 가지 의문이 든다. 우리는 과연 보고할 때 일의 내용과 결과를 있는 그대로 표현할 수 있을까? 그럴 수 없다. 왜냐하면, 보고하는 사람은 필연적으로 스스로의 주관에 따라 그 내용과 결과의 의미를 달리 해석하기 때문이다. 설사 있는 그대로 표현할 수 있다고 치자. 하지만 그런 보고가 무슨 의미가 있을까? 보고받는 사람도 기계가 아니라 글과 말을 이해하려는 사람이다. 만약 보고가 내용과 결과를 있는 그대로 표현하는 것이라면, 보고 때문에 고민하는 일도 없을 것이다. 필자는 이렇게 자기 생각이 들어가 있지 않은 보고를 '무생각 보고'라고 한다. 즉, 하수의 보고다.

일의 내용과 결과를 그대로 표현하는 것이 사실상 불가능하고 큰 의미가 없다면 보고의 개념을 다시 정의할 필요가 있다. 결국 보고란 '윗사람에게 일의 내용과 결과에 대한 내 생각을 표현하는 것'이라고 할 수 있다. 최소한 '무생각 보고'라는 평가에서 벗어나려면, 보고에 '사실만이 아니라 내 생각'이 담겨야 한다. 그래야 보통 수준, 즉 중수의 보고다.

고수의 보고

앞에서 보고를 하려면 콘텐츠와 표현이란 두 가지가 필요하다고 했다. 그렇다면 잘된 보고란 무엇일까?

우선, 콘텐츠가 좋아야 한다. 내용이 충실하지 않으면 보고의 의미가 없다. 그런데 콘텐츠라는 것은 분야별로 다르게 존재하므로 모든 분야에 적용되는 보편적 콘텐츠란 있을 수 없다. 따라서 각자가 공부하고 경험하면서 자기 분야의 전문성을 쌓을 수밖에 없다.

둘째, 콘텐츠를 제대로 표현해야 한다. 표현법은 콘텐츠와 달리 논리성, 정확성 등 몇 가지 보편적 원칙을 설정할 수 있다. 따라서 누구라도 표현법을 배우면 금방 효과를 볼 수 있다. 우리가 이 책을 통해 얻으려는 '보고 잘하는 방법'이 표현법의 대표적인 분야이다.

박 대리는 며칠 동안 고생해서 검토보고서의 초안을 완성했다. 기분 좋게 팀장님께 드리고 모처럼 일찍 퇴근해서 동기와 한잔하고 있다. 갑자기 울리는 휴대폰 벨소리.

그사이 부재중 전화도 두 번이나 있었다. 박 대리는 오른손 왼손으로 휴대폰을 번갈아 옮기며, 혹시 몰라 들고나온 보고서와 볼펜을 꺼낸다. 그러고는 벌떡 일어나 전화를 받는다.

"네, 팀장님! 박 대리입니다."

"어디야? 왜 내 전화 안 받아? 일은 안 하고 또 술이야? 1쪽 두 번째 동그라미가 무슨 말이야? 2쪽 첫 번째 당구장 표시 숫자와 3쪽 숫자가 왜 달라? 3쪽의 세부추진계획은 결국 2쪽의 행정사항하고 같은 말이잖아? 다른 게 뭐야? 그리고 총 3쪽이나 되는데 포인트가 뭐야? 이사장님 말씀하고 뉘앙스가 다르잖아?"

폭포같이 쏟아지는 질문과 질책을 메모하다가 "죄송합니다. 확인해서 내일 아침 보고 드리겠습니다."라고 말하며 끊는다.

박 대리뿐만 아니라 실제로 필자도 겪어본 상황이다. 여러분은 어떤가? 보통의 직장인이라면 술집에서, 차 안에서, 지하철에서, 화장실에서, 꿈속에서 이와 같은 씁쓸한 경험을 해봤을 것이다.

잘된 보고란 '일의 내용과 결과에 대한 내 생각을 상대방이 이해할 수 있도록 표현하기'다. 글이라면 읽는 사람이 아무 설명 없이 읽기만 해도 의문이 생기지 않고 쓴 사람의 생각을 충분히 이해할 수 있어야 한다. 필자는 지금도 모든 보고서를 대면이 아니라 서면 보고라고 생각하고 쓰거나 고친다. 말이라면 듣는 사람이 한 번만 들어도 고개를 끄덕일 수 있어야 한다. 박 대리의 경우라면, '팀장이 집에서 읽다가 내게 전화하지 않도록 쓴 보고서'가 최고의 보고서인 것이다. 이 정도는 되어야 고수의 경지다. 필자는 이런 보고를 '섬세 보고'라고 부른다.

그런데 왜 하필 '섬세 보고'일까? 내 생각을 상대방이 이해할 수 있게 표현하기 위해서는 한 번 더 생각해야 한다. 그 섬세함이 보고를 잘하기 위한 핵심이기 때문이다.

- **무생각 보고**: 일의 내용과 결과를 표현하기 ⇨ **하수**
- **보통 보고**:   일의 내용과 결과에 대한 내 생각을 표현하기 ⇨ **중수**
- **섬세 보고**:   일의 내용과 결과에 대한 내 생각을 상대방이 이해할 수 있도록 표현하기 ⇨ **고수**

고수의 보고법 4단계

　잘된 보고는 내 생각을 상대방이 이해할 수 있게 표현하는 것이라고 했다. 그렇다면 내 머릿속에 있는 생각의 흐름을 상대방이 쉽게 이해할 수 있게 하려면 어떤 과정이 필요할까?

① 기획 - 생각 정리하기

　우리의 생각이란 보통 고정되지 않고 끊임없이 변한다. 어디로 튈지 모르는 럭비공과도 같다. 이렇게 생각이 정리되지 않은 상태에서 보고서를 쓴다면 상대방이 내 생각을 제대로 이해할 수가 없다. 따라서 제일 먼저 필요한 것은 내 '생각을 정리하기'다. 흔히 말하는 기획 또는 구상 단계다. 보통 보고서를 잘 쓰는 직원을 보고, '저 친구는 기획력이 뛰어나.'라고 하지 않던가?

　그런데 생각을 정리한다는 것은 여기저기 흘러다니는 생각을 덩어리로 구분짓는 과정이다. 그러면 덩어리는 무엇으로 만들지? 단하나면 충분하다. 논리다. '논리의 덩어리 만들기', 필자는 이를 '스토리텔링'이라고 한다. 이게 핵심이다. 보고서를 잘 쓰기 위해 내 인생에 단 하나만 가지고 가야한다면 단연코 '스토리텔링'이다. '이게 뭐지?'라고 걱정할 필요없다. 필자가 앞으로 집요할 정도로 책과 카페(보고서 클리닉: cafe.naver.com/pjpcrystal)를 통해 소개할 예정이기 때문이다.

② 쓰기 - 생각 풀어내기

내 생각을 논리의 덩어리로 정리했다면, 이제는 문장으로 풀어내야 한다. 실제 단어와 문장으로 보고서를 쓰는 쓰기 단계다. 마치 실타래에서 실을 풀어내듯이 내 생각의 흐름을 글로 풀어내는 느낌이 중요하다. 그러나 여기서 아무 생각 없이 풀어내면, 글이 풀리기는 커녕 실이 엉키듯 글도 엉키게 된다.

엉키지 않으려면 정확하게 풀어내야 한다. 보고서는 소설이 아니라 조직의 의사결정에 필요한 글이다. 정확하게 쓰지 않으면 잘못된 의사결정으로 귀결된다. '정확성이라면 문법을 말하는 것 같은데, 그럼 설마 국문법을 다시 배워야 하나?' 하고 생각할지 모른다. 아니다. 국문법을 배우면 좋지만 안배워도 상관없다. 누구나 할 수 있는 쉬운 방법인데, 아무도 잘 하지 않는 방법, 그런데 따라하면 내 문장에 혁명이 일어나는 놀라운 방법이 있기 때문이다.

③ 편집 - 생각 보여주기

'음, 내가 보아도 괜찮아. 생각의 흐름이 완전히 논리의 덩어리로 잘 정리되었어. 그리고 오늘 글발이 서는데? 정확한 문장으로 쉽게 풀었잖아. 오케이. 끝.'

정말일까? 이렇게 끝내면 절대 보고의 고수가 될 수 없다. 아무리 생각의 덩어리가 논리적이고, 문장이 정확해도 읽는 사람이 한눈에 읽을 수 있도록 보여주지 못하면 무용지물이다. 그래서 바로 편집의 단계가 필요하다.

　1쪽짜리 보고서를 쓴다. 논리와 문장이 모두 완벽하다. 그런데 A4용지 한 장에 빽빽하게 글자 크기 12포인트로, 줄 간격 100으로 (아래한글 기준) 채웠다. 이 보고서를 상사가 잘 읽을 수 있을까? 없다. 상사일수록 나이가 들어서 눈이 나쁘니까 그렇다. 내가 내 생각을 표현한 것과 그가 그 표현을 읽을 수 있느냐는 전혀 별개의 문제다. 내 입장에서의 가독성은 의미가 없다. 상대방 입장에서의 가독성이 필요할 뿐이다.

　고수라면 절대 그렇게 편집하지 않는다. 30분만 투자하면 동일한 내용으로 얼마든지 글자 크기 15포인트, 줄 간격 160으로 고칠 수 있다. 오십 줄에 들어서니 근시와 노안이 겹쳐 다초점렌즈 안경을 썼다 벗었다 하는 그가 어느 것을 좋아할까? 당연히 15포인트, 줄 간격 160짜리다. 상사의 시력까지 고려하는 섬세함이 당신을 다른 사람과 달리 만드는 것이다. 편집은 또 하나의 창작이다.

④ 말하기 – 생각 전달하기

　생각을 정리해서, 문장을 쓰고, 편집까지 다 했다. 이제 가지고 들어가서 말로 보고해야 한다. 보고서에 담긴 내 생각을 상대방에게 잘 전달해야 한다. 물 흐르듯이 말하면 좋겠는데, 진땀만 흐른다. 보고 순서는 뒤죽박죽이고, 혀는 꼬인다.

　보고서를 다 썼다고 보고의 끝이 아니다. 전달되어야 끝난다. 대면해서 직접 말로 하든, 메일로 써서 간접적으로 말을 하든, 여하튼 내 생각이 전달되어야 보고가 끝난다. 아무리 내가 보고서를 잘 써도 상대방에게 제대로 전달되지 않으면 소용이 없다.

그러면 어떻게 해야 할까? 앞서 보고서를 쓰는 3단계까지는 '상대방 입장에서 섬세하게 생각하기'가 본질이었다. 그런데 말하기 단계에서는 하나가 더 필요하다. '미리 준비하기'다. 말은 글과 달라서 글자와 펜, 컴퓨터 등 도구가 개입되지 않는다. 그냥 머릿속 생각이 바로 입으로 튀어나와 순식간에 흩어지게 된다. 그래서 말로 하는 '생각 전달하기'에서는 '미리 준비하기'가 추가로 더 필요한 것이다.

〈고수의 보고법 4단계〉

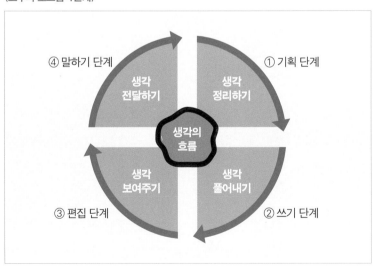

28

스토리를 찾아내는
생각 정리하기

구성은 소설같이!
나만의 스토리를 찾아라!

일 때문에 아무리 바빠도 소설이나 영화를 볼 때가 있다. 재미있는 소설이나 영화를 볼 때면 몇 시간 동안 아무런 다른 생각없이 몰입을 한다. 도대체 무엇때문에 그렇게 몰입을 할까? 스토리 때문이다. 소설가나 영화감독은 인물, 사건, 배경이라는 기본 구성요소를 가지고 나름의 스토리를 엮어낸다. 스토리가 재미있으면 딴생각할겨를 없이 한번에 쉽게 읽힌다.

그러면 보고서도 똑같이 읽는 사람이 딴생각을 못하게 쓰면 되지 않을까? 맞다. 보고서도 스토리가 있어야 쉽게 읽히고, 읽는 동안 몰입을 한다. 그렇다면 보고서에서의 '스토리'란 무엇일까? 소설처럼 현실과 허구를 넘나들며 사랑과 증오, 생과 사를 기승전결로

끌고나가야 하는 것일까? 당연히 아니다. 소설은 아무리 현실처럼 느껴져도 허구이고, 보고서는 아무리 소설처럼 써도 현실이다. 필자는 여기서 보고서의 스토리텔링을 '정보를 나열하지 않고, 일정한 기준으로 묶어서, 논리적 덩어리로 만들기'라고 정의한다. 얼핏 어렵게 보이지만, 사실은 아주 간단하다.

박 대리는 기획총괄팀 전에 홍보팀에서 근무했다. 잠시 그때로 돌아가자. 이사장에게 보고할 '한국섬세공사 홍보 활성화 방안'을 써야 한다. 초안을 쓰고 보니 3쪽이 되었고, 기본 목차는 아래와 같았다.

I.   검토배경
II. 현황 및 문제점
III. 홍보 활성화 방안
IV. 세부 추진계획

이 중 'III. 홍보 활성화 방안'에 세부항목으로 동그라미 기호 10개가 들어갔다. 보고서에서 보통 하나의 동그라미는 하나의 정보를 의미한다. 따라서 동그라미가 10개라면 ○온라인 홍보 활성화, ○외국의 ~제도 도입 검토, ○관련 예산 확보 추진 등 각각 다른 차원의 방안이 10개라는 의미다. 밤을 새서 만들어 냈다. 그런데 여기서 끝내면 될까? 바로 여기서 달라진다.

하수라면? 이렇게 끝낸다. '스토리텔링식 보고서'가 아닌 '정보

나열식 보고서'가 된다. 10개의 방안을 나열만 하면 읽는 사람은 무슨 내용인지 한 번에 알 수 없다. 어떤 기준으로 10개를 선정했는지, 그 방안들이 서로 어떤 관계에 있는지 등 추가 설명을 듣지 않으면 이해하기 어렵다. 의미가 눈에 안 보이니까 그렇다.

고수라면? 절대 10개의 방안을 나열하지 않는다. 나름의 기준으로 3-4개의 덩어리로 정리한다.그리고 그 기준이 어떤 논리적 의미가 있는지 키워드로 눈에 보여준다. 이렇게 써야 한눈에 스토리로 들어오고 흐름으로 이해할 수 있기 때문이다.

다음 두 보고서를 보자. 왼쪽은 10개의 방안이 나열되어 있고, 오른쪽은 홍보의 3요소 즉 시기, 내용, 수단이라는 덩어리로 묶여져 있다. 어느 것이 더 내가 보고하기 좋고, 상대방이 이해하기 좋을까? 당연히 오른쪽이다. 왼쪽에서 오른쪽으로 가기 위해서는 생각을 정리해야 하고, 필자는 이를 '스토리텔링식 생각 정리하기'라고 부른다. 그런데 이 과정은 한 번이 아니라 그 밑의 그림과 같이 [덩어리 묶기 - 의미 찾기 - 조정하기]의 단계를 거치며 완성된다.

여기서 필자는 홍보의 3요소라고 하면서 시기, 내용, 수단을 제시했다. 마치 홍보 전문가인양 했지만 사실 예를 들기 위해 만들어낸 스토리일 뿐이다. 3요소 밑에 있는 화살표식 부제들, 즉 '일회적 → 전략적, All → Some, Supply-friendly → Demand-friendly' 등도 모두 그냥 상식에 근거하여 즉석에서 만든 스토리다. 따라서 홍보 전문가가 보면 이론적으로는 당연히 이견이 있을 수 있다.

하지만 어떤가? 여러분이 읽는 사람이라면 10개가 나열된 홍보

Ⅲ. 홍보 활성화 방안	Ⅲ. 홍보 활성화 방안
○	1. 홍보시기(Timing: When?):
○	일회적 → 전략적
○	○
○	○
○	○
○	2. 홍보내용(Contents: What?):
○	All → Some(Killer contents)
○	○
○	○
○	○
○	3. 홍보수단(Tools: How?):
	Supply-friendly → Demand-friendly
	○
	○
	○

〈스토리텔링식 생각 정리하기〉

① 10개 방안을 다시 읽으면서 비슷한 맥락끼리 덩어리로 묶고, 그 맥락을 나타내는 키워드를 생각해본다.(덩어리 묶기)

② 그 키워드들이 서로 논리적 관계가 있는지 생각하면서, 스토리 (예: When-What-How 등)를 만들어 본다.(의미 찾기)

③ 덩어리에 스토리가 부여되면 10개의 방안들 사이에 중복이나 누락이 없는지 다시 살펴본다.(조정하기)

활성화 방안과 시기, 내용, 수단이라는 스토리로 정리된 홍보 활성화 방안 중 어느 것이 쉽게 읽히겠는가? 당연히 후자일 것이다.

10개를 생각해내는 수고까지는 아주 좋았다. 하지만 헛수고가 되지 않으려면 나만의 스토리를 만들어야 한다. 스토리는 다름 아니라 '어떻게 하면 상대방이 내 보고서를 쉽게 이해할 수 있을까?'라는 생각에서부터 시작된다.

스토리에 몰입하게 하라

드디어 박 대리가 당시 홍보팀장과 함께 '한국섬세공사 홍보 활성화 방안'을 이사장에게 보고하는 날이다. 그동안 국장, 본부장, 이사 보고를 성공적으로 마쳤다. 물론 기본 보고는 홍보팀장이 하지만 세부 답변은 자료를 작성한 박 대리가 해야 한다. 3쪽짜리 짧은 보고서지만 참고자료들을 두둑이 챙겨서 업무 수첩에 끼고 들어간다. 다 본것도 아니지만 그래도 왠지 자료가 두툼해야 열심히 한 것처럼 보일 것 같아서다. 어떤 일이 벌어질까?

10개 방안이 나열된 보고서라면? 이사장의 시선이 잘 나가다가 'III. 홍보 활성화 방안'에서 멈춘다. 고개를 갸우뚱거린다. 10개의 동그라미를 계속 아래위로 훑어본다. 볼펜으로 이리저리 화살표를 그리고 물음표를 매긴다. 어색한 침묵이 흐르고, 눈치 빠른 홍보팀장이 이렇게 말한다.

"이사장님, 그 10개의 방안은 ~한 취지에서 쓴 것입니다."

기다렸다는 듯이 이사장의 지적이 이어진다.

"그래? 그런데 보고서에는 왜 그 취지가 안 보이지? 자네 말하고 글하고 다르잖아?"

"두 번째 동그라미하고 세 번째 동그라미하고 결국 같은 말 아닌가?"

"네 번째 동그라미는 여섯 번째 동그라미의 하부 개념 아닌가?"

한 번 질문이 시작되자 꼬리에 꼬리를 문다. 박 대리가 답변을 하기는 하지만 아는 질문보다 모르는 질문이 더 나온다. 계속된 동그라미 지적에 머리는 동글동글 돌고, 얼굴은 벌겋게 되고, 한겨울에 겨드랑이는 식은땀으로 축축해진다. 박 대리는 들어간 지 30분 만에 결국, "죄송합니다. 다시 검토해서 보고 드리겠습니다." 하고 나왔다. 같이 들어간 홍보팀장은 거의 기절하기 일보 직전이 되었다. 그 바람에 업무 수첩을 이사장실에 놓고 나와서 비서실장이 가져다준다. 그리고 두 사람은 역순으로 이사, 본부장, 국장에게 다시 한 번 줄줄이 혼난다.

두 사람이 깨진 이유는 단 한 가지, 바로 '정보 나열식 보고서' 때문이다. 10개가 나열되어 있으면 개별적인 10개의 정보만 보이고 전체를 엮는 의미는 안 보인다. 그러면 읽는 사람은 '이 부분이 무슨 뜻이지?' 하며 애써 의미를 찾아야 한다. 못 찾으면 물어봐야 하고, 보고자는 일일이 설명해야 한다. 질문이 많아지고, 시간은 길어진다. 점점 지치고, 짜증이 난다. 이렇게 되면 보고를 받는 사람은 보고하는 사람 자체가 싫어진다. 즉, 서로 신뢰가 깨진다.

홍보의 3요소 스토리식 보고서라면? 홍보팀장은 보고서를 드리면서 "일주일 전에 말씀하신 우리 공사 홍보 활성화 방안입니다."라는 한마디만 한다. 이사장은 아무 말 없이 쭉 본다. 말없이 있던 박 대리는 이사장의 눈이 'III. 홍보 활성화 방안'에 이르자 딱 한마디만 보탠다.

"다양한 아이디어가 나왔는데, 홍보의 타이밍, 콘텐츠, 수단이란 세 가지 차원으로 정리해보았습니다."

"응. 역시 그렇지? 이렇게 하니까 알기 쉽네. 보고서는 짧지만 홍보 포인트가 잘 정리되었는걸? 역시 홍보 전문가들이야! 오케이. 이렇게 하지. 짧은 시간에 잘 만들었네. 고생했어."

두 사람은 들어간 지 10분 만에 나온다. 이 활성화 방안의 후속조치를 어떻게 할지 논의하면서 말이다.

이들이 10분 만에 나온 이유는 단 한 가지, 스토리텔링 때문이다. 앞서 정보 나열식 보고서를 보고하면서 했던 "그 10개의 방안은 ~한 취지에서 쓴 것입니다."라는 말을 굳이 할 필요가 없다. 그 취지가 눈에 보이기 때문이다. 읽는 사람이 굳이 눈을 부릅뜨고 의미를 찾지 않아도 되고, 보고하는 사람은 설명할 필요가 없다. 당연히 질문이 적어지고, 시간은 짧아진다. 짜증 날 이유도 없다. 보고받는 사람은 보고하는 사람이 좋아진다. 즉, 서로 신뢰가 형성된다.

잠시 '시기, 내용, 수단'이란 스토리를 처음 보았을 때로 돌아가보자. 보는 순간 그 스토리가 말이 안 된다고 생각했는가? 홍보 전문가라면 그럴 수 있다. 그러나 대부분은 '이렇게 정리할 수도 있구

나. 말 되네.'라고 생각하며 고개를 끄덕이면서 그냥 쭉 읽었을 것이다. 잠시 그 스토리에 몰입한 것이다. 스토리는 단순하지만 강력하다. 생각의 틀을 제공함으로써 내 생각을 논리의 덩어리로 정리해준다. 동시에 상대방을 몰입시키는 무서운 힘을 갖고 있다. 보고서는 소설이 아니다. 하지만 보고서에도 소설같이 스토리가 있어야한다. 흥미의 스토리가 아니라 논리의 스토리가 말이다.

정보 나열식 보고서	스토리텔링식 보고서
• 의미 × → 찾고, 설명해야	• 의미 ○ → 설명 불필요
• 문답 ↑ → 시간↑	• 문답 ↓ → 시간 ↓
• 짜증 ↑ → 보고자가 싫어짐 → **불신**	• 분위기 ↑ → 보고자가 좋아짐 → 신뢰

스토리를 만드는 생각 정리법 5

아직도 스토리텔링의 힘이 믿기지 않는가? '책 쓰는 사람들이 하는 말이야 다 공자 말씀이지. 내 눈으로 보기 전엔 절대 믿을 수 없어!'라고 생각하는 분을 위해 사례를 살펴보자. 2011년 12월 14일 당시 대통령께 보고한 '고용노동부의 2012년 주요업무 추진계획' 중 한 쪽이다. 실제 보고는 프레젠테이션으로 했지만, 보고서도 만들어 배포했다.

다음의 〈보고서 A〉를 보자. 청년 취업을 촉진하기 위한 '능력 중심의 열린 고용 확산'을 설명하고 있다. 어떤 메시지가 있는지 한눈에 보이는가? 여러분이 대통령이라면 이 부분을 10초 정도 보고받

1. 일할 기회 늘리기

① 청 년

□ 능력 중심의 열린 고용 확산

○ 현장에 강한 인력 양성

- '특성화고-강소기업' 채용약정 훈련, 고졸인턴 확대(1.2→2만 명)

- 특성화고 등에 현장실습 프로그램 보급, 교원 현장연수 제공

 * 교원의 현장연수 지원을 위한 고용.교과.지경부 MOU 체결('11.12.8)

○ 고용센터 취업지원 체계화

 * '11.12월 말 기준 894개소 MOU 체결, 2,467명 취업

○ 기업의 인사관리 관행 개선

- 중소기업 신입직원 기업적응 훈련(폴리텍대), 일정 요건을 갖춘 직무
 향상 훈련의 학점인정(학점은행제 활용), 중소기업 재직자 학위 취득
 (계약학과 학비 지원, 폴리텍대 야간 과정 등) 등 일하면서 배우기 지원

- 임금, 승진 등에서 학력차별 없이 고졸 기술직·관리직 등
 으로 커가는 기업체의 '열린 고용 리더' 발굴·확산

〈보고서 B〉

1. 일할 기회 늘리기

① 청 년

□ 능력 중심의 열린 고용 확산

○ (채용 전) 현장에 강한 인력 양성

- '특성화고-강소기업' 채용약정 훈련, 고졸인턴 확대(1.2→2만 명)

- 특성화고 등에 현장실습 프로그램 보급, 교원 현장연수 제공

* 교원의 현장연수 지원을 위한 고용.교과.지경부 MOU 체결('11.12.8)

○ (채용 시) 고용센터 취업지원 체계화

* '11.12월 말 기준 894개소 MOU 체결, 2,467명 취업

○ (채용 후) 기업의 인사관리 관행 개선

- 중소기업 신입직원 기업적응 훈련(폴리텍대), 일정 요건을 갖춘 직무 향상 훈련의 학점인정(학점은행제 활용), 중소기업 재직자 학위 취득 (계약학과 학비 지원, 폴리텍대 야간 과정 등) 등 일하면서 배우기 지원

- 임금, 승진 등에서 학력차별 없이 고졸 기술직·관리직 등 으로 커가는 기업체의 '열린 고용 리더' 발굴·확산

고 머릿속에 무엇이 남아 있을까? 만약 업무보고 후 청년 취업 관련 기자간담회가 바로 열린다고 가정해보자. 대통령으로서 내년에 '열린 고용'을 어떻게 하겠다고 원고 없이 기자 질문에 답변할 수 있을까?

이 보고서는 당시 필자가 직접 타이핑하여 만들었다. 그러나 지금도 이 상태로는 무슨 얘기인지 한눈에 안 보인다. 스토리가 안 보이기 때문이다. 여기에는 분명히 열린 고용이란 정책에 대해 필자가 만든 스토리가 있다. 그런데 그것이 보이지 않게 쓰였다. 물론 눈을 부릅뜨고 이 페이지만 10분간 집중해서 살피면, 눈에 보일 수도 있다. 그런데 아쉽지만 우리부 전체 업무보고 시간이 15분이다.

〈보고서 B〉를 보자. 〈보고서 A〉와 무엇이 다른가? 내용은 완벽히 같다. 다만 3개의 ○항목 앞부분에 '채용 전', '채용 시', '채용 후'라는 세 마디가 추가되었을 뿐이다. 그러나 완전히 달라졌다. 열린 고용을 시간의 흐름으로 설명하는 스토리가 눈에 보인다.

'(채용) 전 – 중 – 후'라는 시간흐름의 스토리는 읽는 사람을 끌어들인다. '아하! 그렇구나. 기업이 청년을 채용하려면 그 전에 먼저 현장에 맞는 인재를 양성해야지. 채용할 때도 체계적으로 지원해야 해. 고용센터가 당연히 그 역할을 해야지. 채용한 후에도 그냥 두면 안 돼. 기업의 인사관리 관행을 고쳐야 효과를 거두지. 고용부가 체계적으로 노력하네.'라는 생각이 든다. 스토리텔링식 보고서는 읽는 사람이 딴생각을 못 하게 한다. 마치 마술처럼 말이다.

또한 보고하는 사람에게도 좋다. 〈보고서 A〉는 ○항목 밑의 세부사항까지 일일이 설명해야 한다. 하지만 〈보고서 B〉는 거의 ○항목

위주로 말해도 된다. 그래도 메시지가 정확히 전달되므로 오히려 보고를 아주 간결하게 잘 하는 사람으로 보인다.

그렇다고 〈보고서 A〉가 하수가 쓴 '무생각 보고서'는 아니다. 문장도 정돈되어 있고 구성도 체계적이라는 점에서 '보통 보고서', 즉 중수 수준은 된다. 하지만 〈보고서 B〉는 고수가 쓴 '섬세 보고서'다. 〈보고서 A〉가 갖고 있는 스토리를 눈에 보이게 편집하는 약간의 섬세함을 더했을 뿐이다. 그러나 그 순간 상대방 입장에서 쓴 보고서, 보고받고 바로 원고 없이 말할 수 있는 보고서로 바뀌었다. 단 세 마디로 보고서의 격을 바꾼 것이다.

이제 보고서에서 스토리가 갖는 힘은 충분히 이해했을 것이다. '좋아. 나도 한번 해보자. 그런데 어떻게 하지? 난 스토리라고는 한 번도 생각해본 적이 없는데? 어디 샘플 없나?'라는 생각이 든다. 미안하지만 스토리에 샘플은 없다. 다만 스토리를 만드는 방법이 있을 뿐이다. 홍보의 3요소는 남이 만든 샘플이 아니라 필자가 만든 스토리다. 스스로 생각하지 않고 남이 만든 샘플을 그대로 쓰려는 분들은 이 책을 읽을 필요가 없다. 이 책은 스토리를 만드는 데 필요한 '생각하는 방법'을 설명하기 때문이다.

그럼 스토리는 어느 날 갑자기 그님이 강림하셔서 만들어주는 것일까? 무조건 밤을 새우며 참기름 짜내듯 생각을 짜내면 나오는 것일까? 아니다. 철저하게 준비하고 체계적으로 생각해서 스스로 만들어가는 것이다.

① 우선 '왜Why'라는 질문부터 시작해야 한다. 그래야 의미와 가치를 찾을 수 있다. ② 다음은 덩어리식으로 생각해야 한다. 정보의

나열이 아니라 전체의 흐름 속에서 덩어리를 구분해야 한다. ③ 덩어리 간에는 중복과 누락이 없어야 한다. 덩어리를 짓기만 한다고 능사가 아니다. ④ 각각의 덩어리도 그 속을 분석하고 비교해서 좌표를 찾아야 한다. ⑤ 항상 마무리하고 고쳐야 한다. 보고서는 생물生物과 같아서 그 의미가 수시로 변하기 때문이다. 지금부터 다섯 가지 생각 정리법을 하나씩 살펴보자.

생각 정리법 1. 먼저 '왜'라고 질문하자

스토리는 '왜?'라는 질문부터 시작된다. 일하다 보면 정말 많은 문서를 보게 된다. 사무직은 물론 현장의 기술자도 마찬가지다. 본부 또는 본사, 타 회사나 기관, 관공서, 국회 또는 회사의 기획총괄팀 등 많은 곳에서 문서를 보내며 우리를 압박한다. 여러분은 어떻게 이 문서들을 보는가?

갑자기 한국섬세공사의 주무부처인 고용섬세부에서 내일 오전 10시까지 올해 3/4분기까지의 사업추진실적 및 예산집행현황을 제출하라는 공문이 왔다. 지금은 퇴근 직전인 오후 5시 50분.

박 대리의 문서 보기 '무슨 소리야? 문서를 눈으로 보지, 뭐로 봐?'

라고 생각한다면 박대리는 하수다. 하수는 문서를 아무 생각 없이 눈으로 보며, 언제까지 완성할 것인지만 생각한다. 그러나 고수라면 문서를 머리로 생각하면서, 어떻게 완성할지를 고민한다. 즉, '왜 이 자료를 지금 달라고 할까? 더구나 이렇게 아주 급하게 달라는 이유가 뭐지? 뭔가 특별한 의미가 있나? 이 자료를 가지고 어떤 메시지를 찾으려고 그러지?'라고 생각하며 본다.

박 대리의 문서 작성하기 여하튼 박 대리는 자료를 만들어서 제출해야 한다. 이때 '그냥 달라는 대로 자료를 뽑아 현황만 제출하면 되지 뭐.'라고 생각한다면 역시 생각 없는 하수다. 그러나 고수라면 '이 부분이 왜 들어가야 하지? 표1에서 사업추진실적이 저조한 이유가 빠졌네? 표2에서는 어떤 의미를 전달하지? 그동안 우리 공사가 실적은 부진하지만 최선을 다해 노력했다는 메시지는 전달해야 해!'라고 생각하며 자료를 작성한다.

여러분은 위에 밑줄 친 박 대리가 문서를 보고 작성하는 방법에서 공통되는 핵심 단어를 몇 개나 찾을 수 있는가? '왜, 이유, 의미, 메시지'라는 네 단어다. '왜?'라는 질문을 해야 '이유, 의미, 메시지'를 찾는 생각을 할 수 있다. 그래야 스토리라는 답을 얻을 수 있기 때문이다.

질문을 해야 스토리가 보인다

미국에서 전략 커뮤니케이션 전문가로 이름이 높은 사이먼 사이넥에 따르면, 대부분의 개인이나 기업은 어떤 메시지를 설명할 때 무엇을What → 어떻게How → 왜Why의 순서로 설명한다고 한다. 밖에서 안으로Outside-in의 방향이다. 그러나 위대한 리더나 기업들은 반대로 왜Why → 어떻게How → 무엇을What의 순서, 안에서 밖으로Inside-out의 방향으로 한다는 것이다. Why, 즉 근본적인 가치와 의미부터 시작해야 사람들 내면의 영감을 일으켜 자발적인 행동을 이끌어낼 수 있다는 골든 서클Golden Circle 논리다.

그는 대표적인 예로 애플의 사례를 든다. 다른 경쟁사들은 "우리는 정말 대단한 제품을 만들었습니다. 디자인과 성능이 뛰어나거든요. 구매하시겠어요?"라고 말한다는 것이다. 하지만 애플은 "우리는 도전을 했고, 뭔가 다른 것을 만들었습니다. 그랬더니 디자인과 성능이 뛰어나거든요. 구매하시겠어요?"라고 한다는 것이다. 바로이 도전과 혁신의 가치, 즉 Why가 많은 사람이 애플에 충성하고, 광고를 안 해도 신제품이 나오면 밤새 줄을 서게 하는 원동력이라는 것이다.

맞다. 내가 그 일을 왜 하는지, 그 가치와 의미가 무엇인지, 어떤 메시지가 있는지를 안다면 그 일을 어떤 스토리로 정리해야 하는지가 눈에 보이지 않을까? 이것이 우리가 생각을 정리할 때 '왜?'부터 시작해야 하는 이유다.

'그래? 그렇게 "왜?"가 중요하다면 많이 하면 더 좋을까?' 맞다.

'왜?'라고 질문을 하면 답을 찾든 찾지 못하든 일단 생각을 하게 되기 때문이다. 정말 희한하다. 아무 생각이 없던 사람도 '왜 그렇지?'라고 질문을 해보라. 그 순간 머리가 움직이고 '그런데 이게 앞뒤 연결이 되나?'라는 생각을 하게 된다. '왜?'라는 질문을 다섯 번만 하면 어떤 복잡한 문제라도 근본적인 원인을 파악할 수 있다고 한다(박신영, 《기획의 정석》, 2013, 세종서적). '왜?'라고 한 번 더 생각하는 섬세함이 결국 나를 스토리를 만드는 사람으로 이끈다.

생각 정리법 2. 덩어리로 생각하자

그러면 스토리를 만들기 위해서는 구체적으로 어떻게 해야 할까?' 그 첫 번째 답이 바로 '덩어리식 사고'다.

덩어리로 생각해야 스토리가 보인다

어떤 일에 대한 내 생각은 물 흐르듯 수시로 변한다. 이렇게 흘러가는 생각을 그대로 쓰면 모이지 않고 흐트러진다. 일부러 생각을 논리의 덩어리로 구분짓고 모으는 것, 이것이 바로 '덩어리식 사고'다. 왜 이렇게 해야 할까? 그래야 생각의 틀이 잡히면서 스토리가 쉽게 만들어지기 때문이다. 그렇지 않으면 맨땅에 헤딩하듯, 마른행주 쥐어짜듯 비틀어 짜내야 한다.

홍보의 3요소(시기, 내용, 수단)를 생각해보자. 필자는 홍보 전문가가 아니다. 그러나 이 책을 쓰면서 다른 업무에도 흔히 쓰는 생각의 덩어리, 즉 '언제 할지, 무엇을 할지, 어떤 방법을 쓸지'라는 틀을 홍보에도 적용할 수 있다고 생각했다. 해보니까 홍보업무도 깔끔하게 정리되었다. 생각이 뭉치면 의미가 산다!

만능 해결사? 4개의 생각 덩어리!

또 다른 예를 들어보자. 홍보의 3요소는 보고서의 한 부분에 해당하는 스토리다. 이번에는 보고서 전체를 아우르는 스토리를 생각해보자.

어떤 보고서가 가장 어려울까? 아마도 대부분 정책검토보고서 같은 유형일 것이다. 주로 '○○ 제도 개선방안', '@@ 활성화 방안', '△△ 도입 방안', '□□ 여건 분석 및 대응전략' 등의 이름이 붙은 보고서다. 이들의 주된 내용은 현재의 상태에 뭔가 문제가 있으므로 앞으로 어떻게 변화시키겠다는 내용이다. 따라서 현미경처럼 들여다보는 치밀한 분석, 망원경처럼 멀리 보는 방향성, 보석처럼 빛나는 아이디어, 이것들을 빈틈없이 엮어주는 강철 같은 논리를 모두 갖추어야 하므로 어렵게 느껴진다.

그런데 이렇게 어려워하는 정책검토보고서도 덩어리식으로 생

각하면 생각보다 쉽게 풀 수 있다. 보고서 전체를 관통하는 덩어리
식 사고를 훈련하기에 가장 적합하고 실전에 가장 유용한 틀이 바
로 '4개의 생각 덩어리'다. 필자에게 이 책 중 가장 중요한 부분을
콕 짚어달라면 단연코 전혀 고민없이 바로 이 그림이다.

〈전체의 스토리를 짜는 사고의 틀 – 4개의 생각 덩어리〉

● 첫째 생각 덩어리 – Why 1 (검토배경)

박 대리는 'OO제도 개선방안'이라는 정책보고서를 일주일 이내
에 써야 한다. 컴퓨터 화면에 빈문서가 하얗게 펼쳐져 있다. 커서
가 첫 줄에서 깜빡거린다. 1시간째 첫 줄을 썼다 지웠다 하고 있다.
'미치겠네. 오늘따라 첫 문장이 왜 이렇게 안 빠지지? 첫 줄이 상쾌

하게 빠져야 고구마 줄기 캐듯이 연달아 쑥쑥 빠질 텐데. 에라, 모르겠다. 김 대리하고 소주나 한잔 하고 내일 시작하자.'

첫 줄을 못 쓰는 이유는 첫째 생각 덩어리, 'Why 1'을 모르기 때문이다. 이 단계에서는 '이 문제의 검토가 왜 중요한가?' 그리고 '그 검토를 왜 지금 해야 하는가?'라는 두 가지를 생각해야 한다. 중요성(내용적 필요성)과 시급성(시간적 필요성)이다. 주로 '검토배경' 또는 '필요성' 등의 목차로 표현된다. 어떤 검토보고서라도 이 두 질문으로 시작해보라. 생각보다 쉽고 매끄럽게 써진다. 상대방이 보고서를 볼 때 제일 먼저 이것이 궁금하기 때문이다.

입장을 바꿔보자. 여러분이 어떤 보고서의 '검토배경'을 읽었다. 그런데 중요성은 나름대로 쓰여 있는데, 시급성이 없다면 그때부터 고개를 갸웃거리지 않을까? '이 과제를 왜 지금 검토해야 하지? 다른 것도 많은데? 나중에 하면 안 되나? 등등 의문이 들면서 짜증이 나게 된다. 그런데 희한하게도 대부분 중요성만 쓰지 시급성을 쓰지 않는다. 하수들이 힘차게 들어갔다가 힘없이 깨지는 첫 번째 포인트, 즉 '깨포1'이다.

첫째 덩어리에서 읽는 사람이 이 보고서를 왜 읽어야 하는지 이유, 의미, 가치, 메시지를 분명히 보여주자. 그런데 아직도 어렵다면 아예 목차를 '검토배경'이 아니라 '이 보고서를 읽어야 하는 이유: 중요성과 시급성'이라고 바꿔 놓고 써보자. 훨씬 더 잘 써지고, 나중에 원래대로 '검토배경'이라고 바꾸면 된다.

● 둘째 생각 덩어리 – Why 2 (실태분석)

박 대리는 고생 끝에 첫째 생각 덩어리, 'Why 1, 검토배경'을 끝냈다. 시원한 소맥 한 잔이 간절한데 간신히 참는다. 그러면서 예전에 유행했던 미드 *West Wing*의 주인공처럼 멋있게 'What's next?'라고 한마디 해본다.

왜냐하면 다음은 자신 있기 때문이다. 회사에서 보고서 좀 써본 사람이라면 '검토배경' 다음에 대부분 '현황과 문제점'이 자연스럽게 나온다. 좋다. 그런데 필자는 왜 '실태분석'이라고 했을까? 그리고 실태분석이 왜 'Why 2'일까?

둘째 생각 덩어리에서는 현재 상태에 대한 세부분석이 들어가야 한다. 현황은 어떤지, 거기에 무슨 문제가 있는지를 작성한다. 문제는 원하는 목표 상태와 현재 상태의 차이를 말한다. 그런데 여기 즉 '현황과 문제점'이 끝일까? 대부분 여기서 끝낸다. 그러나 고수는 한 번 더 생각한다. 즉, '그런데 그 문제가 왜 생기는 걸까?'라며 원인을 분석한다. 현황과 문제점의 공통점이 무엇일까? 그 자체로는 객관적인 상태라는 것이다. 현황은 현재의 객관적 상태다. 문제도 현황과 목표와의 차이이므로 객관적 상태다. 이런 상태만으로 무슨 의미가 있을까? 문제를 의미 있게 만드는 것이 '문제의 원인분석'이다. 그래서 필자는 현황 및 문제점, 그리고 문제의 원인분석까지 합쳐서 '실태분석'이라는 덩어리로 생각을 정리한다.

곰곰이 생각해 보자. 문제를 해결하려면 그 원인을 없애야 하지 않을까? 문제의 해결은 원인을 없애면 나타나는 결과일 뿐이다. 그런데 대부분 문제의 원인을 분석하지 않고 문제만 해결하려 든다. 그러니까 읽는 사람으로부터 '논리가 튀잖아.', '앞뒤가 안 맞아.', 또는 '연결이 안 돼.'라는 소리를 듣는다. 이것이 하수들이 보고서 때문에 깨지는 두 번째 포인트다(깨포2).

원인분석이 되어야 문제에 깔려 있던 의미가 눈에 보인다. 이게 핵심이다. 그래야 근본적인 정책대안을 만들어낼 수 있고, 읽는 사람이 쉽게 이해할 수 있다. 대부분 현황과 문제점에서 그치지만, 고수는 한 번 더 '왜?'라고 원인을 생각한다. 원인을 분석하는 '섬세함'과 한 번 더 생각하는 '플러스 알파'가 고수의 비법이다.

● 셋째 생각 덩어리 – How (해결방법)

박 대리는 둘째 생각 덩어리를 끝내고 커피 한잔하며 잠시 여유를 갖는다. '앞에서 너무 머리를 썼더니 갈증이 나네. 빨리 끝내고 퇴근하면서 막걸리나 한잔 해야겠다. 이제 반쯤 했나? 여하튼 다음은 당연히 개선방안이겠지?'

그렇다. 지금까지 Why에 대해서 검토했으니 다음은 How, 어떻게 해결할 것인가를 제시하는 생각 덩어리다. 주로 개선방안, 해결방안, 정책대안 등으로 표현된다. 그런데 '여기서는 문제를 해결하기 위한 아이디어가 중요하지 뭐. 생각나는 대로 대충 쓰면 되잖아? 달리 생각할 거리가 있나?'라는 생각이 든다. 아니다. 여기서는 '문제'가 아니라 문제의 '원인'을 해결한다는 생각이 중요하다. 예를 들어, 문제의 근본원인이 세 가지로 분석되었다고 하자. 그런데 원인 1, 2는 내가 통제할 수 있고, 원인 3은 통제할 수 없는 순수 외부 변수다. 따라서 원인 1, 2에 대해서는 어떻게 고치겠다는 해결 방안을, 외부 원인 3에 대해서는 어떻게 대응하겠다는 대응전략을 쓰면 된다. 각각의 원인별로 '내가 기관장이라면, 또는 부서장이라면 이 원인은 이렇게 없애겠다'는 내용을 쓰면 된다. 전략, 방향, 방안, 대안 등 여러 단어로 표현될 수 있다. 각각의 의미와 수준도 조금씩 다르다. 하지만 이 책에서는 그 차이를 세세히 논하지 않는다. How라는 덩어리를 설명하고 있기 때문이다.

그런데 정말 많은 사람이 방금 설명한 How와 다음에 설명할 What을 구분하지 못한다. How는 해결방안이고 What은 추진계획이다. 전혀 다르지 않은가? 하수는 다른 것을 구별하지 못하지만, 고수는 반드시 구별한다. 다음 설명을 보자.

● 넷째 생각 덩어리 – What (추진계획)

박 대리의 푸념이다. '이게 무슨 소리야? How는 뭐고, What은 뭐지? 괜히 영어를 써서 헷갈리기만 하잖아? 그냥 개선방안으로 쓰면 되는데 좀 멋있게 보이려고 구별한 거 아냐?'

What은 나의 How, 즉 아이디어, 정책대안, 개선방안을 실제 실행하기 위해 무엇을 할 것인가를 보여준다. 보통 추진계획이나 집행계획 등으로 표현된다.

우리가 학문적으로 이론을 연구하고 방향을 제시하는 연구자라면 How까지만 해도 괜찮다. 하지만 회사원 아닌가? How까지만 쓰고 보고한다면, 읽는 사람은 '그래서? 나보고 어쩌라고? 내가 뭘 해야 하는 거야? 추상적 방향만 있지 구체적 방법은 없잖아?' 식의 반응을 보일 것이다. 우리 보고서에는 대안을 실행하기 위해 구체적으로 무엇을 할 것인지가 들어가야 한다. 그런데 '무엇을 하지?' 고민하며 막상 쓰려고 하니 헷갈린다. 이럴 때는 단순한 방법이 최고다.

하나씩 꼽아보자. 무엇을 해도 우선 돈이 있어야 한다. 사람도 있어야 한다. 필요하면 윗사람들이 좋아하는 T/F팀도 구성해야 한다. 근거도 만들고, 추진일정도 관리해야 한다. 널리 알려야 하고, 갈등이 예상되면 조정도 해야 한다. 제대로 성과를 내는지 평가도 해야 한다. 즉, 대안실행에 직접적으로 필요한 내부적 자원(돈, 사람, 체계, 근거 등)을 동원하는 계획(예산, 인력, 조직, 규정 등)을 세워야 한다. 그리고 외부적 요인(시간, 여론, 갈등, 성과 등)을 관리하는 계획(일정, 홍보, 조정, 평가 등)도 필요하다.

아직도 How와 What이 헷갈리는가? 어떻게 헷갈려 하는지 하수의 유형을 보자.

유형 1   '개선방안'이라는 목차를 써 놓고 추진계획만 쓴다.

유형 2   '추진계획'이라는 목차를 써 놓고 개선방안만 쓴다.

유형 3   '개선방안'이든 '추진계획'이든 아무 목차나 쓰고
내용도 마구 섞어 쓴다.

어느 유형이든 이렇게 쓰면 읽는 사람은 이해할 수가 없다. 왜냐하면 보고서를 읽는 사람은 항상 '그래서 내가 무엇을 해야 하지?'를 생각하기 때문이다. 너무 당연하다. 내가 무엇을 한다는 것은 결국 주어진 돈과 사람과 시간을 활용하는 것 아닌가? 챙길 수밖에 없다. 그런데 쓰는 사람이 그것이 무엇인지 헷갈리고 알아도 무슨 말인지 모르게 쓰면, 읽는 사람은 짜증이 나게 된다. 이것이 하수들이 보고서 때문에 깨지는 세 번째 포인트다(깨포3).

이와 같은 '4개의 생각 덩어리'를 개별적으로 보면 각각의 이름, 중요도, 분량 등은 얼마든지 달라질 수 있다. 그러나 전체적인 흐름은 변할 수 없고, 어떤 종류의 정책 검토보고서에도 적용할 수 있다. 그래서 필자는 '마법의 생각 덩어리'라고도 부르는 것이다.

생각 정리법 3. 중복과 누락을 없애자

이제 생각 덩어리를 제대로 만드는 원칙을 생각해보자. 생각 덩어리가 모여서 스토리를 만든다고 했다. 스토리가 논리적으로 말이 되려면 덩어리를 만드는 데 일관된 기준이 필요하다. 대표적으로 MECE 원칙이 있다 MECE Mutually Exclusive and Collectively Exhaustive를 그대로 해석하면 '상호 배타적이면서 집합적으로 완전함'이다(이 용어는 글로벌 컨설팅업체인 맥킨지에서 처음 사용했다). 한자어

로 풀면 중복과 누락을 없앤다는 뜻인데, 이것도 쉽지 않다. 우리말
로 쉽게 풀면, '겹치지 않으면서 빠진 것이 없게 하기'라는 뜻이다.
역시 알쏭달쏭하다.

말로 어려우면 그림으로 이해해보자. 첫 번째 세트는 A와 B 사
이에 중복은 없지만 박스 전체를 채우지는 못한다. 즉, 누락이 있다.
두 번째 세트는 A, B, C, D를 다 더하면 전체가 되고 누락은 없다.
그러나 서로 중복이 있다. 그런데 세 번째 세트를 보자. A, B, C, D

〈중복과 누락을 없애는 MECE 원칙과 SWOT 분석〉

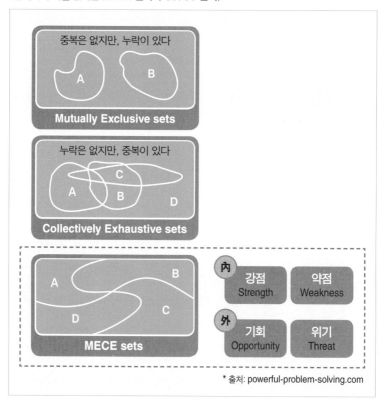

* 출처: powerful-problem-solving.com

를 더하면 전체가 되면서 동시에 중복도 없다. 바로 이것이 MECE 가 된 상호 배타적이면서 집합적으로 완전한 상태다.

말과 그림으로는 한계가 있다고? 사례로 보자. 그러면 MECE 원칙이 대단히 쉽고, 의외로 평소 많이 써 왔음을 알게 된다. 우선 생각 정리법 2에서 본 '4개의 생각 덩어리'를 보자. 이것은 '전체의 스토리'를 제대로 만들기 위한 방법이다. 'Why1 - Why2 - How - What'이란 네 덩어리가 서로 중복되는가? 아니다. 혹시 내용이 중복된다면 잘 못 쓴 것이다. 누락되는 부분은 있을까? 없다. 만약 '아닌데, 장애요인, 극복방안, 기대효과 같은 것이 빠졌잖아?'라고 생각하면 하수다. 이런 것들은 덩어리가 아니라 곁가지에 불과하기 때문이다.

'전체의 스토리'가 있듯이 '부분의 스토리'도 있다. 스토리가 '생각 덩어리 + 의미 부여'라면, 각각의 덩어리 속 내용도 논리적 의미가 있어야 한다. 부분의 스토리 사례를 보자. 보고서 중 '정책대안' 부분이 '계획 - 집행 - 평가'로 구성되었다면, 어떤 일의 '전 - 중 - 후'라는 시간의 흐름이 수직적 MECE로 구성된 것이다. 경영여건 분석에 SWOT 분석을 많이 쓴다. 조직 내부 역량을 강점Strength 과 약점Weakness으로, 조직 외부의 환경을 기회Opportunity와 위기 Threat로 구분하여 사분면으로 분석한다. 수평적인 MECE 원칙이다. 앞의 그림에서 SWOT의 그림이 MECE의 세 번째 세트와 일치한다. '온라인과 오프라인', '29세 이하 - 30~59세 - 60세 이상' 등도 마찬가지로 수평적 MECE가 된 덩어리들이다.

<보고서 A>

III. 홍보 활성화 방안

1. 대상별 홍보 강화:
   일괄형 → 특성별 맞춤형
   ○ 청년층
   ○ 중장년층
   ○ 고령자층

2. 온라인 홍보 적극 추진:
   인터넷 홈페이지 → SNS 활용
   ○
   ○
   ○

3. 오프라인 홍보 활성화:
   신문광고 → 무가지 등 틈새 수단
   ○
   ○
   ○

<보고서 B>

III. 홍보 활성화 방안

1. 홍보시기(Timing: When?):
   일회적 → 전략적
   ○
   ○
   ○

2. 홍보내용(Contents: What?):
   All → Some(Killer contents)
   ○
   ○
   ○

3. 홍보수단(Tools: How?):
   Supply-friendly → Demand-friendly
   ○
   ○
   ○

잠시 '한국섬세공사 홍보 활성화 방안'으로 돌아가보자. 박 대리가 'III. 홍보 활성화 방안'에서 ○항목 10개를 나열한 보고서를 가지고 들어갔다가 퇴짜를 맞았다. 그래서 나름대로 생각 덩어리를 만들기로 했다. 이틀간의 고심 끝에 〈보고서 A〉와 같이 세 덩어리를 만들었다. '1. 대상별 홍보 강화 2. 온라인 홍보 적극 추진 3. 오프라인 홍보 활성화'가 MECE 원칙에 맞을까?

대상별 홍보는 예를 들어 청년, 중장년, 고령자 등과 같은 접근이지만 온라인과 오프라인은 수단적 접근이다. 따라서 청년도 다시 온라인, 오프라인으로 구분될 수 있다. 즉 '대상별'과 '수단별' 접근은 중복이므로 제대로 된 스토리가 아닌 것이다. 물론 ○항목 10개를 나열한 원래 보고서보다는 진일보했다. 그러나 덩어리가 완전하지 않다는 점에서 또다시 깨질 확률이 높다. 반면 〈보고서 B〉의 홍보의 3요소 덩어리를 보면 MECE 원칙으로 정리되어 있다. '시기, 내용, 수단'의 덩어리가 홍보 이론으로는 어떨지 몰라도 그 자체로 MECE가 아니라고 말할 수 없기 때문이다.

MECE가 완벽한 것은 아니다. 여기에도 약점이 있다는 비판도 많다. 중요한 것은 MECE를 만들기 위해 생각하는 과정이다. 보고서 쓰기에서 MECE를 생각하는 목적이 무엇일까? 내 생각의 의미를 세상 밖으로 꺼내고, 읽는 사람이 그 의미를 제대로 알도록 하는 것이다. ○항목 10개를 나열하기보다는 덩어리로 정리하자. 덩어리도 이왕이면 MECE로 정리하자. 그래야 더 쉽게 쓰고 읽을 수 있다. 더욱 완벽한 MECE가 되도록 한 번 더 생각하기, 그 섬세함이 나를 고수로 만든다.

생각 정리법 4. 비교해서 좌표를 찾자

스토리를 제대로 만들기 위한, 즉 덩어리에 논리적 의미를 부여하기 위한 또 하나의 대표적 방법이 '비교해서 좌표찾기'다.

예를 들어보자. 우리나라는 1997년에 IMF 외환위기를 겪은 이후 한동안 실업률의 안정이 정책의 중요한 목표였다. 그러나 요즘은 실업률 대신 고용률을 높이는 것이 중요한 정책방향이다.

박 대리는 최근 경영여건 변화에 따른 대응전략을 수립하고 있다. 여러 변수 중 고용률 변화가 미치는 영향을 분석하는 중이다. 먼저 우리나라 고용률의 현황을 분석해서 문제점을 도출해야 한다. 어떻게 할까?

2019년도 우리나라의 15~64세 고용률은 66.8%였다. 이것은 현황일까, 문제일까, 원인일까? 답은 현황이다. 그런데 그것만으로는 아무 의미가 없다. 도대체 고용률 66.8%가 뭐가 어떻단 말인가? 알수가 없다. 그래서 이렇게만 쓰면 하수다. 현황에 의미를 부여해야하고, 그 첫 번째 작업이 '비교하기'다. 현황을 목표나 바람직한 상황과 비교를 해야 문제가 있는지 없는지, 있으면 얼마나 있는지 등을 알 수 있기 때문이다.

비교를 하려면 한 번 더 해라

비교에도 방법이 있을까? 크게 두 가지가 있다. 먼저 시간 흐름에 따른 비교다. 그래야 예컨대 '최근 몇 년간 우리나라 고용률이 점차 하락하는 추세'라는 식의 문제를 찾아낼 수 있다. 만약 목표가 70%라면 그 목표보다 고용률이 점점 멀어지기 때문이다. 이를 시계열 분석Time Series Analysis(같은 현상을 시간의 경과에 따라 일정한 간격을 두고 반복적으로 측정하여 변화 추세를 알아보는 방법)이라고 한다. 그런데 실제 우리나라 15-64세 고용률은 아래 그래프와 같이 2009년부터

2019년까지 꾸준히 상승하고 있다. 시계열상으로는 문제 없어 보인다. 그래서 "우리나라의 고용률은 최근 10년 동안 꾸준한 상승 추세로서 노동시장은 활력을 유지"라고 썼다. 여기서 끝일까?

아니다. 여기서 끝내면 문제가 왜곡될 수 있다. 수직적으로 분석했다면 수평 즉 옆으로도 분석해야 하지 않을까? 그래야 '2018년도 기준으로 OECD 국가들의 고용률을 비교해보니 우리가 평균보다 낮은 수준'이라는 문제의식이 생긴다. 이를 횡단면 분석Cross Section Analysis(같은 시점이나 기간에 여러 변수에 대해 관찰한 자료를 이용한 분석방법)이라고 한다. 실제 통계를 보면 2019년 우리나라는 66.8%로서 OECD 평균보다도 낮고, 77.2%인 네덜란드('18년)보다는 10% 포인트이상 차이가 난다. 이제 문제가 명확히 보인다. 횡단면 분석을 해보니 우리의 '2019년 고용률은 66.8%이며, OECD의 평균도 안되는 수준이다.'라는 문제가 보인다. 여기서는 횡단면 분석을 하니까 문제가 보였지만, 반대로 시계열 분석을 해야 문제가

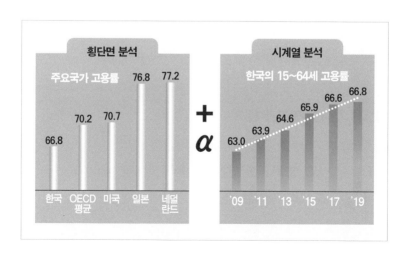

보일 수도 있다. 중요한 것은 현황만 보지 않고 횡단면이든 시계열이든 비교를 해야 하수에서 중수가 된다는 점이다.

여기서 끝내지 말고, 한 걸음 더 가보자. 횡단면과 시계열 추이를 같이 합쳐보면 어떨까? 그러면 '아하, 우리 고용률이 최근 10년동안 올랐지만, 아직도 OECD 보다는 낮은 수준이구나!'라고 제대로 이해하게 된다. 이제 문장을 바꾸면 된다.

"우리나라 2019년 고용률은 66.8%로서 최근 10년간 꾸준히 상승 추세이지만, 아직 60%대 중반이며 OECD 평균(2018년, 70.2%)보다 낮은 수준임"

어떤가? 고용률과 관련된 우리의 현황과 문제가 명확해졌다. 숫자로 보이지 않던 통계의 의미가 글로 드러나는 것이다. 의미를 찾으려면 비교는 필수적이다. 그런데 이왕 하려면 한 번 더 하자!

위의 수정된 문장을 보면 특별한 수식어가 없다. 그냥 건조한 통계분석과 간단한 해석일뿐이다. 그러나 그 단 한 줄의 문장으로 읽는 사람이 고개를 끄덕이고, '아하! 그렇구나!'라고 몰입하게 만든다. 그래서 고수다.

좌표를 찾아야 의미가 산다

위에서 비교 방법을 설명했다. 이렇게 비교를 해야하는 이유는 '좌표찾기'에 있다. 중학교 때 수학 시간에 배운 좌표가 기억나는가? 아무리 수학을 못했어도 좌표가 뭔지는 대충 안다. 특정한 점의 위치를 x, y축에서의 거리, 예를 들면 (a, b)식으로 나타내는 것이다. 예로 든 시계열과 횡단면 분석의 그래프에도 각각 x, y축이 있으므로 각각 하나의 좌표다. 하나의 좌표는 대부분 만들 수 있다. 그런데 남과 달라지고 싶다면? 남다른 의미를 보여주는 고수가 되고 싶다면? 여러 개의 좌표를 동시에 보여주면 된다.

대표적인 것이 위와 같은 시계열과 횡단면의 동시 분석이다. 필자는 이를 '십자형 전법'이라고 말한다. 어떤 보고서라도 항상 시간에 따른 추이를 비교하는 수직적 분석과 한 시점에서 특성을 비교하는 수평적 분석을 병행하는 것이다. 그러면 위와 같이 각 차원이 서로 보완되면서 숨어 있는 의미가 나타나거나 창의적인 의미가 만들어진다. 그런데 이렇게 두 개의 좌표를 동시에 비교하니까 좋아졌다. 그렇다면 세 개의 좌표를 동시에 비교하면 더 좋아질까? 더 헷갈리게 될까?

더 좋아진다. 셋 이상의 좌표를 한 차원에서 동시에 비교하는 방법을 복합비교 또는 다중비교라고 한다.

다음 그림은 고용률의 국제비교다. 연령별, 성별, 국가별(한국과 OECD 상위 13개국)이라는 세 가지 고용률의 좌표가 한 차원에서 동시에 비교된다. 한 눈에 우리의 고용률이 OECD 상위 13개국의 평균보다 낮으며, 특히 성별로는 여성에서, 연령별로는 청년층에서 차이가 크다는 것을 보여준다. 즉 우리나라 고용률이 낮은 원인이 여성과 청년이라고 분석되고, 따라서 핵심 정책대상이 정확히 보여지고 있다.

아예 숫자만 쓰고 비교는 안 하면 하수다. 한 개의 좌표만(시계열

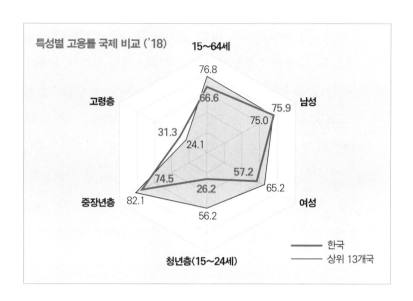

특성별 고용률 국제 비교 ('18)

15~64세
76.8
66.6
고령층
남성 75.9
75.0
31.3
24.1
57.2
중장년층 74.5
26.2
65.2
82.1
56.2
여성
청년층(15~24세)

— 한국
— 상위 13개국

이든 횡단면이든) 분석하면 중수다. 그 두 좌표를 연결하여 의미를 찾
아내면 고수다. 세 개 이상 복합비교해서 문제의 원인을 찾아내면
초절정 고수가 아닌가? 여러분은 이 책의 60여 쪽만 읽고도 이미
초절정 고수가 되었다. 지금까지 너무 어려워서 이해가 안되는 부
분이 있었을까? 비교해서 좌표를 찾고 의미를 분석하기! 누구나 할
수 있는 스토리텔링의 기본이다.

생각 정리법 5. 마무리하고 수정하자

    지금까지 스토리를 찾아내는 생각 정리법 네 가지를 살펴보았다. 마지막 노하우는 '항상 마무리하고 수정하기'다. '음… 이상한 걸? 이 두 가지는 서로 모순되지 않나? 마무리되었으면 끝난 것이지 왜 또 수정하라는 거지?' 하고 생각할지 모른다. 아니다.

    마무리하기란 단순히 보고서를 '끝내기'가 아니라 '생각 정리에 필요한 덩어리는 모두 넣기'라는 의미다. 예를 들어 단순한 양식 채우기가 아닌 생각이 필요한 보고서를 써야 한다면 '4개의 생각 덩어리'는 모두 들어가야 한다는 뜻이다. 목차의 이름이 달라도 좋다. 덩어리 사이에 작은 조각 한두 개가 들어갈 수도 있다. 그러나 '4개의 생각 덩어리'는 그중 하나라도 빠진다면, 문제를 제대로 해결할

수 없는 보고서가 되고 만다.

'그러면 아주 짧은 보고서에도 4개의 생각 덩어리가 모두 들어가야 할까?' 당연하다. 공·사를 막론하고 체계를 갖춘 조직이라면 위로 올라갈수록 보고서의 양은 줄어든다. 0.5쪽 짜리가 수두룩하다. 전체 분량이 줄어들면서 문장이 압축되어야 하고, 내용이 축약되면서 맥락이 왜곡될 수 있다. 따라서 짧을수록 논리와 문장이 더 명확해야 한다. '아! 그러면 0.5쪽 짜리에도 목차를 반드시 4개 쓰라는 말이구나!' 그럴까? 아니다. 목차는 보고서의 양과 종류 등에 따라 얼마든지 조절할 수 있다. 목차를 빼먹지 말고 4개 쓰라는 것이 아니라 '4개의 생각 덩어리'를 빼먹지 말라는 뜻이다. 목차와 덩어리는 다르기 때문이다. 그런데 한 번 마무리되면 끝일까?

시간이 흐르면 보고서도 고쳐라

아무리 일상화된 단순한 일도 시간이 흐르면 내용이 변한다. 그 일의 의미도 변한다. 그렇다면 당연히 그에 대한 내 생각이 바뀌어야 하고, 그 표현도 달라져야 한다. 즉 매 순간 새롭게 수정되어야 제대로 마무리되는 것이다.

팀장이 내일 오전 10시에 기획이사에게 내년도 업무 추진계획 초안을 보고해야 한다. 박 대리는 열심히 PPT 작업을 해서 팀장이 보고할 자료를 오늘 오후 5시경 완성했다. 20장의 슬라이드, 완벽하다. 각종 통계도 모두 오늘 자로 업데이트했다. 그런데 오늘 밤에 공사 연수원 신축현장에서 야간작업을 하다가 그만 중대재해가 발생했다. 보고는 내일 아침 10시다. 숫자를 고칠까 말까?

'오늘 밤 재해는 내일 말로 설명하면 되잖아. 오늘 저녁에 고등학교 동창회 있는데, 며칠 후도 아니고 내일 보고하는 건데 뭐 어때? 괜찮겠지.'라고 무심코 생각한다면 정말 무심한 태도다. 아침 10시, 보고하러 들어갔다. 회사의 중대재해가 실제는 10건인데, PPT에는 9건으로 되어 있다. 그래서 보고할 때 "어제 저녁에 한 건 더 발생해서 총 10건입니다."라고 말로 설명했다. 박 대리 생각처럼 괜찮을까? 그렇지 않다.

A. 보고받는 이사 입장에서는 일단 보고자가 성의 없어 보인다. '10분 전도 아니고 어젯밤 발생했는데, 이 사람은 숫자 하나 고치는 것도 귀찮아하는 사람이구나!'라고 생각할 수 있다.

B. 이사 입장에서는 '내가 별로 중요하지 않은 사람인가 보지? 이사장 보고라면 이렇게 하겠어?'라고 서운해할 수 있다.

C. 만약 회사 방침상 중대재해가 10건 이상인 현장에는 기관평가에서 페널티를 주어야 하는데, 내일이 바로 평가일이라면? 일부러 누락시켜 꼼수를 부린 것으로 오해할 수도 있다.

D. 갑자기 보고 일정이 취소될 수도 있다. 따라서 자료를 넣는 것으로 보고를 갈음한다면, 기획이사는 중대재해 현황을 9건으로 잘못 인지한 채 이사장에게 허위 보고를 하게 될 수도 있다.

어떤가? 박 대리의 무심한 생각이 위의 어느 한 상황과 맞닥뜨리게 된다면 정말 등골이 오싹하지 않는가? 행동이 사소한 것이라고 결과까지 사소한 것은 아니다. 의미는 때에 따라 변한다. 따라서 보고서도 그에 따라 끊임없이 변해야 한다. 20장의 PPT 슬라이드 중 숫자 하나를 고치는 작업은 쉽지만 귀찮은 일이다. 그러나 그 섬세함이 나를 다른 사람과 다르게 만든다. 상대방 입장에서 생각하려는 업무 태도는 결국 나에 대한 평가로 되돌아온다. 변하지 않는 보고서는 죽은 보고서다. 조직은 생물이다. 사람이 밥을 먹듯이 조직은 보고서를 먹는다. 살아있는 조직이 죽은 보고서를 먹을 수는 없지 않은가?

상사가 보고서를 하나 쓰라고 한다. 그러면 우리는 '전임자가 작년에 만든 자료 없나?' 하면서 폴더를 뒤진다. 습관이다. 비슷한 제목의 파일을 발견하면 좋아라하면서 일단 복사해서 붙인다. 그리고 숫자를 바꾸고, 단어도 바꾼다. 뭔가 바꾼것처럼 보이려고 나름 성의있게 토씨도 좀 다듬고, 긴 문장은 좀 줄여본다. 그런데 목차의 순서와 기본 양식은 이상해 보여도 절대 바꾸지 않는다. 왜? 전임자가 만들어서 통과한 것이니까. 보고서를 쓰지만 생각은 없다. 생각이 없으니 의미를 모르고, 의미가 없으니 보고서가 죽는다.

복사는 하되 복사만 하지는 말자. 파일로 보지 말고 종이로 출력하자. 줄을 치며 문장을 읽고, 맥락을 연결하며 생각을 정리하자. 그래야 잘된 것과 잘못된 것을 찾을 수 있고, 남의 것을 뛰어 넘어 내 것을 쓸 수 있다. 늘 복사Copy만 한다면 평생 복사하는 사람Copyist이나 복사기Copier가 된다. 복사는 필요하면 할 수도 있다. 그러나 복사만 하면 안 되고 생각을 더해야 한다. 그래야 비판적으로 생각할 수 있고 Critical Thinking, 창의적인 문제해결자 Creative Problem Solver가 될 수 있다. 남과 달라지고 과거의 나와 달라지고 싶은가? 복사만 해서는 절대 이룰 수 없는 꿈이다. 위 그림에서 왼쪽은 하수의 3C, 오른쪽은 고수의 3C다! 어느 쪽이 될지는 오롯이 여러분의 선택이다. 평생 인간 복사기로 살 것인가? 문제해결자가 될 것인가?

인간 복사기로 살 것인가, 문제해결자가 될 것인가?

VS

하수의 3C
Copying →
Copyist or
Copier

고수의 3C
Copying +
Critical Thinking →
Creative solver

누가 봐도 알 수 있는
생각 풀어내기

문장은 기사처럼!
누구나 알 수 있게!

지금까지는 생각의 흐름을 덩어리로 정리해서 스토리를 만드는 단계였다. 이제는 '문장 쓰기'다. 잘 감긴 실타래에서 실이 술술 풀어지듯, 내 생각을 제대로 풀어내야 한다. 앞에서 생각을 정리할 때는 소설처럼 스토리를 생각하라고 했으니 문장도 소설처럼 써야 할까? 그래야 일관성이 있지 않을까?

아니다. 보고서의 문장은 소설이 아니라 기사記事처럼 써야 한다. 소설은 사적 영역에서 흥미를 목적으로 하는 문학적 글이다. 따라서 감성적 느낌이 중요하다. 그러나 기사는 공적 영역에서 대중에게 사실을 알리는 논리적 글이고, 따라서 정확하고 간결한 문장이 핵심이다. 그러면 보고서는? 생각 정리하기에서 보았듯, 논리적 글쓰기이고 당연히 문장도 소설이 아니라 기사체에 가깝다. 장황하게 중언부언 쓴 글을 보고 하는 말이 "자네 지금 소설 써?" 아닌가?

직장인이라면 최소한 하루에 몇 번씩은 종이신문이나 인터넷 언론을 통해 기사를 접한다. 지금 바로 앞에 있는 신문기사를 한번 보자. 기사의 정확성은 보지 말자. 생각의 덩어리가 제대로 되어 있는지도 보지 말자. 다만 단어와 문장만 보자. 어떤가? 화려한 수식어는 좀처럼 찾기 어렵다. 그저 초등학교 국어 시간에 배운 육하원칙, 즉 5W1H를 지킬 뿐이다. 그런데 누구나 읽기 쉽게, 정확하게, 설득력 있게 쓰여 있다. 기사를 읽을 독자의 입장에서 써서 그렇다. 우리의 보고서는 어떨까? 매일 몇 번씩 쓰지만 단 한 번이라도 기사처럼 써보자는 생각을 한 적이 있는가?

보고서는 영어로 보통 Paper 또는 Report라고 한다. Report에는 보고서 외에도 '기사', '보고하다' 등의 뜻도 있다. 보고서Report는 기사Report처럼 써야 보고하기Report가 잘된다는 뜻으로 풀 수도 있다. 우연의 일치일까?

누가 봐도 알 수 있는 생각 풀기법 5

그러면 어떻게 기사처럼 독자(=상대방 = 읽을 사람) 입장에서 보고서를 쓸 수 있을까? 무술을 익히려면 사부의 '몸동작'이 필요하다. 마찬가지로 글쓰기를 익히려면 '글 동작Writing Action'이 필요하다. 글 동작은 '글의 내용은 그대로 유지하면서, 쓰는 사람의 취지를 정

확하게 표현하기 위해 글의 형태를 변화시키는 행위'다. 학문에서
발전된 이론적 개념이 아니라, 필자의 경험을 통해 쌓은 실천적 개
념이다. 앞으로 이 책에서는 '내 입장에서 대충 쓴 문장'이 '상대방
입장에서 섬세하게 생각한 문장(섬세문)'으로 어떻게 바뀌는지를 필
자의 '글 동작'을 통해 보여주기로 한다.

　고수의 문장인 섬세문으로 가는 글 동작은 5단계에 걸쳐 진행
된다. ① 정확하게Accurately 쓰기, ② 짧게Briefly 쓰기, ③ 창의적
으로Creatively 쓰기, ④ 구체적으로Detailed 쓰기, ⑤ 쉽게Easily 쓰
기다. 하다 보니 영문 앞글자가 ABCDE다. 소위 '섬세문 쓰기의
ABCDE'이다. 통상 글쓰기의 기초를 'ABC'라고 한다. 보통 글쓰
기에도 ABC가 필요한데, 섬세문 쓰기니까 최소한 ABCDE 정도는
필요하지 않을까?

생각 풀기법 1.
비문을 쓰면 비명이 나온다

오탈자보다 오탈문을 걱정하라!

최근 인터넷이나 모바일 등 사적 공간의 글을 보면 대단히 축약되고 비문법적인 경우가 많다. '우리들만의 글'이니까 가능하다. 회사의 보고서가 그러면 회사가 돌아갈 수 없다. '모두의 글'이기 때문이다. 모두가 이해할 수 있는 글의 기본은 정확하게 쓰기다.

보고서를 쓰면서 주어·서술어·목적어, 시제의 일치, 수동태·능동태, 부사와 형용사 등을 생각해본 적이 있는가? '보고서에 웬 영문법?'이라고 생각할 분들이 있을지 모르겠다. 참 희한한 일이다. 학창시절은 물론 지금도 영어만 하려들면 그렇게 미친 듯이 생각하는 문법 용어들을 회사에서 우리말로 보고서를 쓸 때는 전혀 신경 쓰지 않는다. 그래서 비문이 생긴다. 국문법을 몰라서가 아니다.

그런데 '도대체 정확하게 쓰기가 뭐가 그렇게 중요해? 대충 뜻만 통하면 되지. 국문법 배운 지가 언제인데 실수할 수도 있잖아?'라는 생각이 든다. 과연 그럴까?

비문이 5쪽짜리 보고서에서 한두 번 나온다면? 읽는 사람은 '그래, 실수할 수도 있지!'라고 생각한다. 그 정도는 애교로 넘어갈 수 있다. 쓰는 나도, 읽는 그 사람도 인간이기 때문이다.

그런데 비문이 매 쪽마다 튀어나온다면? '왜 이렇게 틀린 게 많지? 도대체 무슨 말인지 알 수가 없네. 이 친구 원래 이런가? 성의가 없는거 아니야?'라는 생각이 든다. 살살 열 받기 시작한다. 내용을 떠나서 보고서 자체의 완성도가 떨어져 보인다.

만약 거의 모든 문장마다 나온다면? '이게 뭐야? 읽을 수가 없잖아? 확 던져 버리고 싶어!'라는 생각이 든다. 정말 던지지는 않겠지만 마음속에서 이미 그 보고서는 휴지통에 들어가 있다. 쓴 사람과 함께 말이다. 그리고 '누가 썼지?'라고 이름을 확인한다.

여기서 '맞아. 최소한 오탈자부터 없애야지. 기본이잖아?'라는 생각이 들 수 있다. 맞다. 그런데 '오탈자'는 사실 큰 문제가 아니다. 실수임을 다 안다. 바쁘니까 그럴 수 있다고 넘어간다. 틀린 말이지만 무슨 말인지 이해할 수 있다. 그런데 '오탈문' 즉, 비문은 다르다. 실수가 아니라 실력이다. 바빠서가 아니라 관심이 없어서다. 결정적으로 무슨 말인지 이해할 수가 없다. 그래서 오탈문은 '오탈인생' 즉 '오류와 탈락으로 가득한 인생'으로 가는 지름길이다. 이것이 우리가 정확하게 써야 하는 이유다.

쉽게 쓰려면 법대로 써라

문법文法은 글文을 정확하게 쓰기 위한 법칙法이다. 정확한 문장을 쉽게 쓰려면 문법 대로 쓰면 된다. 그렇다면 지금 다시 문법을 배워야 할까? 그러면 좋지만 굳이 그럴 필요까지는 없다. 보고서에서 자주 범하는 오류는 평범한 직장인이라면 누구나 알 수 있는 수준이기 때문이다. 과연 그럴까?

필자는 국문법에 대해서는 문외한이다. 다만 그동안 수많은 보고서를 읽으며 보았던 오류들을 정리해보니 ① 누락 ② 중복 ③ 불일치 ④ 불명확이라는 4개의 유형이 되었다. 지금부터 이 유형별로 필자가 실제 보았던 비문을 정문正文(섬세문)으로 바꾸는 글 동작을 시도한다. 여러분도 같이 따라 해보면 글 동작의 효과와 재미를 느낄 수 있지 않을까?

[1. 누락] 국어 문장의 핵심 구성요소는 '주어, 서술어, 수식어, 목적어, 조사'다. 물론 보고서를 쓸 때는 압축 부담 때문에 이런 요소를 생략할 수도 있다. 그러나 생략을 해서 문맥이 왜곡된다면, '압축'이 아니라 필수 요소의 '누락'이다. 가장 많이 누락되는 것이 주어와 조사다.

학생의 건전한 여가활동으로 이어질 수 있도록 개선방안을~ 주어가 전혀 없이 '학생의'라는 소유격으로 문장이 시작된다. 그러면서 문장이 수동태가 되고, 무엇이 여가활동으로 이어지는지 알

수가 없게 되는 등 전체적으로 꼬여 버렸다. 그런데 주어를 써보면, '학생이 건전한 여가활동을 할 수 있도록~'이라고 말하는 듯한 문장이 된다. 주어를 쓰면 나도 모르는 사이에 서술어와 일치되기 때문이다. '학생이 ~활동을 될 수 있도록~'이라고 써지지는 않지 않는가? 주어가 명확할 때는 생략할 수도 있다. 그래도 주어가 무엇인지 생각하고 생략하는 것과 누락시키는 것은 차원이 다르다.

9월 추경 ○○ 수당증액 예산 미반영시 무력시위 예정 보고서에서 정말 많이 보는 문장이다. 중간에 조사가 전혀 없이 단어들만 10여 개 이상 나열되고 있다. 절대 읽을 수가 없다. 우리가 말을 할 때는 '추경에서 ○○ 수당이 증액되지 않을 경우 시위 예정'이라고 하지 않을까? 조사助詞는 자체로는 뜻이 없지만 다른 단어의 뜻을 도와주는 말이다. 즉 그 단어의 뜻을 정확히 나타내 준다. 조사를 생각하면 나도 모르는 사이에 문장을 읽게 되고, 그러면 말이 되는 글이 써진다. 이게 조사의 힘이다.

[2. 중복] 핵심 구성요소가 누락되는 것도 문제지만, 중복되는 것도 문제다. 필수적인 것이라도 중복되면 불필요한 것이 겹치는 것과 마찬가지다. 보고서에서 중복은 최악이기 때문이다. 즉 '보고서 쓰기 = 중복 없애기'다.

대對 국민께 드리는 호소문 어떤 기관에서 노사분규가 있었을 때, 그 기관에서 커다랗게 붙인 공고문이다. 위 문구대로라면 국민께 호소문을 두 번 드리는 것이 된다. 반드시 피해야 할 문장이다. '대對'라는 접두사와 '~께'라는 조사는 모두 '~에게'라는 뜻이다. 따라서 그냥 '대국민 호소문' 또는 '국민(여러분)께 드리는 호소문'이라고 하면 된다. 다시 말하지만 '보고서 쓰기 = 중복 없애기'다!

이 개선방안이 오염물질을 효율적인 감축을 제고하며 이 문장은 두 가지 문제가 있다. 일단 문장이 안 되고(문법), 문장이 꼬여 있다 (표현). 여기서는 우선 문법적 차원만 보자. 위에서 주어는 '개선방안'이고, 서술어는 '제고하며', 목적어는 '오염물질을'과 '감축을' 2개다. 그런데 개선방안이 오염물질을 제고할 수 있을까? 역시 목적어의 중복에서 나오는 비극이다! 여기서는 목적어를 하나로, 즉 '오염물질의 효율적인 감축을'이라고 정리해야 비문 신세를 겨우 면한다. 물론 이것도 제대로 된 표현은 아니다. 여전히 문장이 꼬여 있는데, 이는 뒤에서 다시 설명한다.

[3. 불일치] 핵심 구성요소가 누락되거나 중복되지만 않으면 정확한 문장일까? 아니다. 들어간 단어들끼리 서로 맞아야 한다. 즉 단어의 뜻, 위치, 인과관계 등에서 앞뒤가 맞아야 한다. 흔히 잘못 쓴 문장을 보면 "왜 이렇게 앞뒤가 안맞아?"라고 하지 않는가?

근로자가 진정서를 접수함. '접수하다'는 '받는다'는 뜻의 동사다. 그 행위를 하는 사람은 누구일까? 접수를 받는 사람이다. 그런데 여기서 주어는 진정서를 내는 '근로자'다. 즉, 주어와 동사가 일치하지 않는다. '근로자가 진정서를 제출함' 또는 '(담당자가) 근로자의 진정서를 접수함'이라고 써야 한다. "에이, 이 정도는 애교로 볼 수 있잖아?" 글쎄, 애교로 넘어가기에는 너무 기초적인 잘못이다. 기초가 안 되어 있는 사람으로 보일 수 있다는 말이다. 경험상 보고서에서 제일 많이 보이는 문법적 오류가 바로 이런 주어와 서술어의 불일치다.

이해관계인에게 열람한다. 그러면 '열람하다'라는 동사는 주어가 누구일까? '보는 것'은 내가 아니라 이해관계인이다. 따라서 '이해관계인이 열람하도록 한다' 또는 '이해관계인에게 열람시킨다'라고 써야 한다. 그런데 주어-서술어의 일치를 어려워 하는 사람이 의외로 많다. 비법이 있을까? 있다. 주어가 있던 없던(생략되는 경우도 있으니까!) '이 문장의 주어가 뭐지?'라고 생각하면 된다. 그러면 앞서 말했듯이 나도 모르는 사이에 서술어를 생각하게 되면서 자연스럽게 맞춰진다. 유머를 제외하고는 일부러 주어와 동사를 틀리게 하는 사람은 없기 때문이다!

취업자는 9만 명 상승 취업자가 상승 또는 하락할까? 뭔가 어색하다. 맞다. 취업자는 물량이고, 고용률은 비율이다. 양量은 '증가/감소'하고, 률率은 '상승/하락'한다. 모든 단어마다 궁합이 맞는 서술어가 있다. 원문은 '막걸리를 먹으면서 파전을 마신다'와 같은 문장이다. 어색함이 심하면 뜻이 안 통한다.

연 10%의 연체이자율을 납부하여야 '연체이자율'을 납부하는 것이 아니라 '연체이자'를 납부하는 것이다. 위에서는 주어와 동사를 못 맞추더니, 이번에는 목적어와 부사를 헷갈리고 있다. '~의

연체이자를 납부하여야' 또는 '~의 연체이자율로 납부하여야'라고 써야 한다.

제도 도입된 지 2년이 경과됨에 따라 위반자가 다수 발생 단어만 앞뒤가 맞아야 하는 것이 아니라 논리도 맞아야 한다. '제도가 도입되어 2년이 경과'했기 때문에 '위반자가 다수 발생'하는 것일까? 그게 아니라 '제도가 도입된 지 2년이 되었지만, (아직도) 위반자가 다수 발생'하는 것 아닌가? 원인은 앞이고, 결과는 뒤다. 앞뒤가 틀리면 논리가 세워지지 않는다.

[4. 불명확] 문장의 핵심구성요소가 누락되거나 중복되지 않았다. 앞뒤가 불일치되는 것도 아니다. 그런데 무슨 말인지 모르겠다면? 표현이 명확하지 않아서 그렇다.

~를 위하여 법 개정 추진 이렇게 쓰면 법을 개정한 것인지, 하고 있는지, 할 예정인지 알 수가 없다. 시제가 불명확하면 읽는 사람은 시간을 뺏긴다. 물론 눈을 부릅뜨고 앞뒤 맥락을 살펴보면 추론이 가능하다. 그런데 왜 읽는 사람이 눈을 부릅뜨고 보아야 하는가? '법 개정 완료 / 추진 중 / 추진 예정'이라고 시점을 분명히 해주면 편하지 않을까? 입장을 바꿔서 생각해보자.

일제정리기간 계획 도입 원인 이 문장의 단어들을 하나씩 연결해보자. '~기간'의 '계획'이 있을까? '계획'이 '도입'하는 것인가? 무엇을 '도입'하는 데 '원인'이 있을까? 각각의 단어가 맥락에 맞게 연결되지 않는다. 통상적으로 연결되는 단어로 써보면, '일제

정리기간 운영 필요성' 또는 '일제정리기간 운영계획 수립 필요성'이 된다. 즉, 그 맥락에 맞는 단어를 명확히 선정해야 쉽게 읽을 수 있는 문장이 된다.

학생의 건전한 여가활동으로 이어질 수 있도록 개선방안을~ 위에서 본 문장이다. 여기에서 '개선방안'이 무엇을 개선하는 것일까? 기숙사 운영방식? 방과 후 활동? 자율학기제? 체험활동? 등등 많은 것을 개선할 수 있다. 명확하지 않으면 의문이 생긴다. 문장이 의심스러우면 쓴 사람도 의심스러워진다.

원문과 섬세문의 차이가 무엇일까? 읽어보면 안다. 원문은 말이 안 되고, 섬세문은 말이 된다. 글과 말을 다르다고 생각하면 글이 꼬인다. 누락과 중복을 없애자. 앞뒤를 맞추고 분명히 하자. 그러면 글이 말이 되고 말이 글이 되는 놀라운 경험, 즉 내 문장에 혁명이 시작된다! 그런데 어렵다고? 내 문장을 '다시 읽고 한 번 더 생각'해보자. 누구나 찾아내서 고칠 수 있다.

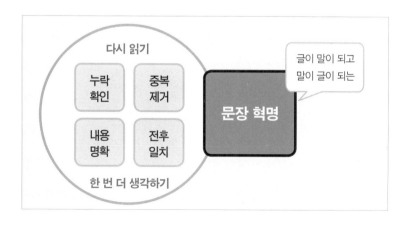

〈정확한 단어와 문장 쓰기〉

오류의 유형		원문 →	섬세문
누락	주어	학생의 건전한 여가활동으로 이어질 수 있도록 개선방안을~	학생이 건전한 여가활동을 할 수 있도록 방과 후 활동 개선방안을~
	조사	9월 추경 ○○ 수당증액 예산 미반영 시 무력 시위 예정	추경에서 ○○ 수당이 증액되지 않을 경우 시위 예정
중복	조사	대 국민께 드리는 호소문	대 국민 호소문 / 국민께 드리는~
	목적어	이 개선방안이 오염물질을 효율적인 감축을 제고하며	이 개선방안은 오염물질의 효율적인 감축을 제고하며
불일치	주어/술어	근로자가 진정서를 접수함	근로자가 진정서를 제출함
	주어/술어	이해관계인에게 열람한다.	이해관계인이 열람하도록 한다 이해관계인에게 열람시킨다.
	주어/술어	취업자는 9만 명 상승	취업자는 9만 명 증가/감소 고용률은 1.0% 상승/하락
	목적/서술	연 10%의 연체이자율을 납부해야	연 10%의 연체이자를(~이자율로) 납부해야
	인과관계	제도 도입된 지 2년이 경과됨에 따라 위반자가 다수 발생	제도가 도입된 지 2년이 되었지만, (아직도) 위반자가 다수 발생
불명확	시제	~위하여 법개정 추진	~법 개정 완료, 추진 중, 추진예정
	연결	일제정리기간 계획 도입 원인	일제정리기간 운영(계획 수립) 필요성
	수식어	학생의 건전한 여가활동으로 이어질 수 있도록 개선방안을~	학생이 건전한 여가활동을 할 수 있도록 방과 후 활동 개선방안을~

생각 풀기법 2.
길게 쓰면 숨이 막힌다

1.2는 있을 수 없다! 꼬리를 잘라라

고수의 글쓰기에서 절대 용납할 수 없는 것이 있다. 바로 1.2줄 짜리 문장이다. 1.2줄짜리 문장이란 1줄 또는 2줄로 끝나지 않고 0.2~0.3 줄짜리 꼬리가 달린 문장을 말한다. 예를 들면 다음과 같은 사례다.

> 〈원문〉
> ① 일자리를 원하는 구직자에게 특성에 맞는 진로지도, 광역 구인정보 제공, 직업훈련 등 맞춤형 프로그램을 종합적으로 제공하는 컨설팅 서비스 실시 지원

열심히 문장을 썼다. 그랬더니 ①번 문장(원문)처럼 2줄을 넘어서 3줄째에 '서비스 실시 지원'이란 일곱 글자가 꼬리처럼 달렸다. 오 탈자도 없고 비문이 아니니 하수는 면했다. 그런데 고수는 절대 이 렇게 쓰지 않는다. 이렇게 꼬리가 있는 문장은 대부분 중복되고 구 태의연한 문구가 있어서 삐져나온 것이다. 고수가 되고 싶다면 꼬 리를 보는 순간 본능적으로 없애야 한다.

우리의 박 대리! '그래? 그러면 없애면 되지. 그거야 일도 아니 야!' 하면서 ②번 문장처럼 자간을 화끈하게 줄여버린다.

거의 대부분은 아무 생각없이 이렇게 빡빡하게 당겨 쓴다. 보라. 꼬리가 없어졌지만 사라진 것은 아니다. 위에서 꼬리가 달리는 이유는 중복되고 구태의연한 내용 때문이라고 했다. 그런데 이렇게 자간을 줄여서 맞추면 내용이 뭐가 달라질까? 아예 장평이나 글자 크기를 줄이는 사람도 부지기수다. 점입가경에 설상가상, 점점 더 읽기가 어려워질 뿐이다. 제발 자간이나 장평같이 물리적으로 해결하려 하지 말고 생각을 해서 불필요한 문구를 없애 보자.

일자리를 원하는 구직자? 구직자는 일자리를 구하는 사람이란 뜻이다. 같은 의미를 두 번 쓸 필요가 없다. 서비스 실시 지원? 서비스 지원이라고 하면 뜻이 달라지는가? ③번의 섬세문을 보자. 물리적 조정을 전혀 하지 않았다. 그래도 꼬리가 잘리고, 문장은 더 깔끔하다. 내용이 더 명확히 보인다. 이것이 1.2줄과 1줄의 차이다.

여기서 한 번 더 생각해보자. 1.2줄을 용납할 수 없다면 1.2쪽도 그럴까? 당연하다. 고수는 절대 꼬리를 그냥 두지 않는다. 0.2쪽을 어떻게 자를까?

다음 쪽에 있는 1.2쪽 짜리 원문을 1쪽으로 만들어보자. 하수는 아무 생각없이 줄 간격을 빽빽하게 확 당겨버린다. 위에서 자간을 확 당기는 것처럼 말이다. 그림의 단순 수정문이다. 그런데 고수는 다르다. 원문의 1쪽에 있는 1.2줄짜리 4개의 꼬리를 잘라서 섬세문 처럼 2쪽의 4줄을 자연스럽게 올려붙인다. 독자 여러분이 보기에 어느 것이 더 읽기 쉽고, 맥락을 이해하기 쉬울까?

필자가 기획재정담당관을 할 때다. 당시 정책 총괄담당인 김 서기관은 국회 보고 자료를 만들고 있었다. 각 부서의 자료를 취합하는데, 모 부서로부터 3쪽짜리가 왔다. 너무 길어서 2쪽으로 줄여야 했다. 그는 평소같으면 그런 일은 스스로 했지만, 그날은 너무 바빠서 그 부서에 2쪽으로 줄여달라고 부탁했다. 놀랍게도 1시간 만에 줄여 왔다. 어떻게 왔을까? 글자 크기가 15에서 13으로, 줄 간격이 160에서 130으로, 장평이 100에서 80으로 줄었다. 모든 것이 줄은 것이다. 그걸 본 그는 그냥 그 자리에서 혼절해버렸다.

왜 꼬리 자르기가 그렇게 중요할까? 보고서를 예쁘게 만들어서 읽는 사람에게 잘 보이기 위해서인가? 아니다. 0.2라는 꼬리를 자르려면 우선 내가 쓴 문장을 다시 보아야 한다. 그리고 어디가 중복된 문구인지 생각하고, 그것을 어떻게 없앨까 한 번 더 생각해야 한다. 그 과정에서 문구, 문장, 단락이 깔끔해진다. 앞서 정확하게 쓰기에서 말했듯이 내 문장을 '다시 보고, 한 번 더 생각하기', 바로 이것

〈원문〉 1.2쪽짜리 보고서

**연수원 신축현장 붕괴,
10명 추락 · 중상**

('15.9.9. 섬세건설 현장소장 홍길동)

I. 사건개요
  ○ (개요) · · · · · · · · · · · · · · · · · 발생
    했음
  ○ (발생이유) · · · · · · · · · · · · · ·
    정밀 조사중
  ○ (조치내역) · · · · · · · · · · · · · ·
    구성 완료

II. 현재 상황
  ○ (재해자) · · · · · · · · · · · · · 응급실 치료
  ○ (유관 기관) · · · · · · · · · · · 합동 조사중
  ○ (언론 보도) · ○○방송 · 신문 보도 등

III. 전망 및 대책
  ○ (전망) · · · · · · · · · · · · · · · · 파급될
    전망

  ○ (대응방향) ·
    - 조기수습: · · · · · · · · · · · · · · ·
    - 재발방지: · · · · · · · · · · · · · · ·
       · · · · · · · · · · · · · · 종합 대책수립

〈단순 수정문〉 1쪽짜리 보고서

**연수원 신축현장 붕괴,
10명 추락 · 중상**

('15.9.9. 섬세건설 현장소장 홍길동)

I. 사건개요
  ○ (개요) · · · · · · · · · · · · · · · · · 발생
    했음
  ○ (발생이유) · · · · · · · · · · · · · · · · · ·
    정밀 조사중
  ○ (조치내역) · · · · · · · · · · · · · · · · · ·
    구성 완료
II. 현재 상황
  ○ (재해자) · · · · · · · · · · · 응급실 치료
  ○ (유관 기관) · · · · · · · · · 합동 조사중
  ○ (언론 보도) · ○○방송 · 신문 보도 등
III. 전망 및 대책
  ○ (전망) · · · · · · · · · · · · · · · · 파급될
    전망
  ○ (대응방향) · · · · · · · · · · · · · · · · · · ·
    - 조기수습: · · · · · · · · · · · · · · · · · · ·
    - 재발방지: · · · · · · · · · · · · · · · · · · ·
       · · · · · · · · · · · · · · · 종합 대책수립

〈섬세문〉 1쪽짜리 보고서

**연수원 신축현장 붕괴,
10명 추락 · 중상**

('15.9.9. 섬세건설 현장소장 홍길동)

I. 사건개요
  ○ (개요) · · · · · · · · · · · · · · · · · 발생
  ○ (발생이유) · · · · · · · · · · · 정밀 조사중
  ○ (조치내역) · · · · · · · · · · · · · · · · 구성

II. 현재 상황
  ○ (재해자) · · · · · · · · · · · 응급실 치료
  ○ (유관 기관) · · · · · · · · · 합동 조사중
  ○ (언론 보도) · ○○방송 · 신문 보도 등

III. 전망 및 대책
  ○ (전망) · · · · · · · · · · · · · 파급 예상
  ○ (대응방향) · · · · · · · · · · · · · · · · · · ·
    - 조기수습: · · · · · · · · · · · · · · · · · · ·
    - 재발방지: · · · · · · · · · · · · · · · · · · ·
       · · · · · · · · · · · · · · · 종합 대책수립

이 고수가 문장을 쓰는 비법이다. 하수와 고수의 차이, 내 입장과 상대방 입장에서 쓴 보고서의 차이는 바로 0.2에서 출발한다.

문장을 깔끔하게 쓰고 싶은가? 0.2줄 꼬리자르기 훈련부터 하자. 사실 시나 소설 같은 문학적 글쓰기에는 타고난 재능이 필요하다. 아무나 문학가가 될 수는 없지 않은가? 그러나 보고서 같은 논리적 글쓰기는 재능이 아니라 관심과 연습이면 충분하다. 그래서 누구나 보고서의 고수가 될 수 있고, 필자는 그 시작이 바로 '0.2줄 꼬리 자르기'라고 믿는 것이다.

그런데 왜 그렇게 해야할까? A는 매일 1.2쪽짜리 보고서를, B는 매일 1쪽짜리 보고서를 들고 온다. A는 생각없이 쓴 보고서이고, B는 생각을 한 보고서다. 보고서의 양적 차이는 0.2이지만 읽는 사람이 느끼는 질적 차이는 2배 이상이다. 중요한 것은 글이 곧 사람이 된다는 점이다. 0.2를 없애기 위해서는 한 번 더 생각해야하고, 읽는 사람은 그런 B를 A보다 더 신뢰할 수 밖에 없다. 정말 고수가 되고 싶은가? 보고서에서 0.2 꼬리부터 없애라!

다음 글 동작 예시를 보면 평소 보고서에 쓰는 글이 얼마나 중복 사용되는지 알 수 있다. 이런 중복되고 구태의연한 문구를 없애다 보면 깔끔한 문장쓰기가 무엇인지 쉽게 알 수 있다.

〈중복되고 구태의연한 문구 없애기〉

원문		섬세문
일자리를 원하는 구직자	⇒	구직자
컨설팅 실시 지원	⇒	컨설팅 지원
개선 추진	⇒	개선
향후 추진계획	⇒	추진계획
증가하도록 하기 위해서는	⇒	늘리려면
일정부분	⇒	일부
참여하게 됨으로써	⇒	참여함으로써

다음은 필자가 실제 보았던 보고서의 문장 중 일부다. 섬세문을 보면 원문의 뜻과 전혀 차이가 없다. 그러나 더 읽기 좋고 쓴 사람의 의미를 정확히 전달한다. 한 번의 글 동작으로 1.2줄이 없어지면서 이렇게 쉬운 문장으로 바뀌었다. 한 번의 글 동작은 한 번의 섬세함이다. 이것이 무생각 보고서 또는 보통 보고서를 고수의 보고서로 만든다. 섬세문이 모이면 섬세 보고서가 되는 것 아닌가?

〈1.2줄 없애기 사례1〉

〈원문〉
○ 효율적인 행정을 위해서 ① 수요자에게 필요한 정보를 적시에 전달하여 참여 유도, ② 의견을 수렴하여 제도 · 방법 등을 보완 · 개선할 수 있는 "대국민 열린소통창구"가 필요하나

〈섬세문〉
○ 효율적 행정을 위해 ① 수요자가 원하는 정보를 적시에 제공하고 ② 제도 개선을 위한 의견을 수렴하는 등 "대국민 열린 소통창구"가 필요하나

〈원문〉
○ 지역주민들이 생활 속에서 자주 접하는 매체로 반복 홍보가 가능하며 상대적으로 적은 비용으로 큰 효과를 얻을 수 있는 무가지, 생활정보지 등을 통한 홍보

〈섬세문〉
○ 지역주민들이 일상에서 자주 접할 수 있어 반복홍보가 가능하고 비용 대비 효과가 큰 무가지, 생활정보지 등을 적극 활용

줄줄이는 숨이 막혀! 끊어쳐라

'끊어치기'에는 두 가지가 있다. 첫 번째는 '문장 길이 줄이기'다. 보고서에서 한 문장은 2줄 이내가 기본이다. 길어도 3줄이 넘으면 곤란하고, 4줄짜리는 예선탈락이다. 문장이 길어지면 호흡이 가빠진다. 더 중요한 것은 단어가 진부해지면서 초점까지 흐려진다는 점이다. 결국 읽는 사람은 숨도 제대로 못 쉬면서 무슨 말인지 이해도 안되는 상황이 벌어진다.

두 번째는 '문장 구조 단순화하기'다. 중학교 영문법 시간에 배웠던 단문, 중문, 복문이 생각나는가? 단문은 주부와 서술부가 하나씩인 문장, 중문은 2개 이상의 단문이 and, but 같은 등위접속사로 연결된 문장, 복문은 주절과 종속절로 이루어진 문장을 의미한다. 호흡이 긴 중문이나 복문보다는 가능하면 주어와 서술어가 하나씩인 단문으로 쓰라는 얘기다.

물론 정책검토나 개요정리 같은 형태의 보고서에는 중문과 복문

도 필요하고 많이 쓰인다. 이런 보고서는 글을 눈으로 보는 형태이
므로 논리만 맞으면 중문, 복문이라도 이해하는 데 큰 어려움이 없
다. 그러나 안내문, 인사말씀, 격려사 등 말씀자료와 같은 유형은 다
르다. 상대방은 글이 아니라 말을 듣는다. 그런데 쓰는 사람은 글로
쓰는 것만 생각하니까 중문, 복문이 나오면서 문장이 길어진다. 실
제 들어보라. 그런 글은 요점이 잘 들어오지 않는다. 그래서 끊어치
기가 필요하다. 끊어쳐야 리듬이 생기고, 그래야 핵심이 전달된다.

'One day, One message'라는 말이 있다. 기관 홍보에 있어
하루에 여러 개의 홍보 포인트를 제시하면 모두 실패한다는 뜻이
다. 마찬가지로 하나의 문장에는 하나의 메시지면 충분하다. 길게
쓰면 호흡이 길어지고, 호흡이 길어지면 메시지가 섞인다. 다른 메
시지는 다른 그릇에 담아야 하지 않을까?

〈단문 수정 사례〉

> 〈원문〉
> ○ ○○○은 국내 최초 신개념 관광○○○○를 타고 대한민국의 중심 백두대
>   간의 수려한 자연경관을 즐길 수 있는 매력적인 명품관광○○○○입니다.
>
> 〈섬세문〉
> ○ ○○○은 국내 최초의 신개념 관광○○○○입니다. ○○○○를 타시면 대
>   한민국의 중심인 백두대간을 편하게 즐길 수 있습니다.

위 사례는 지하철 광고문의 일부다. 원문과 섬세문을 각각 소리
내어 읽어보자. 섬세문은 원문을 중간에 한 번 끊어주고, 중복되는
몇 개의 수식어를 없애버린 것 뿐이다. 그러나 훨씬 더 귀에 잘 들
어온다.

생각 풀기법 3.
정보만 나열하면 의미가 안 보인다

객관성의 함정에서 벗어나라

통상 보고서를 쓰다 보면 정보만 나열하고 끝내는 경우가 많다. 예를 들면, 숫자·통계·표를 넣기는 하는데 그 의미는 쓰지 않는 것이다. 틀린 것은 아니다. 그러나 잘 쓴 것은 절대 아니다. 필자는 이를 '객관성의 함정'이라고 부른다. 정보만 나열해서는 절대 하수를 벗어날 수 없다. 그렇게 쓰면 읽는 사람에게 "나는 정보를 전달했으니 그 의미는 당신이 알아서 파악하세요."라고 말하는 것이기 때문이다. 고수는 정보에 의미를 더한다. 그 플러스알파, 즉 의미는 쓰는 내가 만들어야 한다. 읽는 사람이 보고서를 읽으면서 의미까지 찾기를 바라지 마라. 그런 일은 절대 일어나지 않는다.

다음 사례는 건설현장에서 자주 작성하는 '건설공사 추진현황 보고' 자료다. 몇 가지 자료를 보고 독자 소개용으로 재구성하였다. 이런 현황보고 유형에서 객관성의 함정에 많이 빠진다. 현황보고니까 말 그대로 현황과 관련된 통계, 숫자, 정보만 넣으면 된다고 생각하기 때문이다. 〈보고서 A〉처럼 객관적 정보만 나열하여 보고하면 보고받는 사람에게는 숫자만 보이고 기억에 남는 것은 없다. 나열된 정보만으로는 의미를 파악하기 어렵기 때문이다. 도대체 '총공사금액 1,598억 원', '○○월 ○○일 현재 공정진도 50%'라는 숫자에 무슨 의미가 있단 말인가? 보고받는 사람에게 그 숫자를 외우라는 것인가?

보고받는 사람 입장에서 궁금한 사항을 반영해서 〈보고서 B〉처럼 수정했다. 건설에 문외한인 필자는 목차 I, II 부분에서 이 터널이 국내 최장인지, 아니면 몇 번째로 긴 것인지, 이 공법의 특징이 무엇인지, 이미 대중화된 공법인지 최근 도입된 신공법인지, 안전 위주의 공법인지 경비절감 위주의 공법인지 등이 궁금했다.

또 'III. 추진현황도 ○○월 ○○일 현재 진도 ○○%'가 계획대

〈보고서 A: 객관적 정보만 나열한 보고서〉	〈보고서 B: 의미를 부여한 섬세 보고서〉
○○ 건설공사 추진현황 보고	**○○ 건설공사 추진현황 보고**
I. 공사개요 ○ 목적 ○ 개요(시공규모, 총 예산) ○ 현장위치 등	**I. 공사개요** ○ 프로젝트 개괄: 목적, 개요(시공규모, 총 예산), 현장위치 등 ○ 주요 특징: ○○번째 고속도로, 국내 최장 터널, 국내 최초로 ○○공법 시공 등
II. 주요공정 ○ ○○ 교량: 세부 내용, 공법 ○ ○○ 터널: 세부 내용, 공법	**II. 주요공정** ○ ○○ 교량: 세부 내용, 공법, 특징·의미 ○ ○○ 터널: 세부 내용, 공법, 특징·의미
III. 추진현황 ○ 전체진도: ○○%(○○월 ○○일 현재) ○ 출력인원 ○○명, 예산투입 ○○억 ○ 재해예방을 위해 최대한 노력 중 　→산업재해 ○○건 발생, ○○명 사망	**III. 추진현황 및 계획** ○ (시간) 진도관리: 일정 목표 　→ 실적 → 평가 → 추진계획 ○ (자원) 자원관리: 인적, 물적, 자금관리 목표 　→ 실적 → 평가 → 추진계획 ○ (위험) 안전관리: 무재해 목표 　→ 실적 → 평가 → 추진계획

비 지연된 것인지, 빠른 것인지, 지연되었다면 그 이유는 무엇인지, 앞으로 어떻게 조치하면 진도를 복구할 것인지 등이 궁금했다. 그래서 이 부분을 나열만 하지 않고, 스토리텔링식으로 바꾸었다. 일단 목차를 'III. 추진현황 및 계획'으로 바꾸었다. 그리고 주어진 외부 변수(시간, 자원, 위험)를 효율적으로 통제하여 성과를 거두기 위해 '목표 → 실적 → 평가 → 추진계획'의 틀로 관리하겠다는 스토리를 만들었다. 어떤 의도적·감정적 수식어가 보이는가? 전혀 없다. 단지 본연의 의미를 썼을 뿐이다.

여러분이 (주)섬세건설의 CEO라고 생각해보자. 전국의 건설현장 30개소를 모두 순회하며 현장 브리핑을 받고 있다. 30명의 소장 중 29명은 〈보고서 A〉처럼 보고했다. 제2공구의 소장 한 명만 B처럼 보고했다. 누구의 보고가 머릿속에 더 남을까? 비슷하게 정보만 나열한 29명의 보고보다는 제2공구 소장의 스토리 있는 보고가 기억에 남을 것이다. 객관적 정보는 누구나 보고할 수 있다. 그러나 고수는 나만의 스토리를 만들어낸다. 이것이 나를 다른 사람과 다르게 만드는 생각풀기의 비법, 창의적으로 쓰기의 힘이다.

화려함의 유혹에서 벗어나라

최근 청년 실업문제가 심각하게 대두되고 있다. 박 대리는 청년 실업이 한국섬세공사의 사업방향에 미치는 영향을 분석하는 보고서를 쓰고 있다. 당연히 청년 실업률을 분석해서 현황과 문제점을 써야 한다. 그래서 '우리나라 2019년 청년 실업률은 8.9%로 높은 수준'이라고 일단 결론 내렸다.

여기서 끝일까? 아니다. 예전 같았으면 여기서 끝냈겠지만 고수의 보고법을 익힌 지금은 다르다. 박 대리는 이렇게 쓰면 읽는 사람의 반응은 어떨까 하고 생각해본다. 그랬더니 'So what? 그래서? 이게 왜 높은데? 8.9%가 무슨 의미가 있어?'와 같은 반응이 있을 것 같다. 고쳐야 한다.

그런데 한참 고민해도 아이디어가 생각나지 않는다. 그때 갑자기 "그래, 요즘엔 보고서도 BTS 스타일처럼 화려한 스타일이 뜬다는데, 나도 한번 써보자. 벤치마킹도 전략이야." 그러면서 "~8.9%로,, 전체 실업률의 2배 이상이며 정권유지에 영향을 줄 수 있는 심각한 수준"이라고 고쳐본다. 아까보다는 나아진 것 같다.

그런데 이 문장이 마음에 와 닿는가? 흔히 의미를 찾는다고 화려한 수식어를 사용하는 경우가 많다. 물론 IMF 때의 실업대란 같은 심각한 경우야 위와 같은 사례로 꼽을 수 있겠지만, 일반적인 상황에서 높은 청년 실업률이 정권유지에 영향을 준 사례를 본 적이 있는가? 그러니 괜히 과하다는 느낌이 들면서 보고서의 신뢰가 떨어진다. 정보만 나열하는 하수보다야 낫지만 중수 수준인 것이다.

다음처럼 써보자. "8.9%로, 학생·군인 등을 빼면 약 청년 10명 중 한 명이 일하고 싶어도 못하는 수준"이라고 고쳤다. 어떤가? 아무런 수식어가 없다. 일상적 언어로 풀었을 뿐이다. 그러나 청년 실업의 심각성이 피부로 와 닿는다. 이렇게 쓰면 읽는 사람은 '맞아.

우리 형님 둘째 아들도 대학 졸업하고 놀고 있잖아?'라는 생각이 들면서 공감한다. 이것이 고수의 문장이다. 억지로 꾸며낸 의미가 아니다. 고민과 통찰 끝에 본연의 의미를 담담히 풀어내기, 이것이 진정한 플러스알파다. 겉모습에 치중하면 본질이 안 보인다. 꾸미기에 몰두하면 의미를 통찰할 시간이 없다. 진정한 고수가 되길 원하는가? 화려함의 유혹에서 벗어나야 한다.

생각 풀기법 4.
원칙만 쓰면 내용이 사라진다

박 대리는 앞에서 창의적으로 생각한다고 플러스알파까지 고민하다 보니 좀 피곤해졌다. 그러다 보니 '이 부분은 좀 복잡해. 이 사장님이 이런 것까지 아실 필요가 있겠어? 다른 바쁜 일도 많은데. 굳이 심기를 불편하게 해드릴 필요는 없지. 원칙만 간단히 쓰자.'는 생각이 든다.

일하다 보면 '이거 좀 간단히 정리해봐'라는 지시를 참 많이 받는다. 짧게 핵심만 쓰라는 뜻이다. 그런데 짧게 쓰라면 대부분 추상적으로 쓴다. 그런데 이상하지 않은가? '짧게'는 '길게'의 반대말이고, '추상적'은 '구체적'의 반대말이다. 서로 다르다. 그런데 '짧게 = 추상적'으로 쓴다. 이렇게 쓰다 보면 "왜 이렇게 애매모호해? 두루뭉술하게 넘어가지 마. 지금 뜬구름 잡아?"라는 말을 듣는다. 아마 여러분도 한두 번은 들어보았을 것이다.

이렇게 추상적으로 쓰는 이유는 주로 두 가지다. 우선 콘텐츠, 즉 담을 내용이 없기 때문이다. 이 문제는 여기서 논의하지 않는다. 이 책은 최소한 콘텐츠는 있는데 제대로 표현하지 못하는 분들을 위한 책이기 때문이다. 두 번째 이유가 무섭다. 바로 잘못된 배려심이다. 상대방을 생각한다며 상사가 머리 쓸 일이 없도록 추상적으로 쓰는 보고자가 많다. 이러한 배려심이 당장은 모두를 편하게 한다. 그러나 그 편안함은 오래가지 않는다. 추상적으로 쓰다 보면 일반적인 내용만 남게 된다. 자연히 읽는 사람은 이해할 내용이 없다. 결국 보고서를 쓴 사람은 콘텐츠가 없는 사람이 되어 버린다.

여러분은 추상적인 문장과 구체적인 문장의 차이가 무엇인지 이해할 수 있는가? 몇 개의 글 동작을 통해 구체적 문장의 진가를 확인해 보자.

이번 회의는 의미 있는 결과를 도출했음 이렇게 쓰면 도대체 뭐가 의미 있는 결과인지 알 수 없다. '~제2차 국가 섬세전략 수립을 위한 공식 부처협의의 시작이라는 점에서 의미 있는~'이라고 고쳐보자. 수준이 달라진다.

노측도 일리가 있지만 사측도 옳은 면이 있음 역시 양측 주장이 왜 각각 일리가 있는지 알 수 없다. 대신 '~은 현장의 관행에 따른 것이며, ~은 노동법적 원칙에 충실한 것임'이라고 구체화해보자. 읽는 사람이 머리를 끄덕인다.

홈페이지는 청년층에 적합한 콘텐츠로 구성할 계획 이렇게 쓰면 청년층에 적합한 콘텐츠가 뭘까 하는 의문이 든다. 쓰는 박 대리는 알지만, 읽는 이사장은 모른다. '홈페이지는 강소기업 취업정보, 맞춤형 진로지도 등 청년층에 적합한 콘텐츠로'라고 예를 들자.

위의 원문에서 '의미 있는', '일리가 ~ 옳은 면이', '적합한' 등의 단어는 대단히 함축적이어서 문장을 줄여 쓰는 데 유용하다. 그러나 함축적이면 추상적일 수 밖에 없다. 시나 소설 같은 문학적 글쓰기에서는 함축적 표현이 가치가 있지만, 보고서 같은 논리적 글쓰기에서는 구체적 표현이 우선이다. 그런데 걱정이 꼬리를 문다.

A. 문장이 길어지면서 1.2줄짜리가 되어 버리지 않을까? 불필요한 다른 내용을 줄이면 된다. 우리에겐 이미 '0.2줄 꼬리 자르기' 비법이 있지 않은가?

B. 예시를 본문에 넣기에는 너무 길어보이는데? 그런 경우에는 전

체를 뜯어서 문장 밑에 참고표시(※)로 부연해 설명하면 된다. 구체적이면서도 의문 없이 깔끔해진다.

C. B처럼 하면 참고 문장이 추가되어서 1.2장이 될 것 같은데? 다른 1.2줄짜리 문장의 꼬리를 없애면 된다.

아직도 구체적으로 표현하려면 길어질 수 밖에 없다고 생각하는가? '문장의 길이'와 '표현의 구체성'은 전혀 다른 차원의 문제다. 구체적으로 짚어서 써보자. 문장이 생생해지고 의미가 살아난다.

생각 풀기법 5.
어렵게 쓰면 아무도 모른다

드디어 생각 풀어내기의 마지막 단계까지 왔다. 마지막 단계니까 가장 어려울까? 아니다. 그냥 '쉽게 쓰기'다. 다들 글쓰기보다 말하기가 쉽다고 한다. 그러니까 말하듯이 써보자. 글은 말이되어야 글이 되기 때문이다. 그런데 의외로 많은 이들이 쉽게 쓰는 것을 더 어려워한다.

누구나 알 수 있어야 하는 공문과 알림판을 봐도 용례가 정확지 않은 한자, 일본식 어투 등을 쓰는 경우가 많다. 갱구, 계출, 토괴, 가내시 등과 같은 단어를 보고 쉽게 이해가 되는 사람은 그 분야의 몇 사람뿐이다. 일반인이 보라고 이렇게 쓰지만 일반인은 이해하기 쉽지 않다. 왜 그럴까? 이 글을 읽는 사람이 누구지? 그 사람이 이해할 수 있을까? 하는 생각을 하지 않고 쓰기 때문이다.

우리말이든 한자든 영어든 상식적이고 쉬운 단어로 써보자. 보고서 전체가 쉬워진다. 고수는 생각이 복잡할수록 쉬운 단어로 표현한다. 전문적인 내용일수록 평범한 단어로 풀어낸다. 그래서 고수가 쓴 글은 누구나 정확하게 그리고 쉽게 알 수 있는 것이다.

〈쉬운 단어 쓰기〉

원문	⇒	섬세문		원문	⇒	섬세문
경감시키는	⇒	줄이는		토괴	⇒	흙덩이
재차 발생	⇒	다시 발생		호칭할 때	⇒	부를 때
간벌	⇒	솎아베기		밀식되어	⇒	촘촘히 심어져
갱구	⇒	터널 출입구		도선장	⇒	나루터
계출	⇒	신고		가내시	⇒	임시통보
과년도	⇒	지난해		식재적기에	⇒	심기 좋은 때

문장도 단어처럼 쉽게 쓰면 된다. 그런데 같은 말 또 쓰기, 불필요한 말 가득 채우기, 쉬운 말 배배 꼬기, 숨 못 쉬게 이어붙이기가 난무한다. 일부러 그런 것도 아닐 텐데 왜 그럴까? 한 번 더 생각하지 않아서 그렇다. 읽는 사람이야 정신이 혼미해지든 말든 아무 생각 없이 자기 생각만 쓰고 끝내는 잘못된 습관 때문이다. 어떻게 이 하수의 습관을 깰 수 있을까?

말하듯이 써라

쉽게 쓰는 첫 번째 방법은 '말하듯이 쓰기'다. 쉽다. 그런데 '책마다 모두 그렇게 쓰라고 해. 하지만 그게 말처럼 잘 안 되잖아!' 라고 생각하는가? 그렇다면 다음 글을 연습해보자.

<원문 1>　　이 개선방안이 오염물질을 효율적인 감축을 제고하며

<섬세문 1>　① 이 개선방안은 오염물질의 효율적인 감축을 제고하며
　　　　　　② 이 개선방안은 오염물질을 효율적으로 줄일 수 있으며

<원문 2>　　산나물 채취 및 입산을 하였을 시에는

<섬세문 2> 산나물을 채취하거나 산에 들어갈 때는

섬세문 1의 ①은 앞에서 설명했듯이 생각 풀기법 1 '비문을 쓰면 비명이 나온다.' 부분에서 문법만 고친 것이다. 그런데 비문은 아니지만 말이 꼬이면서 글이 안 된다. 그대로 읽어보라. 세상에 이렇게 말하는 사람이 있을까?

이 문장의 취지는 '이렇게 개선하면 오염을 잘 줄일 수 있음'이다. 그 취지대로 자연스럽게 말해보자. 그리고 그 말을 그대로 옮기듯이 써 보자. '이 개선방안은 오염물질을 효율적으로 줄일 수 있으며' 정도가 될 것이다(섬세문 1의 ②). 어떤가? 아주 간단한 글동작 한 번에 너무 쉽게 읽히는 문장이 되었다. 마술 같지 않은가? '말하듯이 써 보자'라고 한 번 더 생각하면 문장이 쉬워지고 뜻이 정확해진다.

원문 2도 이렇게 말하는 사람은 없다. 섬세문 2처럼 '산나물을 채취하거나 산에 들어갈 때는'이라고 고쳐보자. 말하듯이 쓰면 쉽다.

한 호흡으로 써라

문장에도 호흡이 있다. 그런데 어떤 문장을 보면 숨이 차다. 한 문장에 두세 번의 호흡이 있기 때문이다(여기서 호흡이란 하나의 주술 관계 즉, '주어+술어'로 생각하면 쉽다). 나름대로 숨 쉴 틈을 준다고 중간중간에 쉼표(,)로 끊어주지만 별 소용이 없다. 역시 글 동작으로 고쳐보자.

〈원문〉 두 호흡
○○도의 경우 타 지역에 비해 노인인구 비중이 높아 <u>시설이 급증</u>하였고, 입지여건 상 요양전문병원과 장기요양기관 등이 다수 소재

〈섬세문〉 한 호흡
○○도의 경우 타 지역에 비해 노인인구 비중이 높고 자연환경 등 입지여건이 좋아 요양전문병원과 장기요양기관 등이 <u>증가하는 추세</u>

원문을 보자. '시설이 급증한다.'와 '기관 등이 다수 소재한다.'는 두 호흡의 문장이다. 그런데 아무리 보아도 '노인인구 증가 = 시설 급증'과 '입지여건 = 다수 소재'라는 각각의 인과관계가 명확하지 않다. 즉, '노인인구 증가 = 다수 소재'와 '입지여건 = 시설 급증'

이라고 바꿔도 말이 된다. 이것은 두 문장이 각각의 인과관계가 배타적이지 않은 상태에서 기계적으로 이어 쓴 것에 불과하다는 점을 나타낸다. 그래서 숨이 찬 것이다.

만약 짧은 두 문장이 각각의 인과관계가 명확한 경우라면 대구對句의 리듬을 살리기 위해 일부러 두 호흡 즉, 중문으로 쓸 수 있다. 실제 그렇게 쓰는 경우가 많고, 그것이 효과적일 때도 많다. 필자도 그렇게 많이 쓴다. 그러나 문제는 그런 경우가 아닌데도 습관적으로 두 호흡으로 쓰는 경우다. 이럴 경우는 차라리 섬세문처럼 한 호흡으로 잘라 써보자. 훨씬 쉽지 않은가? 약간의 글동작으로 문장의 호흡을 쉽게 정리할 수 있다. 호흡이 편해야 문장이 쉽다.

간결하게 써라

간결簡潔은 대쪽 간簡과 깨끗할 결潔로 이루어진 한자어다. 종이가 없던 옛날에는 대나무에 글을 썼다. 대나무 쪽에 글을 많이 쓸 수는 없으니까 간단하다는 의미의 한자로 대쪽 간을 쓰지 않았을까? 여하튼 간결이란 간단하고 깨끗하다는 뜻이다. 쓸데없는 수식어가 덕지덕지 붙으면 간단하고 깨끗하지 않다. 쉬운 문장이 안 되는 세 번째 이유다.

> 〈원문〉
> 노동행정 분야는 물질 또는 사업장의 이익 · 경쟁 등 객관적인 이해관계가 얽힌 산업, 과학기술, 금융 등과 관련한 행정 분야와는 달리 사업주 및 근로자의 의식에 따라 그 문제 해결의 답안이 있으므로
>
> 〈섬세문〉
> 노동행정은 경제적 이익 · 경쟁 등 객관적 이해 중심의 산업, 과학기술, 금융 분야 행정과 달리 사업주 · 근로자의 주관적 의식이 핵심 요소이므로

이제는 원문에서 불필요한 수식어가 한눈에 보이지 않는가? '~분야는', '물질 또는 사업장의~', '이해관계가 얽힌~', '의식에 따라 그 문제 해결의 답안이 있으므로' 등등 불필요한 수식어가 너무 많다. 3줄이나 되는 원문을 약간의 글 동작으로 간결하게 고쳤더니 2줄이 되었다.

여기서 한 가지! 필자의 섬세문이 최선이라는 뜻은 아니다. 필자는 원문의 취지에 동의하지 않는다. 다른 취지로 쓰고 싶다. 그러나 이 장의 목적은 취지의 옳고 그름에 대한 토론이 아니라 취지를 정확히 표현하는 방법에 있다. 그래서 섬세문처럼 고쳤을 뿐이다. 앞에서 설명한 방법들도 약간씩 차이는 있지만 결국 '간결하게 쓰기'로 귀결된다. 생각을 풀어내는 마지막 비법? '간결하게 쓰기'다!

내 생각을 그려주는
생각 보여주기

편집은 그림처럼!
의미를 보여줘라!

가끔 명화名畵를 볼 때가 있다. 왜 명화인지 예술적 의미에 대한 해석은 어렵더라도 화가의 의도는 쉽게 찾을 수 있다. 동양화든 서양화든, 추상파든 인상파든, 수채화든 유화든 관계없다. 뛰어난 구도(기획)와 화려한 붓 터치(서술)도 화가의 취지와 의도가 반영되어야(편집) 빛을 발한다.

'생각 정리하기'는 소설가처럼 하면 된다. '생각 풀어내기'는 기자처럼 하면 된다. 그러면 '생각 보여주기'는? 화가처럼 하면 된다. 기획과 문장이 좋으면 얼마든지 중수는 될 수 있다. 그러나 편집이 제대로 되지 않으면 절대 고수는 될 수 없다. 그런데 '뭐야? 웬 편집 타령? 내용이 중요하지 편집이 뭐가 중요해?'라고 생각하는가?

편집을 대하는 마음가짐부터 고쳐야 한다. 편집은 보고서 쓰기의 끝이자 읽기의 시작이다. 쓰는 사람은 편집으로 보고서를 마무리하지만 읽는 사람에겐 편집이 먼저 보인다. 어떻게 편집해야 할까? 보고서의 에이스ACE가 되려면 편집의 ACE를 기억하면 된다.

편집은 예술이다(Art) 흔히 편집을 보고서를 쓰고 나서 시간이 있으면 예쁘게 꾸미는 작업 정도로 치부한다. 절대 그렇지 않다. 단순한 기술 또는 아부의 작업이 아니다. 아무리 내용이 좋아도 상대방이 한눈에 읽을 수 있도록 편집되지 않으면 읽히지 않는다. 내 생각을 '보여주기'는 '정리하기', '풀어내기'와 동급이다. 그래서 또 하나의 창작, 즉 예술인 것이다.

편집은 집중력이다(Concentration) 훌륭한 예술가나 장인이 작업하는 모습을 보면 온 힘과 정신을 집중하는 것을 느낄 수 있다. 마찬가지다. 편집은 예술이기 때문에 고도의 집중력이 필요하다. '어떻게 하면 상대방이 보고서를 쉽게 이해하도록 편집할 것인가', 그리고 '어떻게 하면 문장의 취지를 정확히 보여줄 것인가'에 집중해야 한다. 그렇지 않으면 맥락을 놓친다. 그래서 집중력이 기본 마음가짐이 되는 것이다.

편집은 존중이다(Esteem) 내 보고서를 읽을 사람은 내가 아니라 다른 사람이다. 읽을 사람이 쉽게 읽을 수 있게 하는 것은 그 사람을 존중하는 것이다. 문서 또는 파워포인트 작성의 스킬을 설명하는 책들이 많다. 그런 수십 가지의 스킬을 외우고 따라 하는 사람도 많다. 그런데 그런 스킬이 잘 외워지던가? 어떻게 하면 내가 잘 쓸까 하는 스킬을 외우지 말고, 어떻게 하면 상대방이 잘 읽을 수 있을까 하는 본질을 생각하라. 상대방을 존중하는 마음 가짐이 편집의 기본이다.

내 생각을 그려주는 생각 편집법 5

강의를 하면서 '생각 보여주기'를 설명하면 가끔 "편집은 다 쓴 다음에 시간되면 하는 것 아닌가요?"라는 질문을 받을 때가 있다. 즉, '생각 보여주기'는 '정리하기·풀어내기'가 다 된 이후에 추가로 하는 것이라고 생각하는 분들이다. 즉, 기능적인 면이 강하므로 그다지 중요하지 않다는 생각이 배경에 깔린 것이다.

앞으로 설명할 다섯 가지 내용을 미리 보자. 빨리하기, 일관되기, 문맥 보기, 의미 보이기, 확인하기다. '빨리하기'를 제외한 네 가지가 기능적인 의미인가? 편집 요소가 일관되지 않으면, 문맥이 보이지 않으면, 의미가 보이지 않으면, 확인되지 않으면 무슨 일이 벌어질까? 편집이 제대로 되지 않으면, 읽는 사람은 단순 실수로 생각할 수도 있지만 빠른 이해를 방해하는 장애물로 느낄수도 있다. '내가 중간관리자인데 편집까지 신경 써야 해?'라는 생각은 편견이다. 섬세하지 않으면 절대 남과 달라지지 않는다. 이 장은 편집에 대한 편견을 완전히 버리고 백지상태에서 읽기를 권한다.

생각 편집법 1.
마우스를 잡지 말고 자판으로 해결하자

편집의 핵심은 '빨리하기'다. 그런데 어떻게 빨리할 수 있을까? 엉뚱한 것 같지만 실마리는 최대한 자판을 활용하는 데 있다.

여러분의 문서 작성 과정을 곰곰이 살펴보자. 마우스를 많이 쓰지 않는가? 기본적인 메뉴 선택 등 마우스가 꼭 필요한 작업이 있다. 그러나 문제는 그렇지 않은 단순 문서편집에서도 습관적으로 마우스를 사용한다는 것이다. 이것이 편집 속도를 크게 늦추는 습관이다. 단어의 글자 크기를 바꿀 때나 복사하기, 붙이기, 오려두기 등 자주 쓰는 기능을 사용할 때, □ · ○ · ※ 등의 기호를 삽입할 때 등 모두 마우스를 사용한다. 그런데 이런 작업 모두 자판으로 가능하다. 한참 자판을 두드리다가 이런 작업을 하려고 자판에서 손을 떼고는 마우스를 잡고 화면을 헤매는 일이 얼마나 비효율적인가? 자판에서 손을 떼지 않고 바로 해결할 수 있다면 정말 빠르지 않을까? 그 핵심이 바로 단축키와 상용구를 활용하는 것이다.

단축키

단축키는 자주 쓰는 특정한 기능을 빨리 사용하는 방법이다. 예를 들면, 복사할 때 마우스로 긁어서 우 클릭을 하면 하수다. F3키와 방향키로 긁어서 Ctrl+C를 눌러야 고수다. 동작의 횟수는 세 번씩 같지만 후자는 자판에서 손이 떨어지지 않아서 훨씬 빠르다.

보고서 본문의 글자 크기가 15포인트다. 중간 목차를 15포인트에서 17포인트로 키우고 싶을 때 여러분은 어떻게 하는가?

하수라면? 모든 것을 마우스만으로 어렵게 한다.

타이핑을 하다가 자판에서 손을 떼서 마우스 잡기 → 중간 목차를 마우스로 긁어서 선택 → 마우스 우 클릭 → 마우스로 '글자 모양' → 마우스로 '기준 크기' → 마우스로 '17'이라고 수정 → 마우스로 '설정'

중수라면? 모든 것을 마우스만으로 쉽게 한다.

타이핑을 하다가 자판에서 손을 떼서 마우스 잡기 → 중간 목차를 마우스로 긁어서 선택 → 마우스로 한글 상단의 메뉴바로 가서 마우스로 '17'이라고 수정

고수라면? 모든 것을 자판으로 쉽게 한다.

타이핑을 하다가 자판에서 그대로 F3키 → 방향키로 긁어서 선택 → Alt+L → Alt+Z → 17 숫자 입력 → 오른손으로 '엔터'

고수처럼 하면 당연히 빠르다. 그나마 단축키는 많이 알고 잘 사용한다. 그런데 정말 편리한 '상용구'에 대해서는 의외로 모른다.

상용구

상용구常用句란 말 그대로 자주 쓰는 기호나 단어(본말)를 쉽게 불러오는 기능이다. 필자는 컴퓨터가 바뀔 때마다 제일 먼저 상용구를 설정한다. 예를 들어, 보고서를 한참 쓰다가 □이라는 약물기호를 입력해야 하는 상황이다.

하수라면? 일단 마우스부터 잡는다.
마우스로 화면 상단 메뉴 중 '입력' 클릭 → 마우스로 '문자표' 클릭 → □를 찾아 헤매다가 클릭
중수라면? 단축키를 사용한다.
단축키로 자판의 Ctrl+F10 누름 → 마우스로 □를 찾아 헤매다가 클릭
고수라면? 상용구를 사용한다.
"네."라고 치고 Alt+I를 누름

상용구를 전혀 모르는 분은 "이게 뭐지? 어떤 컴퓨터나 이렇게 되는 건가요?"라고 물을지 모르겠다. 간단히 설명하자면, 입력 메뉴 → 상용구 → 상용구 내용(여기까지 한 번에 단축키로 Ctrl+F3) → 하단의 상용구 추가하기 버튼(+표시)을 누르면 임의대로 본말과 준말을 등록할 수 있다. 예를 들어, □(본말)를 상용구에 '네(준말)'라고 등록해 놓는다. 그리고 □가 필요할 때 '네'라고 치고 Alt+I를 누르면 □로 바뀐다. 단어도 마찬가지다. '근로기준법'이라고 다 치지

말고 '근'이라고 등록하면 된다. 해보면 정말 편하다. 여러분이 상용구를 아는 순간, 세상은 상용구를 몰랐던 세상과 아는 세상으로 구별된다.

그런데 왜 이렇게 편집을 빨리해야 할까? 두 사람에게 비슷한 작업이 주어졌다. 마우스를 쓰는 하수는 단순 편집만 하는 데 3시간이 걸렸다. 그런데 단축키와 상용구를 쓰는 박대리도 3시간이 걸렸다. 왜 그럴까? 박대리는 편집은 1시간에 끝내지만 2시간 동안 생각을 하기 때문이다. 어떤 게 완성도가 높을까? 기계적으로 마감 시간에 쫓기며 쓴 보고서와 생각하며 쓴 보고서는 천지 차이다. 3시간 동안 편집만 한 보고서는 정보만 전달하지만, 2시간 생각하고 1시간 편집한 보고서는 의미를 담아낸다. 이른바 '2대 1의 법칙'이다.

잠시 앞으로 돌아가 보자. 제1장 '생각 정리하기'다. 내 생각을 논리의 덩어리와 스토리로 정리하려면 무엇이 필요할까? 시간이다! 제2장은 '생각 풀어내기'다. 0.2줄 꼬리를 자르기 위해 내 문장을 다시 보고 두 번 세 번 생각하려면 무엇이 필요할까? 시간이다! 시간은 누구에게나 공평하다. 글자크기 줄이고 늘리기, 네모와 동그라미 넣기 등 단순한 기능들은 단축키와 상용구를 통해 정말 아무 생각없이 단순하게 처리하자. 그리고 남는 시간에 어떻게 하면 내 생각을 더욱 논리적으로 만들고, 내 문장을 더욱 깔끔하게 정리할 것인지 생각을 해야 하지 않을까? 이것이 바로 우리가 빨리 편집해야 하는 이유다.

생각 편집법 2.
헷갈리게 하지 말고 일관성을 유지하자

  편집의 기본 중 하나가 일관성이다. 글자 크기, 모양, 자간, 줄 간격, 약물기호, 여백 등 모든 편집요소가 처음부터 끝까지 일관되어야 한다. 그렇게 하려면 시작할 때 모든 것을 통일하는 것이 편하다. 어떻게? 당연히 단축키를 활용한다. 'Ctrl+A'로 파일 전체를 선택하고, 'Alt+T'로 문단 모양을, 'Alt+L'로 글자 모양을 통일한다.

  왜 일관성이 중요할까? 일관되지 않은 편집은 내용을 왜곡하기 때문이다. 예를 들면, 1~2쪽에서 '□ → ○ → △'의 순서로 약물기호를 넣었다. 그런데 3쪽에서는 □ 다음에 ○ 대신 바로 △를 넣었다. 쓰는 사람은 아무 생각없이 했을지 모르지만, 읽는 사람은 □ 다음에 왜 ○를 쓰지 않고 △를 썼을까 고민한다. ○만큼 중요하지 않은 내용이니 △를 썼다고 생각할 수 있다. 사소한 약물기호의 순서가 바뀌면 취지가 잘못 이해될 수 있다.

  물론 모든 보고서에 통일적으로 적용되는 규칙 따위는 당연히 없다. 위의 순서가 아니면 어떤가? 중요한 것은 한 보고서 안에서 일관성을 유지하는 것이다.

생각 편집법 3.
글자를 읽지 말고 문맥을 파악하자

　읽는 사람 입장에서 한눈에 들어오도록 편집하는 목적이 무엇일까? 한 마디로 상대방이 쉽게 이해하도록 하기 위해서다. 그러기 위해서는 글자가 아니라 글, 즉 문맥을 정확히 이해하고 그대로 보여줄 수 있게끔 편집을 해야한다. 핵심문구의 강조, 문단·줄·자간, 장평 조정 등 모든 편집 기능은 문맥을 보여주기 위한 수단일 뿐이다. 그런데 '문맥 보여주기'가 무슨 뜻일까?

　다음 쪽 원문을 보자. 한눈에 잘 들어오는가? 내용이 중복되고 문장이 정리되지 않았다. 편집도 빽빽하고, 강약이 없으며, 단락 구분이 안 돼서 한눈에 포인트를 찾기 어렵다. 그래서 우선 다섯 가지 생각 풀기법, 즉 섬세문 쓰기의 ABCDE 원칙을 활용해서 문장을 섬세문 1처럼 고쳐보았다. 훨씬 간결해졌다. 문장은 잘 고쳐졌다.

　그런데 문맥이 보이는가? 열심히 문장을 고쳤음에도 잘 안 보인다. 왜 잘 안 보일까? 1) 문장의 어디가 핵심인지 강조가 안 되어 있다. 2) 글자의 간격이 매우 빽빽하다. 3) 단락 구별이 안 되어 있다. 이 세 가지를 고친 것이 섬세문 2다. 여기서는 굳이 문장을 다 읽지 않고 쭉 훑어만 보아도 한눈에 문맥이 보인다. 문장이 정리되어 있고 동시에 문맥이 보이게 편집되어 있기 때문이다.

　여기서 아주 중요한 포인트가 하나 있다. 원문이 편집되어 섬세문 2처럼 되기 위해서는 반드시 섬세문 1의 단계가 먼저 있어야 한

〈원문〉

○ ('12년의 경우) 콜센터 등 서비스업종에 집중하여 시간제 일자리를 발굴한 결과 서비스업종에 대한 시간제 일자리 발굴은 이미 한계점 도달. 또한, 제조업의 경우 시간제 일자리를 발굴하여도 남성 등 수요자들의 기대에 미치지 못하는 낮은 근로조건과 파트타임의 비정규직 일자리로 인식, 시간제 일자리에 대한 취업을 꺼려 실제 취업으로의 연계 미흡

〈섬세문 1〉

○ ('12년) 콜센터 등 여성적합 서비스업종 위주로 시간제 일자리를 발굴함에 따라 향후 서비스업종에서의 추가 발굴에는 한계. 또한 제조업은 시간제 일자리를 발굴해도 남성의 주된 일자리로서는 낮은 근로조건과 비정규직이란 인식이 강해 실제 취업과의 연계는 미흡

〈섬세문 2〉

○ ('12년) 콜센터 등 여성적합 서비스업종 위주로 시간제 일자리를 발굴함에 따라 향후 서비스업종에서의 추가 발굴에는 한계
   – 또한 제조업은 시간제 일자리를 발굴해도 남성의 주된 일자리로서는 낮은 근로조건과 비정규직이란 인식이 강해 실제 취업과의 연계는 미흡

다는 것이다. 문장이 정리되지 않으면 문맥을 보여주는 편집 자체가 불가능하다. 중구난방의 문장에는 문맥이 없기 때문이다. 문장을 정리하기 위해서는 당연히 글자만 보면 안 되고 '문맥을 보아야' 한다. 그다음에 모든 편집기법을 사용해서 그 '문맥을 제대로 보여주어야' 한다. 그래서 글의 문맥을 보고 문장을 정리하는 것이 편집보다 먼저 필요한 것이다.

생각 편집법 4.
모양을 꾸미지 말고 의미를 보여주자

요즘 나오는 떡을 보면 참 예쁘다. 어떤 경우는 먹기 아까울 정도다. 보기 좋은 떡이 먹기에 좋듯이 보기 좋은 보고서가 읽기에 좋다. 다만 여기서 '보기 좋다'는 것은 단순히 겉모양이 예쁘다는 것이 아니라 의미가 쉽게 이해되도록 정리되었다는 뜻이다. 10쪽짜리 보고서를 쓰면서 처음부터 끝까지 계속 문장만 있다면 좀 지루하지 않을까? 그래프, 통계, 박스, 그림 등 다양한 방법을 사용해보자.

그중 대표적인 대안이 '내 생각을 그림으로 보여주기', 즉 도식화다. 내용이 정리되었다면 보고하기 전에 흐름도, 개념도, 마인드맵 등으로 표현할 수 있는지 한 번 더 생각해보자. '이 부분을 글로 쓰려니 너무 길고 복잡해지는데?'라는 생각이 드는가? 쓰는 내가 그렇게 느낀다면 읽는 상대방은 이해가 불가한 수준이 된다. 그럴때는 그림을 그려보자. 여러 방법이 있겠지만, 필자의 방법을 간단히 소개해본다. 사실 거창하게 방법이라고 할 것까지도 없다. 그냥 '생각 정리하기'에서 배운 덩어리와 스토리를 몇 개의 동그라미(○), 네모(□), 화살표(→)로 그리는 것이다. 그리고 생각 덩어리의 종류에 따라 다음의 표와 같이 흐름도, 개념도, 마인드맵 등 적합한 방법으로 적용하면 된다.

- 흐름도: 내 생각의 덩어리들이 '인과관계'가 중요한 '관계형'일 경우
            → 반복 순환형, 단순 흐름형 등
- 개념도: 인과관계보다는 '구성요소'가 중요한 '나열형'일 경우
            → 목록형, 행렬형(매트릭스), 계층형 등
- 마인드맵: 관계나 요소를 막론하고 생각의 확장성이 중요한 '확장형'인 경우

기본적으로 도식화 방법은 외부적인 가독성을 높여준다. 그러나 더 중요한 것은 그 과정을 통해 내부적인 생각의 정밀도와 완성도가 높아진다는 점이다. 도식화 작업은 전체를 보는 시각을 갖게 하기 때문이다. 전체를 보면 단계와 체계가 보이고, 그러면서 내 생각의 덩어리가 누락되거나 중복되지 않는지 확인해준다. 이것이 도식화가 필요한 이유다.

생각 편집법 5.
무작정 끝내지 말고 한 번 더 읽어보자

'설마, 이사장님이 통계 숫자까지 보겠어?'라는 생각은 금물이다. 윗사람이 직원을 다잡는 대표적인 방법이 숫자다. "왜 숫자가 앞뒤가 안 맞아? 단위가 틀렸잖아? 2012년엔 갑자기 왜 이렇게 증가했어? 이 숫자는 추세에 안 맞게 튀는데, 오타야 아니면 이유가 있는

거야? 특별한 이유가 있다면 설명해야 하잖아? 숫자 하나도 못 맞춰? 내가 이런 것까지 모두 더해봐야 해?"라는 말이 듣기 싫은가? 그렇다면 통계표에 단위는 제대로 되어 있는지, 끝자리 수를 더해서 맞는지, 갑자기 튀는 숫자가 있는지 등을 꼼꼼히 확인해야 한다.

그런데 내가 보면 틀린 것이 잘 안 보인다. 왜냐하면 전체를 보지 못하기 때문이다. 확인할 때는 전체의 시각으로 보자. 숫자로 보지 말고 의미로 보아야 한다. 즉, 숫자로 읽으면 오탈자가 안 보이지만, 의미를 생각하면 이상한 부분이 보인다.

다 되었다고 출력물을 그냥 결재판에 끼우는가? 습관적으로 한 번 더 읽어보라. 읽다 보면 잘못된 덩어리든, 오탈자든, 비문이든, 이상한 편집이든 뭔가 발견된다. 한 번 더 읽어보는 섬세함이 여러분을 보고서의 고수로 만든다. 그래서 생각 보여주기의 마지막 단계가 바로 '한 번 더 읽어보기'다.

사실 '읽기'는 '쓰기' 그리고 '생각하기'의 시작이다. 요즈음은 모바일 시대가 되면서 대부분 '읽기' 대신 '보기'를 한다. 대충 눈으로 훑어 보고 뜻만 통하면 넘어간다. 이것이 습관이 되니까, '생각하기'가 습관이 되지 않는 것이다.

한 줄 한 줄 줄치면서 읽어보자. 문장을 읽어야 앞뒤 맥락을 찾을 수 있다. 맥락을 찾아야 스토리를 만들 수 있고, 스토리를 만들어야 읽히는 글을 쓸 수 있다. 보고하기 전에 한 번 더 읽어보라. 그래야 내 글이 제대로 읽힐 수 있다!

알기 쉽게 말하는
생각 전달하기

흐르는 물처럼 말하기?
미리 준비하라!

　보고하러 들어갔다가 보고서가 바닥에 내팽개쳐진다면 기분이 어떨까? 실제 그렇게까지는 아니지만 정신없이 지적당하고 넋이 나가서 출구도 못 찾고 헤매는 경우, 당황해서 업무 수첩을 회의 탁자에 놓고 나온 경우 등을 많이 보았다. 또 밖에서 대기하면서 들었던 주먹과 손바닥으로 책상을 쳐대는 소리, 고함치는 소리, 뭔가 획획 날아다니는 소리 등등… 생각만 해도 간담이 서늘해진다. 안에서 정신없이 깨지고 나왔는데 보고하려고 기다리던 사람과 마주쳤을 때의 어색함이란…. 직장인이라면 익숙한 풍경이다.

　내 생각을 정리해서 보고서에 담았다. 이제 그 생각을 실제 전달해야 한다. 어떻게 말하면 될까? 보고서를 쓰는 것처럼 섬세하게 하기만 하면 될까? 물 흐르듯이 자연스럽게 말을 하려면 어떻게 해야 할까? 말 외에 다른 방법으로 전달할 수는 없을까?

앞에서 보고서를 잘 쓰기 위해서는 '상대방 입장에서 섬세하게 생각하기'가 필요하다고 했다. 그런데 말을 잘 하려면? 이것만으로는 부족하고, 플러스 알파 즉 '미리 준비하기'가 더해져야 한다. 말은 글과 다르기 때문이다. 글을 쓸 때는 펜이나 컴퓨터 같은 도구가 개입된다. 생각이 그대로 표현되는 것이 아니라 도구를 통하는 단계를 거친다. 그 과정에서 생각이 정리된다. 그러나 말은 도구가 개입되지 않고, 생각정리 과정 없이 바로 밖으로 튀어나온다. 그래서 보고, 토론, 설득 등 공적 자리에서는 어떻게 말할지 미리 생각을 정리하는 의도적인 준비가 필요한 것이다. 즉 '상대방 입장 + 섬세하게 + 생각하기'에 '미리 준비하기'라는 플러스가 필요한 것이다.

그런데 문제는 대부분의 보고자가 미리 말을 준비하지 않는다는 데 있다. 보고서만 다 쓰면 어떻게 말로 보고할지는 미리 생각하지 않고 그냥 들이대기 바쁘다. 그러니까 '자기중심'으로 말하고, 상대방에게 깨지고 나온다. 상대방 입장에서 말을 하려면 미리 준비하라. 그런데 무엇을 준비할까?

알기 쉽게 말하는 생각 전달법 3

그 사이 박 대리는 팀장으로 승진해서 기획총괄팀장이 되었다. 고수의 보고서 쓰기법을 익힌 박 팀장은 승진한 이후 다른 고민이 생겼다.

'덕분에 생각을 정리해서 글로 쓰고 편집하는 것은 이 정도면 초고수급이지. 그런데 쓴 걸 가지고 말을 하려면 내가 생각해도 두서가 없어. 남들은 잘만 하는데. 위로 올라갈수록 글보다는 말이 중요하다던데.'

스산한 초겨울 저녁, 무력감에 몸서리치는 박 팀장! 퇴근길에 포장마차에 들렀다. 나를 위해서는 취하는 술을, 남을 위해서는 비싼 술을, 좋은 사람과는 좋은 술을 먹는다고 한다. 오늘은 나만을 위해 취하는 날이다. 막걸리 한 잔 드는 순간, 옆자리 손님들의 얘기가 귀에 들렸다. 유행 지난 양복에 약간 헝클어진 머리, 손잡이가 해진 가죽가방 등 한눈에 보아도 직장에서 살아남고 가족 먹여 살리기에 찌든 직장인들이었다.

"정말, 보고 타이밍이 영 별로였어. 부장이 보스에게 깨지고 나와 엄청 씩씩대고 있는데, 아무 생각 없이 들이댔으니. 나 바보 아냐? 여하튼 딱 그러는 거야. '이봐 한심해 팀장! 이런 걸 꼭 프린트해 들고 와서 보고해야 해? 일이 없어 한가한 거야, 생각이 없어 한심한 거야? 서로 바쁘면 간단히 문자로 하는 방법도 있잖아? 왜 그렇게 생각이 없어?' 난 사실 요즘 인사고과 시즌이기도 하고 해서 얼굴이라도 한번 더 들이밀려고 했던 건데. 여하튼 처음부터 깨지니까 말도 제대로 안 나오고 중언부언에 더듬기까지 하더라고. 내가 원래 글발은 좀 달려도 말발은 좀 되잖아? 그런

120

데 하도 깨지니까 완전 횡설수설했지 뭐. 내가 말하면서도 얼마나 한심하던지."

'타이밍, 방법, 말발'이란 세 단어에 귀가 번쩍 뜨이지 않는가? 그렇다. 말 잘하기의 3요소는 시기에 맞는 보고 '타이밍', 상황에 맞는 보고 '방법', 내용에 맞는 '화법話法', 이 세 가지다. 그리고 이것들은 말하기 전에 미리 준비해야 한다.

생각 전달법 1.
시기에 맞는 타이밍을 잡자

모든 직장인은 눈치를 본다. 눈치가 밥 먹여 주기 때문이다. 눈치 없는 사람은 여러 가지로 어렵다. 그런데 눈치가 나쁜 것인가? 보고의 타이밍에 관련해서 보면 눈치도 섬세해야 가능하다. 상대방이 보고받기 편한 시간에 보고하는 것을 아부로만 볼 수는 없다. 섬세한 배려일 수 있다. 그럼 언제가 보고받기 편한 시간일까?

상사도 숨 쉴 틈이 필요하다

아침 8시 50분, 출근하자마자 노크 소리가 들린다. 정말 스트레스 받는다. 그래도 참고 보고를 받으려 하는데 두툼한 서류를 막들이댄다. 그리 급해 보이지도 않는데 말이다. 보고받는 사람은이렇게 생각한다. '미리 어제 좀 가져오지. 왜 나오자마자 그래? 나도 숨 좀 쉬자.' 그러면서 이렇게 말한다.

"이거 반드시 지금 보고 결정해야 하나요?"

"아닙니다."

"언제까지 보면 되나요?"

"오후까지만 해주시면….'

"그럼, 두고 나가세요. 연락하면 그때 오세요."

점심 먹고 들어오자마자 막 들이댄다. 한눈에도 그리 급해 보이는 문서가 아니다. 속으로 이런다. '정말 그렇게 눈치가 없냐? 제발 양치질이라도 하고 와라. 양파냄새 나잖아!' 그러면서 이렇게 말한다.

"이걸 왜 지금 보고하지요?"

"기조실에서 아침 10시까지 달라고 한 건데 좀 늦었습니다."

"그럼, 왜 어제 미리 보고하지 지금 가져오나요?

"어제 저녁에 회식이 있어서요."

"그럼, 아침에 일찍 나와서 마무리했어야 하는 것 아닌가요? 그리고 지금 당장 달라고 독촉이 오나요?"

"아니, 뭐 꼭 그런 건 아닌데 좀 늦은 것 같아서요."

"그럼, 두고 나가세요. 연락하면 그때 오세요."

퇴근하려고 전산망에서 로그아웃하자마자 두툼한 서류뭉치를 들고 두 사람이 들어온다.

"오늘까지라 급해서 지금 전자결재 올렸습니다."

보고받는 사람은 '그렇게 급하면 왜 지금 가져와? 미리 가져오지. 그동안 뭐했어?'라고 생각한다. 그러면서 이렇게 말한다.

"내용이 뭔가요?"

"우선 검토배경은 ~인데요."

"주요 내용이 뭐냐구요?"

"예. ○○○ 입니다. 규정상 오늘까지는 공문이 나가야~"

"그런데 왜 지금 보고를 하지요?"

"지난주에 제가 교육을 갔다가 어제 복귀를 해서~"

"교육을 가면 검토를 할 수 없나요? 아니면 업무대행자에게 인수인계를 했어야지요? 두고 나가세요. 연락하면 그때 오세요."

그런데 이렇게 보고하는 사람은 매일 그렇게 한다. 참 희한한 일이다. 그 사람에게는 보고할 일이 항상 불편한 시간에만 생기는 것일까? 아니다. 어쩌다 그럴 수도 있겠지만 대부분 습관이다. 상대방입장은 생각하지 않기 때문이다. 상사는 그런 사람을 볼 때마다 자기 생각만 한다고 생각한다. 그리고 차차 불신으로까지 이어진다. 하지만 상사의 짜증보다 더 중요한 문제는 정책결정의 오류다. 급한 상태에서 쫓기듯이 검토를 해야 하므로 제대로 검토하기 어렵다. 정책 오류의 확률이 높아지고 조직의 합리성에 흠결이 생기기 쉽다.

정말 급하지 않다면 상사가 출근해서 컴퓨터 켜고 메일을 체크할 수 있는 시간을 주자. 오늘 할 일을 메모하고 무엇부터 할지 우선순위를 정할 수 있는 여유를 주자. 신문 스크랩을 훑어보면서 오늘의 이슈를 파악할 시간을 주자. 점심 먹고 서로 양치질할 수 있는 여유를 갖자. 가능하면 퇴근 무렵에 두툼한 자료를 가지고 들어가지 말자. 게다가 그러면서 급하다고 쪼지 말자. 상사를 제일 열 받게 하고, 나를 제일 바보처럼 보이게 하는 지름길이다.

상사도 숨 쉴 틈이 필요하다. 생각할 여유를 주어야 생각에 여유가 생긴다. 그래야 그 사람의 실수를 실수로 볼 수 있는 여유도 생긴다. 그리고 정책의 실수를 발견해 수정할 수 있는 여유가 생긴다.

상사의 일정을 확인하라

윗사람에게 보고를 들어가면 보통 비서진은 보고자에게 "보고가 얼마나 걸리세요?"라고 묻는다. 대부분 "길지 않습니다(또는 좀 깁니다). 대략 5분 정도 걸립니다."라고 답을 한다. 그런데 고수는 항상 한 번 더 묻는다. "그런데 보고는 몇 분이나 할 수 있나요?", "○○ 님 언제 나가시나요?", "저 다음에는 몇 명이 대기하고 있나요? 그 내용들이 복잡하고 급한 것들인가요?" 등을 확인한다.

고수는 왜 이런 질문을 할까? '대략 5분 정도 걸린다.'는 내 입장에서 하는 말이다. 즉, 내가 생각할 때 5분짜리라는 것이다. 그런데 보고하면서 언제나 내 생각대로 시간이 지켜지는가? 절대 아니다. 하다 보면 질문과 답변이 오가고, 갑자기 쟁점이 튀어나와 길어지는 경우가 부지기수다. 즉, 보고에는 쌍방이 있으므로 상대방의 생각과 상황이란 변수가 개입된다. 5분짜리라는 말에 선배에게 양보했다가 50분 이상 기다리게 되는 경우도 허다하다. 심지어는 양보했다가 휙 나가버리는 상사의 뒷모습만 보게 되는 경우도 있다. 정말 허무하다. 그런데도 내가 생각할 때 5분짜리라는 추정이 큰 의미가 있을까?

무엇이 보고 시간을 결정하는가? 내가 통제하기는 쉽지 않다. 상대방의 생각과 상황이란 외부 변수가 더 크기 때문이다. 상대방의 생각까지 정확히 알기는 어렵다. 그러나 다음 일정 등의 상황은 알수 있다. 그래야 그것에 보고 시간을 맞출 것 아닌가? 이것이 '상대방 입장에서 섬세하게 생각하는 말하기'다. 그리고 그 핵심은 상대방 일정을 미리 확인하는 '미리 준비하기'에 있다.

박 팀장이 내년도 경영전략 검토(안) 보고를 위해 급히 이사장실로 들어간다. 늦어도 오늘은 초안을 보고해야 이사회 일정에 맞출 수 있다. 이사장은 회의가 있어서 10분 있다가 나가야 한다. 박 팀장은 어떻게 할 것인가?

하수라면? 이사장의 다음 일정을 확인하지 않은 채로 들어간다.

"먼저 우리 공사의 작년 경영실적에 대한 평가를 보고 드리면 ~합니다. 다음은 내년도 경영여건을 말씀드리면~"

경영실적 평가와 여건 분석을 보고하니 그새 10분이 지났다. 핵심인 내년도 경영전략은 말도 못 꺼냈다. 이사장도 이것이 중요하고 시급한 것임을 안다. 그래서 중간에 자르지 못하고 보고를 받는다. 비서진에게서는 출발해야 한다는 쪽지가 계속 들어온다. 마음이 급해지고 안절부절 못 한다. 결국 이사장은 짜증이 폭발한다.

"이렇게 중요한 걸 왜 지금에서야 가지고 들어와? 보고서만 잘 쓰면 뭐해? 타이밍을 맞출 줄 알아야지. 언제까지 결정해야 해?"

"저기, 이사회에 올려야 하기 때문에. 오늘 아니 저기, 내, 내, 내일 중으로는 결정을 해주셔야~"

"이따 저녁 먹고 들어올 테니까 다시 보고해!"

이사장은 보고서를 휙 던지고는 문을 쾅 닫고 나가버린다. 15분을 보고했지만 방침도 결정되지 않고, 깨지고, 야근까지 하게 되었다. 모든 것은 단 하나! 다음 일정을 확인하지 않아서다.

고수라면? 이사장이 언제 나가야 하는지 미리 확인한다.

"① 핵심은 3쪽입니다. 내년도 경영전략을 세 가지로 정리했습니다. 첫째, ~이고, 둘째, ~입니다. 셋째가 ~로서 올해와 다른 가장 큰 변화입니다. 최근 3년의 실적평가, 내년 경영여건 및 지난번 국정감사 지적사항 등을 종합 분석한 결과, 이 부분이 가장 변화가 시급하다고 판단했습니다. ② 그동안 몇 차례 기획이사 주재 내부회의와 외부 전문가 의견수렴 과정을 거쳐서 정리했습니다. ③ 자료의 세부적인 내용은 지금 나가셔야 하므로 차 안에서 보시면 될 것 같습니다. ④ 규정상 이사들에게 내일까지 안건을 통보해야 하니 내일 오후까지만 의사 결정이 되면 충분합니다. 오늘 미리 좀 보시고, 내일 아침에 특별한 일정이 없으시므로 오전 10시에 간부들하고 논의해서 최종 결정하시면 됩니다. ⑤ 보시다가 의문사항이 있으시면 언제든지 전화주시면 답변드리겠습니다. 저녁에도 다른 일 때문에 야근을 하니까 전화통화 하는데 불편하지 않습니다. ⑥ 그런데 시간이 다 되어서 지금 나가셔야 되겠습니다. 자료 챙기시지요."

"어 그래. 지금 나가야지. 내가 오늘 중으로 검토하고 혹시 의문사항이 있으면 전화를 함세. 특별한 말이 없으면 자네 말대로 내일 10시에 간단히 미팅해서 결정하지. 오케이. 수고했어."

박 팀장은 10분의 시간이 있었지만 5분 만에 끝내고 나온다.

고수의 보고를 보면, 짧은 시간에 핵심(①)은 물론 추진 경과(②)까지 다 말했다. 그리고 세부적인 내용까지 언급했다(③). 결정시한(④)을 정확히 말하면서도 급하지 않고 오히려 검토할 시간이 여유롭다는 느낌을 준다. 내일 아침 회의시간까지 정했다. 이사장이 궁금해서 밤늦게 전화해도 미안한 느낌이 안 들게 한다. 그러면서도 언제나 준비된 성실한 사람으로 보인다(⑤). 게다가 이사장의 다음 일정까지 늦지 않게 챙겨드리는 섬세한 사람이 된다(⑥).

어떤가? 윗사람 눈치만 보는 느낌인가? 보고자로서 할 말은 다하면서도 이사장의 마음을 바쁘지 않게 하고 있다. 즉, 상대방을 배려하고 있다. 들어가기 전에 "몇 분이나 할 수 있나요?"라는 질문을 하자. 그 간단한 질문이 내가 할 말의 내용과 순서를 미리 준비할 수 있게 한다. 그 미리 준비하기가 상대방을 배려하는 보고자로 만든다.

중요하고 급한 일이 생겼다. 저녁 식사 중인 부서장에게 전화해야 한다. '급하니까 빨리 전화해야지. 기본 내용은 다 아시잖아? 대충 말하면 되지 뭐.'라고 생각하며 무조건 전화부터 든다. 이렇게 하면 보고서 작성은 고수라도 말로 보고할 때는 하수다. 입장을 바꿔보라. 요즈음은 퇴근 후에 회사일로 연락을 거의 하지 않는다. 그런데 술 마시다가, 잠자다가 회사전화를 받으면 당연히 긴장한다. 직장인들은 이 전화가 술 먹자는 것인지, 일 때문에 오는 것인지 본능적으로 구별한다. 회사 전화번호가 찍히면 긴장된다. 그런데 밑도 끝도 없이 자기 말만 하거나 횡설수설한다면 더 짜증 나지 않을까?

중요한 보고를 급하게 해야 할수록 상사의 상황을 정확히 파악해야 한다. 그리고 무슨 말을 어떤 순서로, 어느 정도로 할 것인지 미리 생각하자. 그래야 짧은 시간에 깔끔하게 말할 수 있다.

생각 전달법 2.
상황에 맞는 방법을 고르자

말로 보고하는 방법은 크게 대면보고와 비대면보고로 구별할 수 있다. 예전에는 대면보고 위주였다. 그러나 요즘은 메일, 문자, 전화 등 비대면보고 방법이 매우 다양해졌다(메일, 문자 등이 말은 아니지만 간접적인 말로 이해하자). 이는 보고 방법의 선택이 또 하나의 중요한 변수가 되었다는 뜻이다.

필자가 기획재정담당관으로 일할 때는 하루에도 몇 건씩 장·차관에게 보고하는 경우가 많았다. 그러다 보니 한정된 시간 안에 최대한 효과적으로 보고하려면, 보고 방법을 결정하는 것 자체가 큰 일이었다. 오늘 보고할 과제가 총 8건이라고 치자. 1번, 2번은 대면보고, 3번은 사진찍어 핸드폰 전송보고, 4번은 비서관에게 내부 전산망으로 보내서 대리보고, 5번은 수행비서에게 전달해서 대리보고, 6번은 문자보고, 7번은 전화보고, 8번은 개인 메일보고 등 이런 식으로 결정해야 한다. '왜 이렇게 보고 방법에 예민하지? 이게 뭐가 중요해? 되는대로 하면 되잖아?'라고 생각하는가? 아니다. 되는대로 하면 상황에 맞지 않는 보고가 되고, 결국 내용이 제대로 전달되지 않는다.

예를 들어보자. 각 부처 장관들은 정책설명, 협의, 보고 등을 위해 국회에 갈 일이 많다. 따라서 시간이 부족해서 국회에 있을 때에도 분초를 아끼고 쪼개서 정책결정을 위한 내부보고를 받는다. 그런데 꼭 대면보고를 하려는 직원이 있다. 반드시 그럴 필요는 없어 보이는데도 그렇게 하려 한다. 또는 아주 중요한 결정을 국회에 가지고 와서 급하게 방침을 받는 경우도 있다. 이런 경우 대부분 깨지고 돌아간다. 상황에 맞지 않기 때문이다. 장관 입장에서 보자. 국회에선 부처를 대표하는 책임감 때문에 신경이 예민해진다. 이 상태에서 급하게 보고를 받는데 내용이 사소한 것이라면, 허무해서 화가 난다. '이런 것을 왜 여기까지 쫓아와서 보고해? 시간 낭비잖아!'라는 생각이 든다. 내용이 아주 중요하고 급한 것이라면 황당해진다. '생각할 시간이 없잖아!'라는 생각이 들면서 짜증이 나고 내용이 제대로 이해되지 않는다. 말하기 방법이 말의 내용을 결정하는 것이다. 이것이 보고 방법을 섬세하게 선택해야 하는 이유다.

그러면 어떻게 보고 방법을 선택할까? 내용(시급성·중요성)과 상황이란 두 가지 기준이 있다. 하수들은 말할 내용만으로 결정한다. '아주 중요하고 급한 거야. 그러니까 이건 반드시 대면보고 해야 해!'라고 생각한다. 내 입장밖에 없다. 상대방이 인지하고 판단할 수 있는 상황인가는 안중에 없다. 그러나 고수는 보고의 내용과 상대방의 상황을 다음과 같이 동시에 고려하여 미리 준비한다.

A. 중요하고 급한 보고서를 예민한 자리에서 보고하는 일이 안 생기도록 최대한 미리 처리한다.
B. 그런데 그렇게 할 수밖에 없다면 그나마 상대방이 언제 보고를 편하게 받을 수 있는지를 최대한 미리 확인한다.
C. 그럼에도 불편한 자리에서 보고할 수밖에 없다면, 조리 있게

말할 수 있도록 최대한 미리 말을 생각하고 준비한다.

내 생각을 말로 전달하는 경우를 매트릭스로 그려보자(역시 MECE 다!). ①번은 보고서를 가지고 대면보고를 하므로 특별한 제약이 없다. 그냥 위에서 말한대로 하면 된다. 문제는 ②, ③, ④번이다. 이런 경우는 상황에 맞추어 보고 방법을 섬세하게 선택해야 한다.

	대면보고	비대면보고
보고서 ○	①	② (서면, 메일) → 편지 쓰기
보고서 ×	③ → 포스트잇 쓰기	④ (전화, 문자) → 요점 쓰기

②, ③, ④번의 공통점이 뭘까? 말하는 데 일정한 제약이 있다는 점이다. ②번은 보고서는 있지만 말을 할 수 없다. ③번은 말을 할 수 있지만 보고서가 없다. ④번은 보고서도 없고 말도 제한된다. 이런 ②, ③, ④번의 제약을 해결하는 것이 글을 써서 말로 하는 보고를 보완하는 것이다. '무슨 소리야? 왜 말로 하는 보고에서 또 글쓰기가 나와?'라고 생각하는가? 아니다. 무수히 많은 보고를 통해 깨지면서 체득한 필자의 노하우다. '글로 써서 말처럼 보고하는 노하우'를 공개한다.

편지를 써라 – 서면 또는 메일 보고

갑자기 내일 오전 10시에 이사장이 참석하는 회의가 생겼다. 박 팀장은 투덜댔지만 '어쩔 수 없지.'라고 생각하며 이사장이 보고할 자료를 완성했다.

밤 11시. 쓰다 보니 분량이 꽤 많아졌다. 스마트폰으로 사진 찍어 보내기는 어려울 것 같고, 메일로 보내야 한다. '뭐, 이사장님이 늦게라도 보신다고 했으니 메일 보내도 되겠지.'

메일에는 '보고자료' 파일을 첨부해서 보내고, 문자로 나름 섬세하게 '내일 10시 회의자료를 메일로 보냈습니다. 표지 포함 총 5쪽입니다. 검토 부탁드립니다. 박 팀장 드림.'이라고 보냈다.

5분쯤 있다가 이사장에게서 전화가 온다. 왠지 감이 안 좋다. 안 좋은 느낌은 항상 적중한다. 전화를 받기가 무섭게 기관총처럼 쏘아댄다.

"그래서? 나보고 어떻게 하라고? 도대체 뭐야? 보고야 토론이야? 아님 그냥 앉아 있는 거야?"

이렇게 '보고자료'와 '그것을 보냈다는 사실'만 보고하면 보고받는 사람은 답답하다. 상황과 맥락을 알 수 없기 때문이다. 보내는 사람은 밤 11시까지 고생했겠지만, 보고받는 사람은 '그래서, 뭐?'와 같은 반응이 나올 수밖에 없다. 메일이나 핸드폰 사진으로 보고를 하거나 다른 사람을 통해 대리보고를 할 때는 내가 직접 설명할 수 없다. 그럴 땐 편지를 써라. 그런데 편지를 쓰라고 하면 다음과 같이 쓴다.

```
발신: 박 팀장

수신: 이사장님

제목: ○○회의 안건보고




페이지: 표지 포함 5쪽

연락처: 010-1111-0000
```

이렇게 쓰면 편지가 아니라 서면보고의 표지다. 껍데기다. 그냥 한 장의 종이가 추가될 뿐이지 아무런 의미가 없다. 직접 말로 보고하듯이 편지에 내용을 쓰라는 것이다.

여러분이 어떤 회의의 안건자료를 작성해서 대면보고를 한다고 가정해보자. 무슨 말을 하는가? 본 자료를 설명하기 전에 먼저 회의 개최 이유, 참석자의 역할, 알아야 할 사항, 지난번 지시사항에 대한 반영 여부 등을 말로 보고하지 않는가? 그렇다면 말로 보고할 수 없는 경우에는 이 내용을 편지로 쓰면 되지 않을까?

이런 편지를 써서 메일의 본문으로, 핸드폰이라면 사진 한 장 추가해서 보내보라! 받는 사람은 연애편지 받듯이 좋아한다. 본 자료를 보기 전에 내가 궁금한 사항, 알아야 할 사항을 먼저 콕 집어 알려주는데 좋지 않을 수가 없다. '이 사람이 진정 내 입장에서 생각하는구나!' 느끼게 만든다. 이것이 표지와 편지의 진정한 차이다.

표지를 쓰면 공식적이다. 누구나 읽어도 되는 느낌이다. 껍데기니까 모양을 갖추려고 형식적으로 붙이는 것 같다. 표지를 붙였다고 고개를 끄덕이지는 않는다. 그러나 편지는 다르다. 비공식적인 느낌이다. 비밀은 아니지만 내가 반드시 알아야 할 사안을 조곤조곤 알려주는 것 같다. 그리고 편지를 붙이면 '그래, 그래야지. 맞아, 그렇구나!'라고 공감하게 된다. 꼭 말로 보고한다고 해서 입으로만 보고해야 하는 것은 아니다. 글로도 얼마든지 말처럼 보고할 수 있다.

　다음 편지는 2012년 1월 3일 필자가 장관님께 밤 10시 30분경 팩스로 서면보고하면서 쓴 것이다. 보고 내용은 세 가지다.

　1)번은 위기관리대책회의 관련 설명이다. 왜 회의명 옆에 괄호로 일시, 시간, 장소를 넣었을까? 만약 이것이 없다고 생각해보자. 받는 사람은 '내일 몇 시지? 어디지?' 하고 갑자기 궁금해진다. 그러면 일정표를 찾든지 전화해서 묻든지 할 것이다. 하지만 이렇게 한눈에 보이게 써놓으면 그런 궁금증이 사라진다. 훨씬 편하지 않을까?

　내용을 보자. '~우리 부는 실무협의를 통해 ~ 현재 부처 간 이견은 없습니다.'라는 부분은 왜 썼을까? 이는 내일 회의의 전반적 성격을 알게 하고, 마음의 준비를 할 수 있게 한다. 내일 회의가 실무협의가 미리 이뤄진 상태인지 아닌지에 따라 회의자료와 마음의 준비가 전혀 다르기 때문이다. 그런데 '다만, ~바인딩 되는 것은 전혀 아니며 추후 ~ 조정 가능합니다.'는 또 왜 넣었을까? 뒤에 나오는 본 회의자료를 보다 보면 우리 부 방향과 다른 부분이 들어가거나 중요한 내용이 빠진 것이 보일 수 있다. 이 경우 만약 '다만~' 부분이 없다면 읽는 사람은 회의하기 전에 수정해야 한다고 생각한다. 그러면 필자에게 전화해서 지금이라도 관계부처와 협의해서 그 부분을 수정하라고 지시할 것이다. 따라서 그 '다만~' 부분은 '나중에

장관님께

1) **위기관리대책회의**(1.4/수, 08:00, 기재부 7층) 안건보고입니다.

○ ①번 안건 '2012년 위기관리대책회의 운영계획'은 금년
한 해 동안의 각 부처 안건을 개략적으로 정리하는 것으로서

- 우리 부는 실무협의를 통해 안건을 삭제·추가하여 현재
부처 간 이견은 없습니다. 다만, **이것으로 바인딩 되는 것은
전혀 아니며 추후 상황에 따라 탄력적으로 조정 가능**합니다.

○ 나머지 ② ③ ④번 안건은 특별히 관련이 없습니다.

2) **기자간담회**(1.4/수, 11:00, 기자실) 말씀자료입니다.

○ 금년 한 해 동안 시행될 주요 정책들을 **상반기**의 경우는
주로 월별로 정리해보았으며, **하반기**는 상황이 불투명하므로
개정 법률안 시행 건 등만 개략적으로 담았습니다.

3) **노사정 신년인사회**(1.6/금, 15:00, 산업인력공단) 말씀자료
입니다.

○ 말씀시간은 약 3~4분간으로서, 신년사를 한 지 얼마 안 된
상황임을 감안하여

- 정책방향은 신년사의 것을 간략히 요약하였고, **뒤에
노사정의 역할 부분을 강조**하여 작성하였습니다.

○ 아직 시간이 있으므로 의견을 주시면 수정하겠습니다.

'12.1.3(화) 기획재정담당관 박종필 올림

얼마든지 수정 가능합니다. 그러니 괜히 걱정하셔서 이 밤중에 전
화하실 필요는 없습니다.'라는 의미다. 생각해보면 아무리 일국의
국무위원이라 해도 밤 11시에 과장에게 전화하면서 마음이 편할
리 없다. 따라서 '다만~'과 같은 문구는 보고받는 사람의 이런 고민

을 덜어준다. 그리고 혹시 전화가 올까 싶어서 퇴근도 못 하고 기다리는 보고자의 고민까지 덜어준다. 편지 한 장이 모두의 마음을 편하게 하는 것이다.

2)번은 기자간담회 말씀자료다. '~주요 정책들을 상반기의 경우는 ~월별로 정리해 보았으며, 하반기는 상황이 불투명하므로 ~개략적으로 담았습니다.' 얼핏 보면 왜 이렇게 하나마나 한 소리를 썼을까 싶다. 쓰는 내 입장에선 반년 후 예측이 어려우므로 하반기 계획은 간략히 쓸 수밖에 없다. 그러나 읽는 사람은 '이 친구가 대충 썼네. 상황 분석하기가 귀찮은 모양이구나!'라는 생각을 할 수 있다. 그래서 '하반기는 상황이 불투명하므로'라고 썼다. 그러면 읽는 사람이 '맞아. 올해 하반기에는 대통령 선거가 있지. 그러니까 국회 등 상황이 복잡하게 되고, 정책의 신속한 추진이 불투명하겠구나. 중요한 것은 될 수 있으면 상반기에 빨리 마무리해야겠다.'라는 생각을 하게 된다. 마치 내가 앞에서 말하듯이 내 생각을 상대방이 정확히 이해할 수 있게 된다. 이것이 글로 말하는 보고다.

3)은 노사정 신년인사회 말씀자료다. '~신년사를 한 지 얼마 안 된 상황임을 감안하여, 정책방향은 신년사의 것을 간략히 요약하였고~'라는 말은 왜 썼을까? 이 편지를 보낸 시점은 1월 3일 화요일이다. 그런데 바로 그 전날인 1월 2일 월요일에 장관님이 신년사를 발표했다. 쓰는 내 입장에선 어제 발표한 정책방향이 오늘 바뀔 수 없다. 비슷한 것이 당연하다. 그런데 읽는 사람은 다르다. '어라. 어

제 내가 읽은 것과 비슷하잖아. 장관이 여기저기서 같은 얘기만 반복하란 말이야? 대충 썼구먼!'이라고 생각할 수 있다. 그래서 신년사를 한 지 얼마 안 된 상황이라는 점을 설명했다. 그리고 그 자리가 노사정 신년인사회이므로 정책방향보다는 노사정의 역할 부분을 강조했다고 쓴 것이다. '아직 시간이 있으므로'와 같은 부분을 추가해서 '굳이 이것 가지고 이 밤에 전화하지 말아 주세요.'라는 메시지도 같이 담았다. 여러분이 읽는 사람이라면 이런 편지가 있는 서면보고와 없는 서면보고에서 어떤 차이를 느끼겠는가?

바쁘면 편지 한 장 쓰는 것도 부담이다. 귀찮을 수도 있다. 안 써도 큰 문제는 없다. 그러나 표지가 아닌 편지 쓰기는 상대를 배려하는 섬세함이다. 그리고 미리 준비하기다. 이 섬세함과 미리 준비하기가 차이를 만드는 것이다.

포스트잇을 붙여라 – 보고서 없는 대면보고

몇 가지 사안을 보고해야 한다. 그런데 보고서를 쓸 필요까지는 없지만, 정확한 의사결정이 필요하므로 대면보고를 해야 한다. 어떻게 할까? 대부분 그냥 들어간다. 업무 수첩을 끼고 들어가지만 폼에 불과하다. 쳐다보지도 않고 생각나는 대로 말한다. 그리고 나왔다가는 '아차! 그걸 빠트렸네.' 하는 생각이 든다. 다시 들어가서는 "죄송합니다. 아까 깜빡한 것이 있어서요."라며 머리를 긁적이며 다시 보고한다. 보고받는 사람은 어떻게 생각할까? '아까는 말도 횡설수설

하더니 행동도 참 어수선하네.' 하고 생각할지 모른다. 혹시 그 사이에 누구라도 들어갔다면 다시 보고하기 위해 기다려야 한다.

자료 없이 하는 간단한 대면보고니까 쉬울까? 무작정 보고하면 무조건 백전백패다. 보고서가 있을 때는 여하튼 그 틀대로 보고하면 되니까 중구난방의 위험이 줄어든다. 그러나 보고서라는 틀이 없으면 위험해지고, 그럴수록 미리 생각을 정리해야 한다. 보고할 과제, 순서, 강약, 설득 논리 등 내 생각을 어떻게 쉽게 전달할지를 철저히 머릿속으로 정리해야 한다.

그리고 생각이 정리되었다면 무조건 어디엔가 써라. 쓰면 살고 안 쓰면 죽는다. 물론 몇몇 천재들은 굳이 안 써도 된다. 그러나 보통사람인 필자는 적는다. 주로 접착식 메모지를 이용한다. 일명 포스트잇 노하우다.

> ① 일단 생각을 정리한다.
> ② 정리된 생각을 포스트잇에 메모한다.
> ③ 메모한 포스트잇을 업무 수첩 겉장에 붙인다.
> ④ 반드시 보면서 보고한다.

① 더이상 설명할 필요가 없다.

② 포스트잇에 쓰면 업무 수첩을 펼쳐서 속지에 쓰는 것보다 신속하고 편리하며 눈에 잘 보인다.

③ 겉장에 붙여야 빠르다. 이상하게도 메모해 놓은 업무 수첩의 그 페이지는 보고 때만 되면 잘 안 찾아진다. 왜 그 페이지를

펼치려고 업무 수첩을 뒤적이는가?

④ 포스트잇을 보면서 보고하면 창피한가? 아니다. 상대방은 보
고자가 미리 생각을 정리하고 들어왔다고 느낀다. 보고서는
없지만 미리 준비했다고 느끼고 신뢰하게 된다. "죄송합니다.
아까 깜빡한 것이 있어서요."라는 부실한 말도 안 하게 된다.

실제로 필자는 포스트잇을 항상 사용한다. 그러다 보니 어느 분
은 "그 메모에 6건을 썼는데 왜 5건만 보고해? 세 번째 건은 보고
안 해도 되나?"라고 말하기도 했다. 필자의 포스트잇을 필자보다
더 유심히 보는 것이다. 포스트잇은 전화번호 적어서 책상에 붙이
는 데만 쓰는 것이 아니다. 업무 수첩 겉장에 붙인 포스트잇 하나가
여러분을 미리 준비하고 들어온 사람으로 만든다. 한번 해보면 왜
좋은지 알 것이다.

- 임시국회 준비 관련 …
- 내년 정책방향 토론과제 …★
  ○○정책 → ○○도입 → ○○개정
- 전문가간담회 일정 …
- 경제정책조정회의 안건 …★★
  문제제기 → 전략 → 토론
- 내년예산 심의결과 …★★★
  반영 → 미반영 → 필수 → 면담
- ○○부 장관 면담계획 …

메모를 하라 – 전화 또는 문자 보고

보고서도 없고, 대면보고도 못 하는 상황이다. 전화나 문자메시지로 할 수밖에 없다. 문자메시지는 큰 문제가 없다. 특성상 길게 쓸 수 없으므로 당연히 요점만 정리하게 된다. 그런데 전화는 좀 다르다. 특히 복잡한 사안이면서 별로 안 좋은 소식이라면 보고하기 쉽지 않다. 게다가 급하게 의사결정을 해야 한다면, 설상가상이다. 더구나 상대방이 전화를 편하게 받지 못할 상황이라면, 더욱 최악이다. 이럴 때 여러분은 어떻게 전화를 하는가?

'분위기상 전화하기가 좀 거시기한데, 그래도 급하니까 해야지 뭐. 휴, 누가 대신 전화해줄 사람 없나?' 하면서 내키지 않는 상태로 그냥 전화를 하면 결과는 뻔하다. 위축된 분위기에서 준비 없이 전화하면, 결국 횡설수설하고 중언부언하게 된다. 당연히 듣는 상대방은 짜증이 난다.

이럴 때 전화로 말할 요점을 미리 메모해보자. 생각보다 대단히 효과적이다. 어떤 순서로 어떻게 말할 것인지 흐름을 쓴다. 그런데 그냥 줄줄이 쓰면 될까? 그렇게 하려면 쓸 필요가 없다. 요점을 메모하는 방법은 단 하나, 상대방이 어떻게 하면 이 복잡한 내용을 한 번에 듣고 이해할 수 있을 것인가만 생각한다.

다음 쪽의 예를 보자. 왠지 상대방 입장에서 말하기 위한 생각들이 익숙하지 않은가? 말하기 위한 메모이지만 보고서 작성과 크게 다르지 않다. 결국 글로 하는 보고나 말로 하는 보고나 모두 상대방 입장에서 생각한다는 보고의 본질은 같기 때문이다.

- 내가 저번에 한 번 보고를 했잖아? 당연히 기억하겠지.

- 그동안 내가 추진했던 경과가 중요해.

- 일단 상세히 보고부터 해야지.

- 이분이 저번에 한 보고를 기억할까? 그동안 다른 현안들이 많이 있었잖아? 정확히 기억하기는 어려울 것 같아.

- 이 상황에서 이분이 결국 무엇을 판단해야 하지?

- 이분이 문제의 근본원인을 이해하기 위한 포인트가 뭐지? 그래야 대안을 제시할 수 있잖아.

운영지원과장으로 있을 때의 일이다. 당시 장관님은 동남아시아에 출장 중이었다. 직원 인사와 관련해서 안 좋으면서도 빨리 결정해야 할 일이 생겼다. 일정을 확인해보니 그 나라 총리와의 행사 중 휴식시간에 잠시 통화가 가능했다. 점심시간에 필자는 러닝머신에서 뛰면서 곰곰이 생각을 정리했다. '출장 중에 인사담당 과장이 해외 전화를 하면 놀라실 거야. 그런데 내용이 좋지 않고 급한 거잖아. 더구나 동남아시아는 휴대전화 통화품질이 우리보다는 안 좋을 거야. 일정도 빡빡해. 총리 면담 중이라면 신경이 날카롭겠지. 최대한 정리해서 짧게 쉽게 말해야 해. 현 상황이 얼마나 심각하지? 문제는? 원인은? 대안은 있나?' 등 통화할 덩어리와 스토리를 정리했다. 그러고는 메모를 하기 위해 온몸이 땀으로 흠뻑 젖은 상태로 체력단련실을 뒤졌다. 휴지통에 버려진 이면지와 굴러다니던 연필을 발견하고 요점을 메모했다. 그리고 그것을 보면서 전화를 했다. 약 5분간의 통화로 그렇게 복잡했던 상황이 모두 정리되었다. 돌이켜 보면 그 전화보고가 내 인생 최고의 보고였던 것 같다. 말 그대로 메모하기의 덕을 톡톡히 본 셈이었다.

생각 전달법 3.
내용에 맞는 화법을 만들자

화법이란 말하는 방법을 말한다. 그러면 좋은 화법이란 무엇일까? 상대방이 잘 이해할 수 있게 말하는 방법을 뜻한다. 그러기 위해서는 크게 ① 논리적으로 정리해서 말하기(생각) ② 기술적으로 명료하게 말하기(목소리, 발음, 고저장단 등) ③ 잘 보여주기(자세, 옷차림 등)의 세 가지 요건이 필요하다.

서점에 가면 인터뷰, 발표, 프레젠테이션, 스피치 등 화법에 관한 지침서가 정말 많다. 대부분 자신 있는 목소리, 목소리 톤 조절하기(고저장단), 명료한 발음, 끊어 읽기, 중간에 감정 넣기, 상대방 반응에 맞추기, 당당한 자세, 단정한 옷차림, 적당한 몸짓(제스처), 깔끔한 화장법 등에 관한 내용이다. ②, ③번에 해당한다. 그런데 ①번, 즉 말로 논리를 구성하는 방법을 다룬 책은 찾아보기 어렵다. 말을 잘하려면 말의 내용, 즉 얼마나 논리적으로 말하느냐가 제일 기본 아닌가? 우선 기본에 충실한 후 나머지까지 갖추면 금상첨화지만, 나머지에만 충실하고 정작 말은 논리적이지 않다면 외화내빈인 꼴이다. 그래서 이 책에서는 말로 논리를 구성하는 방법이란 기본에 충실하고자 한다.

말이 논리적이려면 우선 화법부터 보고하는 내용에 맞아야 한다. 그렇지 않으면 상대방이 쉽게 이해하지 못한다. 어떻게 내용에 맞출까? 역시 답은 미리 준비하기다. 조직에서 공적으로 말해야 하는 경우, 그 내용을 보면 크게 ① 전반적인 방향 제시하기 ② 상대방을 설득하기 위해 내 주장 설명하기 ③ 상대방의 지시·주장 거절하기 등으로 분류된다. 내 말이 어떤 내용에 해당하는지 미리 생각해야 한다. 그리고 그에 맞는 화법을 준비하고 만들어야 한다.

전반적인 흐름을 이야기할 때는 '스토리식 화법'으로

특정 주제에 대해 찬반 토론을 하거나 논박하는 자리가 아니라 전반적인 흐름이나 방향을 말하는 자리가 있다. 이럴 때는 어떤 화법이 필요할까? 보고서 쓰기에서는 스토리텔링을 강조했다. 그렇다면 말할 때도 마찬가지 아닐까? 그렇다. 스토리가 있어야 흐름으로 말할 수 있다. 그래야 쉽게 말할 수 있고 상대방이 쉽게 이해할 수 있다. 즉, 말하기에도 글쓰기에서의 덩어리와 스토리 원칙이 그대로 적용되어야 하는 것이다. 이것이 바로 스토리식 화법이다. 다만 이것의 필요조건은 미리 준비하기라는 점을 다시 한 번 강조한다. 아무리 스토리식 화법이 좋고 그렇게 하고 싶어도 즉석에서 스토리를 만들어 말을 하기란 여간 어려운 일이 아니다. 글이 아니라 말이기 때문에 그렇다.

행사에 참석했는데 갑자기 예정에 없이 한 마디 해달라는 부탁을 받는다. 그것도 5분 후에 해야 한단다. '시간도 없는데 대충 하지 뭐'라고 생각하는가? 5분이면 최소한 단어 20개는 생각할 수 있다. 메모를 해야 하는데 종이가 없다고? 식탁에 냅킨은 있다. 냅킨에 5분이라도 메모를 하면 청중이 집중하는 스토리가 나온다. 1시간을 준비하면 청중들이 기억하는 스토리가 만들어지고, 하루를 미리 생각하면 청중들이 말하는 사람의 이름을 기억하는 스토리가 만들어진다.

《몸짓의 심리학The yes factor》의 저자이자 비언어 의사소통 전문가인 토니야 레이맨은 이렇게 말한다. "천편일률적인 이야기를 감명 깊게 듣는 사람은 없다. 상황과 사람에 맞게 이야기할 준비를 해야 한다. 뛰어난 말재주를 가진 사람은 즉흥적인 이야기도 가능하지만, 그런 사람은 흔치 않으므로 미리 준비가 필요하다."는 요지다. 말하기에 재주가 없다고? 재주가 없는 것이 아니라 미리 준비를 안 하는 것뿐이다.

내 주장을 설명할 때는 '논설의 3원칙'으로

치밀한 논리로 상대방을 설득해야 할 때가 있다. 정확하게 말하면 내가 설득해야 하는 대상은 상대방이 아니라 제3자다. 여기서 제3자란 눈앞에 보이는 제3자 즉 청중이 아니라 '객관적 입장'을 의미한다. 논리는 누구나 공감할 수 있어야 설득력이 있기 때문이다. 눈앞의 상대방이 아니라 모두를 공감시키려면 어떻게 해야할까? 논설의 3원칙을 기억하자.

● 두괄식으로 말하라

결론(주장)부터 말하기다. 먼저 내 주장을 명확히 하고, 그다음 그렇게 생각하는 근거를 말하고 마지막으로 사례를 든다. 이렇게 '주장 → 근거 → 사례'로 이어지는 화법은 대표적인 '설득의 프레임'으로서, 말하기는 물론 글쓰기에도 효과적이다.

한반도 통일방안을 토론하는 자리가 있다고 가정하자. 여러분이 토론자 중 한 명으로서 다음과 같이 말을 한다.

> "여러 나라의 통일 사례를 보면 독일과 예멘이 있는데, 통일비용은 각각 ○○○천억 원이 들었대요. 통일 과정에서 주변의 여러 나라가 외교적으로 ○○한 영향을 미쳤으며, 사회적 혼란도 ○○○하게 있었지요. 독일이 사용한 통일방안을 검토해보면, 처음에는 ○○○하게 접근했지만 ○○○ 문제가 있어서 결국은 ○○○이라는 방안을 채택했다고 하네요. 예멘은~"

미괄식 화법이다. 이렇게 말하면 듣는 사람은 귀를 닫는다. '그래서 당신이 주장하는 통일방안은 뭐야? 나는 우리나라에 어떤 통일

방안이 가장 적합한지 알고 싶어. 그런데 그 얘기는 언제 할 거지?'
라고 생각할 수 있다.

상대를 설득하려면 반대로 해야 한다. 두괄식으로 말하는 것이다.

"한반도에 가장 적합한 통일방안은 ○○○○ 통일방안입니다. 이
유는 다음 세 가지입니다. 우선 경제적으로는 ○○ 해서 통일비용
이 가장 적게 듭니다. 두 번째, 외교적으로도 ○○ 해서 주변국들
의 지원을 받을 수 있습니다. 세 번째, 사회적 측면에서도 ○○ 해
서 혼란을 최소화할 수 있습니다. 분단국가의 통일 사례를 보면
독일과 예멘이 이런 방법으로 성공했습니다."

제3자 입장에서 생각해보라. 훨씬 설득력이 있지 않은가?

● 비교해서 말하라

그런데 결론부터 말하기를 잘하려면 뒷받침이 튼튼해야 한다.
즉, 내 주장의 근거가 중요하다. 이럴 때 대표적으로 사용하는 것
이 통계다. 그런데 대부분 수치만 제시한다. 생각 정리법 4 '비교해
서 좌표 찾기'를 다시 들춰보자. 단순히 수치만 말해서는 의미가 없
다. 수직적이든(추이) 수평적이든(비중) 비교가 되어야 의미가 보인
다. 그런데 둘 중 하나로만 비교하면 안 하는 것보다는 낫지만 왜
곡될 수 있다. 수치, 비중, 추이가 같이 비교되어야 정확해지는 것
이다. 수치만 말하면 근거가 있는 것처럼 보이지만 사실은 근거 없이
말하기와 똑같다. 다음 사례를 보자.

수치만 말하기 "우리 회사의 '섬세볼펜' 판매실적에 문제가 생겼습니다. 3/4분기 매출액이 전년 동기 대비 10% 올랐습니다." ⇨ "나도 알아. 왜?"

수치 + 비중 말하기 "~문제가 생겼습니다. ~전년 동기 대비 10% 올랐습니다. 그래서 시장점유율이 10%가 되었습니다." ⇨ "그게 왜 문제냐고?"

수치 + 비중 + 추이 말하기 "~문제가 생겼습니다. ~전년 동기 대비 10% 올랐습니다. ~10%가 되었습니다. 최근 5년간 추이를 보면 항상 3/4분기에는 전년 동기 대비 5% 내외로 올랐습니다." ⇨ "왜 문제냐고 묻잖아?"

수치 + 비중 + 추이를 복합적으로 말하기 "~문제가 생겼습니다. ~전년 동기 대비 10% 올랐습니다. ~10%가 되었습니다. 최근 5년간 추이를 보면 항상 3/4분기에는 전년 동기 대비 5% 내외로 올랐습니다. 일견 좋아 보입니다만, 경쟁 3사는 모두 이번 3/4분기에 유가 하락에 힘입어 전년 동기대비 10% 이상 성장했습니다. 우리가 뒤처진 이유는 ~하고 ~하다는 두 가지 때문입니다." ⇨ "오케이. 명확하군."

수치, 비중, 추이를 비교해서 말하는 것은 좋다. 기왕이면 여러 번 비교해서 말하라. 추이를 본다면서 계속 직전 것과만 비교한다면? 하수다. 직전 대비와 전년 동기 대비를 구분해야 한다. 전년 동기 대비도 여러 해에 걸친 추이를 봐야 한다. 그리고 수치의 추이도 있지만 비중의 추이도 있다. 이것까지 볼 수 있어야 논리가 정확해지고 설득력이 있게 된다.

● 묻기 전에 말하라

내 주장을 설명하기 좋은 또 하나의 기법이 묻기 전에 말하기다. 아무리 결론부터 말해도, 비교해서 근거를 제시해도, 상대방에게 끌려간다면 효과가 반감된다. 여러 토론기법이 있겠지만, 경험상 먼저 말하기는 매우 효과적이다. 토론에서 상대방이 묻는데, 내가 답을 안 할 수는 없다. 질문을 받으면 이미 나는 수세적인 입장이 될 가능성이 높다. 그러나 먼저 내 의견을 말하면 내가 리드하는 상황이 될 수 있다.

꼭 토론이 아니라 상사에게 보고할 때도 같다. 보고받는 사람이 "지난번에 말한 것 어떻게 되었어?"라고 묻기 전에 보고하자. "일주일 전에 ○○라고 지시하신 건은 현재 ○○하게 진행 중입니다." 또는 "○○의 이견이 있어서 이러이러한 방향으로 대안을 검토 중입니다."라고 미리 말해보자.

이렇게 묻기 전에 말하면 이후 상황을 내가 이끌어갈 수 있지만, 질문을 당하면 본능적으로 방어기제가 작동해서 움츠러든다. 그러면 창의적인 나의 아이디어는 죽어버리고 주어진 질문의 틀에서 수동적으로 생각하게 된다. 그러나 묻기 전에 먼저 말하면 상대방이 "그래? 그런데 그 방향은 내 생각과 다른데, 이렇게 하는 것이 맞을 것 같아!"라거나 "맞아. 내 생각도 같아. 다만 이런 문제가 있을 수 있으므로 그 문제들을 포함해서 검토하는 게 시간을 아낄 수 있겠어."라는 반응을 보인다. 따라서 내 방식대로 대안을 만들기 쉬워진다. 그런데 이렇게 묻기 전에 말하려면 무엇이 필요할까? 당연히 '미리 준비하기'다!

상대의 의견을 거절할 때는 '거절의 미학'으로

　직장생활을 하다 보면 여러 가지 곤란한 상황이 있다. 그중에서도 제일 어려운 것이 상대방 의견을 거절하는 것이다. 특히 상사의 지시라면 더 난감하다. 물론 상사의 지시가 정당하다면 따라야 한다. 반대로 위법하고 부당하다면 따르지 않아야 한다. 그런데 위법부당하지는 않은데, 따르기 어려울 때가 있다. 이럴 때 어떻게 해야 할까? 대단히 중요한데 너무나 고민스럽다. 하수는 거칠게 거절하지만, 고수는 아름답게 거절한다. '거절의 미학'을 발휘해보자.

● 잠시 후 거절하라

　이사장과 오찬을 함께하고 있다. 갑자기 이사장이 박 팀장에게 이렇게 말한다.

　"최근 우리 공사의 기관 홍보를 보면 전략이 없어. 사업홍보만 하지 회사 이미지 메이킹은 전혀 안 되는 것 같고, 핵심 포인트가 뭔지도 모르겠어. 미국이나 일본에도 우리와 똑같은 섬세기능 담당 공공기관이 있잖아. 그 기관들의 브랜드 혁신 사례도 벤치마킹을 전혀 안 하는 것 같아. 전반적으로 우리 공사 이미지를 혁신하는 아이디어가 필요한데, 박 팀장이 좀 검토해주게. 길게 쓸 필요 없으니까 내일 오전이면 충분하겠지?"

박 팀장은 속으로 '이 양반이 왜 이러지? 홍보팀장이 별도로 있는데, 기획총괄팀장인 나에게 왜 이미지 메이킹을 지시하는 걸까? 업무분장을 헷갈린 건 아닐 텐데?' 머리가 하얘진 박 팀장, 이사장 지시를 어떻게 거절할 것인가?

하수라면? 속으로 '이런 일은 초반에 바로 정리해야 후환이 없어.'라고 생각한다. 그러고는 바로 "네 맞습니다. 필요하지요. 그런데 그 일은 저희가 아니라 홍보팀 소관입니다."라고 답한다.

이사장: 속으로 '이런 ××× 없는 ×. 이 많은 사람 앞에서 정면으로 날 뭉개?'라고 생각하면서 "그래서? 알았네. 자네가 아니라면 홍보팀장에게 이야기하지!"라고 싸늘하게 내뱉는다.

고수라면? 속으로 '여러 사람이 있는 자리에서 바로 거절하면 이사장님이 난처하겠지.'라고 생각한다. 일단 "네. 알겠습니다."라고 답한다. 식사를 마치고 30분 후, "아까 말씀하신 건은 지금까지의 관행과 업무분장상 홍보팀에서 검토했답니다. 괜찮으시다면 홍보팀에 말씀을 전달해서 처리토록 했으면 합니다."라고 보고한다.

이사장: "① 응 그런가? 내가 깜빡했네. 그렇게 해." 또는 "② 업무분장은 나도 알아. 그런데 이번 프로젝트는 전략적 마인드나 종합적 시각이 필요해. 그런 차원에서 홍보팀보다는 기획총괄팀이 더 적합할 것 같아. 또 밖에서 봐야 새로운 아이디어도 나올 수 있고. 아주 급한 일이 없으면 박 팀장이 해주었으면 좋겠는

〈전략적 거절〉

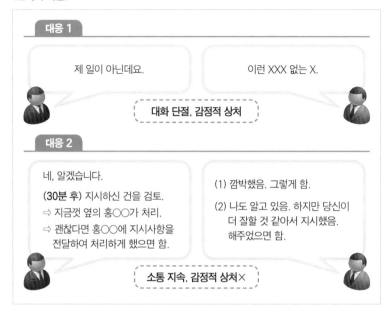

데."라고 점잖게 말한다.

하수처럼 거절하면 이사장은 많은 사람 앞에서 망신당하는 꼴이어서 감정적으로 상처를 입는다. 더이상 서로 소통도 없고 신뢰도 쌓이지 않는다.

고수의 거절을 보자. 이사장 반응이 ①번이라면 원래 업무분장대로 가니까 내가 안 해서 좋다. ②번이라면 홍보팀보다 우리 팀이 전략적·종합적 시각이라는 칭찬이다. 칭찬받으니까 기분 좋게 일하면 된다. 중요한 것은 이사장이 거절당하지만 감정적 상처를 받지 않고 신뢰가 쌓인다는 것이다. 이것이 잠시 후에 거절해야하는 이유다. 30분만 기다렸다 말하자. 인생이 달라진다.

● 대안을 제시하라

여하튼 기획총괄팀에서 검토하기로 했다. 1차로 검토한 결과, 이 사장이 말한 미국과 일본의 섬세기능 담당 공공기관은 브랜드 혁신 사례를 찾을 수가 없었다. 즉, 이사장이 말한 그대로는 검토할 수가 없는 것이다.

하수라면? "저, 음, 거시기, 미국과 일본의 섬세기능 담당 공공기 관들은 브랜드 혁신 사례가 없습니다. 말씀하신 대로는 검토하기 어렵습니다. 그런 적이 없었다는데요?"라고 말한다.

이사장: "그래서? 나보고 어떻게 하라고?"라며 버럭 화를 낸다.

고수라면? "미국과 일본의 경우 말씀하신 섬세기능 담당 공공기 관들은 브랜드 혁신 사례가 없다고 합니다. 그러나 다른 공공기 관들이 크게 바꾼 사례가 있습니다. 그리고 중국과 유럽의 경우 는 섬세기능 담당 공공기관들의 사례가 있네요. 말씀하신 취지를 고려할 때 이것들을 모두 포괄하면 미·일·중·유럽의 사례를 종합적으로 비교할 수 있겠습니다."

이사장: "오 그런가? 역시 박 팀장이 아이디어가 많아."라고 칭찬 을 한다.

하수처럼 말하면 안 되는 이유는 간단하다. 상사가 창피함을 느끼기 때문이다. 그렇게 말하면 상사는 부하 직원이 "당신은 그런 자료가 없는 줄도 모르고 나에게 지시를 하느냐?"라고 말하는 것처럼 느낀다. 창피하고 화가 난다. 그러나 가만히 살펴보면, 하수와 고수

〈대안 제시하기〉

대응 1

그런 자료가 없는데요.
안 되는데요.

그래서?
어쩌란 말이야? (창피함)

대응 2

지시하신 ○○○은 안 됨.
하지만 ×××로는 가능.
(대안 제시)

오호! 그런 방법이 있었군.
아이디어가 많구먼.
(거절당하지만 창피하지 않음)

의 말은 사실 똑같다. 이사장의 말 그대로는 안 되는 것이다. 그런데 하수는 안 되고, 고수는 되는 것이다. 180도 다르다. 이사장 입장에서는 말 그대로는 아니지만 고수처럼 말하면 되는 것으로 느낀다. 거절당하지만 창피하지 않다. 박 팀장 입장에서는 하수처럼 하면 일하기 싫어하는 사람으로, 고수처럼 하면 일이 되게 하는 사람으로 보인다. 말한 대로 하지 말고 말한 취지를 고려하라. 그래야 대안이 나오고 일이 된다. 서로 좋지 않은가?

● 다시 정리해서 확인하라

박 팀장은 위에서 대안을 제시해서(고수의 대응) 오케이를 받았다. 그런데 솔직히 지시의 취지를 잘 모르겠다. 내 업무가 아니므로 이사장이 식사 중에 말할 때 건성으로 들었기 때문이다. 그리고 지금도 이사장이 뭐라고 방향을 얘기하는데, 이미지 혁신 쪽은 문외한이라 잘 이해가 안 된다. 어떻게 해야 할까?

하수라면? 속으로는 '잘 모르겠지만 어떻게 되겠지.'라고 생각하면서 겉으로는 "네."라고 한마디만 하고 나온다. 그러고는 같이 들어간 부하직원에게 묻는다.

박팀장 "이사장님이 지금 뭐라고 하셨나?"

부하직원 "○○라고 말씀하셨어요."

박팀장 "아닌 것 같은데. ××라고 말씀하셨잖아?"

부하직원 "아니에요. 그건 지나가는 말씀이고, 포인트는 제가 말씀드린 ○○이었어요."

박팀장 "같이 들어 놓고 왜 그래? 그거야말로 곁다리지 어떻게 핵심이냐? 제대로 들은 거 맞아?

부하직원 "아니라니까요? 지난번에도 제 말이 맞았잖아요? ○○이 메인이에요!"

두 사람은 싸우다가 결국 적당히 중간쯤 되는 방향으로 검토해서 보고한다. 이사장은 속으로 '너희 사오정 아냐? 한국말도 모르냐?'라는 생각이 든다. 하지만 참고 이렇게 말한다. "고생했네. 그런데 내 방향하고는 전혀 다른데. 미리 내게 방향을 정확히 물어보았으면 좋잖아. 괜히 시간만 낭비 안 해도 되고."

〈다시 정리해서 확인하기〉

고수라면? 속으로는 '이사장님 말씀에도 명확하지 않은 부분이 있네.'라고 생각하면서 다정하게(다시 정리해서) 확인한다. "다시 정리해보면 ○○하게 하라는 말씀이시지요?" 또는 "그러면 말씀하신 대로 ○○하게 하겠습니다!"라고 한다.

이사장: "내 말이 바로 그거야. ○○하게 하라는 거야." 또는 "아니. 그게 아니고 ××하게 하라는 거야. 내 포인트는 ××에 있거든."이라고 말한다.

하수는 상사의 말이 이해되지 않아도 다시 물어보기를 꺼린다. 상사 지시를 다시 확인하는 것도 일종의 거절이기 때문이다. 그래서 그냥 "네." 하고 나와서는 대충 준비해서 들어간다. 그리고 깨지고 나와서는 다시 보완해서 들어간다. 서로 피곤하다. 깨지는 나도 힘들지만, 깨는 상사도 피곤하다. 고수처럼 해보면 어떤 일이 벌어질까?

① 실수 가능성이 최소화된다. 상대의 취지를 정확히 알게 되므로 한 번에 끝낸다. 서로의 시간과 노력을 아끼게 된다.

② 커뮤니케이션이 된다. 하수처럼 하면 상대의 취지를 이해하지 못하므로 나의 표현도 정확하게 안 된다. 즉 '이해와 표현'이라는 소통의 2대 요소가 막히면서 불통이 된다. 그러나 고수처럼 하면 제대로 소통이 된다.

③ 신뢰가 형성된다. 상사가 무엇을 지시할 때 명확히 아는 경우는 드물다. 대부분 희미한 상태에서 지시한다. 이럴 때 지시받는 사람이 "그 말씀은 이렇게 하라는 말씀이시지요?"라고 구체화하면 어떨까? 그 사람이 고맙게 느껴지고, 당연히 소통을 넘어 신뢰가 쌓일 수 밖에 없다.

군대에선 복명복창復命復唱이란 말이 있다. 간부가 사병에게 "박 일병, 창고에 가서 주전자 가져와."라고 지시를 한다. 그때 박 일병이 그냥 "네, 알겠습니다." 하고 가져오면 안 된다. "네, 일병 박○○. 창고에 가서 주전자 가져오겠습니다." 하고 가져와야 한다. 군대에서는 내 말을 정확히 이해했는지가 바로 생명이나 안전과 직결되기 때문이다. 직장도 마찬가지다. 생명과 안전의 문제는 아니지만, 사오정이 될 필요도 없다. 이해가 잘 안 되면 다정하게(다시 정리해서) 물어보자. 누구에게나 다정하면 그 사람과 다정해진다.

● 시간을 못 지키면 중간보고를 하라

이사장이 내일 오전까지 보고하라고 했다. 그런데 오늘 밤 10시, 진도를 보니 도저히 시간을 못 맞출 것 같다. 고민스럽다.

하수라면? 속으로 '성격도 무지하게 급하네. 내가 보고서 자판기야? 어떻게 내일 오전까지 해? 완성되어야 보고를 하지?'라고 생각한다. 결국, 다음날 오후 늦게 돼서야 허겁지겁 보고한다. "죄송합니다. 몇 가지 검토하다 보니 좀 늦었습니다."라며 뒤통수를 긁적인다.

이사장: "지금 가져오면 어떻게 해? 지금 나가야 하는데 볼 시간이 없잖아?"라며 보고서를 던져버린다.

고수라면? 속으로 '내일 오전까지는 안 돼. 그런데 그때까지 달라는 이유가 있겠지.'라고 생각한다. 그러면서 다음 날 오전 10시쯤 중간보고를 한다. "부족하지만 시간이 없어서 현재까지 검토한 내용을 개요로 정리해서 가져왔습니다. 보시고 코멘트를 주시면 최대한 빨리 완성하겠습니다."

이사장: "응. 수고했네. 급하게 주문해서 미안해. 사실은 급한 비공식 보고가 있거든. 여하튼 여기서 ○○○는 빼고, ○○○는 근거 보완이 필요해. ○○○와 ○○○는 서로 위치를 바꾸고. 이 통계는 너무 오래된 거니까 ○○○에 나온 최근 통계로 바꿔야 하고."라며 미안한 듯이 본인 생각을 말한다.

<시간 지키기>

이사장은 나름대로 이유가 있었다. 모레 오전에 장관에게 다른 건으로 비공식적으로 보고할 일정이 잡혔다. 그래서 이 건은 내일 오전에 초안을 검토해야 오후에 수정해서 완성할 수 있다고 생각했다. 그래야 내일 밤 동창 모임에도 나갈 수 있다. 그런데 타이밍이 늦으면 이 일정이 모두 틀어진다. 게다가 충분한 검토 시간 없이 급하게 보고를 받으면 보고받는 사람이 생각을 담을 시간이 없다. 따라서 속으로 '내가 기계냐? 자네가 쓴 보고서를 내가 그대로 읽어야 해?'라고 생각한다. 깨질 수밖에 없는 대표적인 보고법이다.

이럴 때는 뒤늦은 '완성판 보고' 대신 미리 '개요판 중간보고'를 하자. 시간 안에 완성판을 보고하는 것이 불가능하다면, 시간 안에

개요판을 보고하는 차선을 선택하자. 중간보고는 내 생각의 흐름을 미리 보고하는 것이다. 우선, 큰 목차와 세부 목차를 잡는다. 그리고 세부 목차별로 중요한 키워드를 적는다. 통계자료 등도 표시한다. 물론 그 숫자가 중간보고에는 안 나와도 된다. 그냥 그 자리에 ○○ 통계 포함이라고만 해도 된다.

즉, 고수의 보고법 2단계인 '생각 풀어내기'와 3단계 '생각 보여주기'까지 완성하는 것이 어렵다면, 1단계인 '생각 정리하기'만이라도 보고하자는 것이다. 그래야 상사가 자기 생각을 정리해서 보고서에 담을 수 있다. 내가 급하다고 상대방을 쪼지 말자. 바쁠수록 미리 준비하자.

거절해야 할 순간은 누구에게나 있다. 그때 '거절의 미학을 발휘하는가, 아무 생각 없이 거절하는가?'가 나를 평가한다. 거절의 미학을 발휘해보라. 말 한마디에 천 냥 빚도 갚는다고 했다. 상대방을 배려하는 거절의 미학은 본인에게 격려로 돌아온다.

그런데 '잠시 후 거절'하려면 그 사이에 미리 몇 가지 사실을 확인해야 한다. '대안을 제시'하려면 미리 무엇은 안 되고, 무엇은 되는지 파악해야 한다. '다정하게 확인'하려면 상대방 말의 핵심과 곁다리를 구별해서 들을 준비가 필요하다. '중간보고'를 하려면 최소한 생각 정리하기 단계는 미리 완성해야 한다. '거절의 미학'을 위해서는 무엇이 필요할까? 단순한 스킬이 아니라 철저한 '미리 준비하기'가 핵심이다.

종류별 보고서 쓰기

보고서의 종류 9

　지금까지 생각 정리하기(기획), 생각 풀어내기(쓰기), 생각 보여주기(편집), 생각 전달하기(말하기)라는 고수의 보고법 4단계를 살펴봤다. 이론은 이해했으니 이제는 연습이다. 지금부터는 스토리텔링식 보고서의 감을 익힐 수 있도록 종류별로 사례를 많이 소개한다. 다만, 생각 없이 따라만 하면 하수를 벗어날 수 없다. 수록된 사례들은 그대로 따라하기 위한 모범답안 또는 샘플이 아니다. 생각하며 보고서를 쓰는 연습을 하도록 돕는 생각의 틀이다. 이 장을 오롯이 여러분의 것으로 만들려면, 왜 그렇게 해야 하는지를 반드시 생각하며 보아야 한다.

　앞에서 '보고서의 종류'를 언급했는데, 사실 '보고서에 어떤 종류가 있지?'라는 물음에 답하기는 쉽지 않다. 기존 책이나 강의자료를 보면 대부분 4~5종류로 나눈다. 그러나 필자는 그런 분류를 보면서 항상 뭔가 빠지고 어딘가 중복된다는 생각이 들었다.

따라서 필자는 이 장에서 보고서의 종류를 체계적으로 정리해 보았다. 유형이 체계화되어 있어야 설명도 명확히 할 수 있기 때문이다. 모든 학문의 개론서를 보면, 항상 개념 다음에 종류가 나오지 않는가! 필자는 우선 보고서를 읽는 사람에 따라 내부와 외부로 구분하고, 각각 기능에 따라 내부 5종류, 외부 4종류로 나누었다.

내부보고서 주로 상급자에게 보고하기 위한 것이며, 대부분 비공개를 전제로 한다. 정책을 검토하고, 결정된 정책에 따라 계획을 수립한다. 그 과정에서 문제나 새로운 정보가 있으면 상황을 보고하고, 결정된 정책의 개요를 정리해서 여기저기 활용한다. 정책 관련 회의가 열리면 발언에 참고할 자료도 만든다. 이것이 모두 내부보고서의 종류이다. 내부보고서는 실제 작성된 사례를 공개하기 어려우므로 필자가 만든 사례를 활용하여 주로 덩어리 짓기를 연습하기로 한다.

외부보고서 내부보고서와 달리 타 기관, 상급자, 국민, 참석자 등 다양한 그룹을 대상으로 한다. 공개가 원칙이다. 주로 내부적으로 이미 결정된 우리 기관의 의사를 밖에 설명하는 용도다. 따라서 '회사 밖 어디로 가서 누가 읽게 되지?'라는 스토리가 외부보고서의 기능별 종류를 결정한다. 한국섬세공사와 같은 공공기관은 사업예산을 확보하려면 주무 부처(상급자)에 제출할 보고자료를 만들어야 하고, 기획재정부(타 기관)에 제출할 협의자료도 필요하다. 예산이 결정되면 기자(국민)에게 설명하고, 그 예산이 투입된 건물이 완공되면 이사장이 준공식(참석자)에서 말할 말씀자료가 필요하다. 외부보고서는 공개된 자료니까 실제 사례를 가지고 보고서의 기획 · 쓰기 · 편집을 종합적으로 분석해보자.

9종류의 보고서에는 일반적으로 보고서라는 이름으로 불리지 않는 것도 있다. 하지만 필자는 조직 내에서 작성되는 공적인 모든 문서는 명칭과 관계없이 보고서라고 생각한다. 왜냐하면 보고서는 '일의 내용과 결과에 대한 내 생각을 상대방이 이해할 수 있게 표현한 글'이기 때문이다.

고수는 말로만 되는 것은 아니다. 치열한 연습이 필요하다. 그렇다고 무조건 이 책에 실린 예시들을 따라 쓰기만 하면 손가락 운동과 타이핑 연습에 불과하다. 9종류가 왜 그렇게 나뉘어야 하는지, 그 차이는 무엇인지, 동시에 9종류를 관통하는 원칙은 무엇인지 등을 곰곰이 생각하면서 이 장을 읽어보자.

1. 정책검토보고서
제목부터 확인을

"박 팀장, 이거 문제가 좀 있어. 개선방향 한번 검토해봐. 모레까지면 되겠지?" 익숙한 말이다. 어떤 조직에서 내부적으로 가장 많이 쓰는 것이 어떤 정책에 대한 '검토보고서', 즉 의사를 결정하기 위한 보고서다. 주로 조직의 공식 입장을 결정하기 위해 사전에 실무자가 검토해서 의견을 상사에게 보고하는 글이다. 대부분 '○○ 제도 활성화 방향', '○○ 제도 도입방안 검토' 등의 제목이 붙는다. 조직에서 정책검토란 문제를 해결하기 위한 것이다. 그것이 어떤 정책을 새로 만들거나 개선하는 것이면 '정책기획(또는 형성)보고서', 갈등을 조정하는 것이면 '정책조정보고서' 등으로 구별된다.

'그럼 정책기획과 정책조정은 보고서의 목차가 다르겠네.'라고 생각하는가? 오산이다. 실제로 대부분의 기존 책이나 강의는 두 보고서를 각각 전혀 다른 것처럼 보고, 목차도 각각 달리 제시한다. 물론 기획과 조정은 성격이 다르다. 그러나 둘 다 '정책검토'보고서로서 '문제를 해결하기 위해 정책을 검토'하는 것은 같다. 따라서 이 두 보고서는 모두 '4개의 생각 덩어리'로 해결될 수 있다.

　　5년 전 정부는 기업들이 좀 더 섬세하게 제품을 생산할 수 있도록 일정 요건을 충족하면 '섬세촉진지원금'을 지급하는 정책을 마련했다. 그 집행은 '한국섬세공사'에 위탁했다. 그런데 5년간 집행실적이 부진했고, 올해 국정감사에서 비판의 십자포화를 받았다. 특히 집행 부진의 주요 원인으로 홍보가 미흡했다는 점이 지적되면서, 이사장은 홍보팀에 '섬세촉진지원금 홍보 활성화 방안'을 만들라고 지시했다. 그런데 홍보팀의 보고서가 몇 차례 무참히 깨지고, 대신 기획총괄팀에 이 업무가 떨어졌다.
　　박 팀장은 우선 홍보팀에서 작성한 기존 보고서 몇 개를 일독했다. 문장은 중언부언인데, 게다가 흐름까지 중구난방이다. 도대체 무슨 말인지 이해할 수가 없다. '역시 깨진 이유가 있네. 특히 스토리의 개념조차 없어!' 그러면서 앞서 배운대로 흐름을 '4개의 생각 덩어리'인 Why 1 → Why 2 → How → What의 순서로 메모해보았다. '이거 뭐지?' 희한하다. 시작하자마자 다음 페이지의 메모처럼 순식간에 정리되었다.

　　물론 계속 쓰다 보면, 세부 목차의 이름, 순서, 강약 등이 바뀐다. 문제점의 내용, 원인, 대안 등도 계속 수정된다. 하지만 기본적인 덩어리는 반드시 유지해야 전체가 무너지지 않는다. 4개의 생각덩어리는 이미 설명했으므로 여기서는 그외의 포인트만 살펴본다.

166

섬세촉진지원금 홍보 활성화 방안

I. 보고개요(검토배경, 필요성 등) 〈→ Why 1〉

□ **검토배경**: (필요성) 지원금 지급 실적 계속 부진 → 도입 취지 달성 못함
　　　　　　 (시급성) 금년 국감 지적, 연말 공공기관 평가에 반영 → 즉시 개선 필요

□ **진행 경과**

II. 실태분석 〈→ Why 2〉

□ **현황 및 문제점**
　○ (Input) 지원금 홍보관련 예산, 홍보방법 등
　- (Output) 지원금에 대한 기업인지도 조사, 지원금 지급실적 등 홍보효과
　○ (횡단면) 공사 내 타 사업/타 기관 홍보 방법과 비교
　　→ 타 사업, 타 기관 대비 홍보예산 규모, 비중은 제일 크나 인지도는 최하위
　○ (시계열) 5년간 각종 추세분석 등
　　→ 홍보예산은 5년간 매년 10%씩 증가, but 지원금에 대한 인지도는 제자리
　○ (전망) 문제의 심각성, 파급력, 전망

□ **홍보효과 부진의 원인**
　○ (시기) 홍보가 일회성에 그침
　○ (내용) 제도 나열에 그쳐 메시지가 없음
　○ (방법) 수요자 분석 없이 일방통행식 홍보

III. 홍보 활성화 방안(정책 대안) 〈→ How〉

□ **기본 방향**(정책방향, 해법의 원칙 등): 홍보 패러다임의 변환
　○ When? 일회적 → 전략적
　○ What? All → Some(Killer contents)
　○ How? Supply-friendly → Demand-friendly

□ **활성화 방안**(구체적 대안)
　○ Timing: 전략적 홍보시기 결정
　○ Contents: 전달 메시지의 선택과 집중화
　○ Tools: 기업별 특성에 맞는 홍보 매체, 수단 선정

IV. 세부 추진계획(집행계획) 〈→ What〉

□ **(내부)** 자원 동원 계획: 예산/인력/조직/규정 → 기존 자원 활용 vs 신규 확보

□ **(외부)** 정책 관리 계획: 일정(장/단기)/홍보/조정/평가

제목에 답이 있다

이런 보고서에서 의외로 많이 나오는 실수가 '남의 다리 긁기'다. 간지러운 건 내 다리인데, 멀쩡한 남의 다리를 벅벅 긁는 꼴이다. 생각해보자. 앞서 박 팀장의 메모에서 '섬세촉진지원금 지급 실적'을 넣어야 한다면 어디에 들어가야 할까?

하수라면? 'II. 실태분석'에 아주 많은 분량으로 포함시킨다. 그런데 이 보고서의 제목을 보자. '섬세촉진지원금 활성화 방안'이 아니라 '섬세촉진지원금 홍보 활성화 방안'이다. 즉, 여기서 활성화의 대상은 '홍보'이고, '지원금'은 홍보 활성화의 결과다. 따라서 'II. 실태분석'에서 분석할 주 대상은 지원금 지급 실적이 아니라 기존의 지원금 홍보 방법인 것이다. 그런데 지원금 지급 실적만 몇 페이지에 걸쳐 잔뜩 분석해 놓고, 기존 홍보방법에 대해서는 두세 줄 언급한다면 정말 남의 다리 긁는 꼴이다.

고수라면? 첫 번째 덩어리에 포함시킨다. 왜 이 보고서를 쓰는가? 지원금 실적이 부진해서 홍보 활성화 방안이 필요한 것이다. 그러면 지원금 실적은 검토배경에 넣는 것이 자연스럽다. 또는 '실태분석'의 홍보효과(Output) 부분에 넣어도 되지만, 이때도 많이 포함될 필요는 없다. 제목을 잘 보자. 제목에 답이 있다. 섬세촉진지원금 홍보 활성화 방안이다. 주된 목적어가 무엇인지 한번 더 살피는 섬세함이 고수의 첫 번째 덕목이다.

위의 사례는 제목에서 '목적어'가 홍보인데 지원금이라고 오해한 것이다. 그럼 제목에서 또 오해할 것이 있을까? 있다. 바로 '동사'이다. 그것도 아주 자주 오해한다. 필자는 보고서 작성법 강의를 할 때, 교육생들에게 미리 보고서를 써오라고 과제를 내줄 때가 있다. 한번은 제목이 '○○○ 행정 홍보 활성화 방안'이었다. 그런데 과제물을 받아보니 모두 홍보를 활성화하는 방안이 아니라 그냥 홍보하는 방법을 써왔다. 그래서 다시 살펴보니 모두 보고서 제목이 '○○○ 행정 홍보 방안'이었다. 교육 담당자가 '활성화'란 말을 빼먹고 수강생들에게 통보한 것이다. 여기서 "홍보 방안과 홍보 활성화 방안이 뭐가 달라? 말장난 아니야?"라고 생각한다면 하수다. 전혀 다르다.

'홍보' 방안에서는 동사가 '홍보하다'이다. 따라서 원래 홍보를 하지 않은 것이 문제이므로 새로 홍보하는 방안을 써야 한다. 그런데 '홍보 활성화' 방안은 동사가 '활성화하다'이다. 기존에 홍보를 해왔지만 잘 안 되는 것이 문제이므로 앞으로 활성화하는 방안을 써야 한다. 앞의 사례는 교육과정이므로 해프닝으로 끝났지만, 실전이라면 얘기가 다르다. 박 팀장이 '~지원금 홍보 방안'으로 이해하고 제목대로 쓴다면 회사는 지금까지 5년 동안 홍보를 하지 않은 것이 된다. 사실이 왜곡되는 보고서, 헛다리 짚기 보고서가 되는 꼴이다. 남의 다리를 긁어도 안 되지만, 헛다리를 짚어도 안 된다. 축구에서 헛다리 짚기는 고수의 비법이지만, 보고서에서는 하수의 실수에 불과하다.

역시 제목에 답이 있다. 꺼진 불만 다시 보지 말고 제목도 다시 보자. '~지원금 홍보 활성화 방안'이다. 제목을 한 번 더 보면 홍보 방안과 홍보 활성화 방안의 차이가 보인다. 그래야 상대방의 의도에 맞는 보고서를 쓸 수 있다.

핵심과 곁다리는 다르다

위에서 훌륭하게 생각의 흐름을 메모 형태로 정리했다. 슬슬 고수의 풍모가 나온다. 그런데 생각을 덩어리식으로 하다 보니 기존에 자주 사용했던 몇 가지 내용이 빠진 것 같은 느낌이다.

"음, 국내외 사례도 넣어야 해. 건의 및 제안이 빠지면 허전하지. 그리고 기대효과는 항상 써 왔잖아. 이렇게 중요한 덩어리가 빠질 수는 없잖아?"

위 이야기처럼 어떤 덩어리를 넣을지 여부를 고민하는 것은 중요하다. 그런데 그것이 이 보고서의 스토리를 형성하는 핵심 덩어리인지, 아니면 곁다리일 뿐인지, 또는 논리를 지탱해 주는 기둥인지, 아니면 빠져도 되는 곁가지인지는 잘 살펴야 한다. 물론 경우마다 다를 수 있다. 보고서 제목이 '○○제도 도입 관련 선진국 사례 검토 및 시사점'이라면, '국내외 사례'는 당연히 핵심 덩어리다. 대안을 1, 2, 3안 등 복수로 제시해야 하는 보고서라면, '시사점 및 건의'가 역시 들어간다. 30~40페이지짜리 긴 검토보고서라면, 앞뒤가 너무 머니까 '기대효과'를 통해 한 번 정리하는 것도 좋다. 그러나 이런 것들이 모든 보고서에서 항상 스토리를 형성하는 주된 덩어리는 아니다. 특히 많은 보고서에서 끝에 '기대효과'가 약방의 감초처럼 들어간다. 그런데 그 부분을 뜯어서 그대로 맨 앞의 '검토배경'에 붙여보라. 거의 유사한 단어가 반복되고 있을 뿐이다. 기대효과란 결국 '왜 이 보고서를 쓰는가?' 즉, 필요성과 연결되기 때문이다. 기대효과를 쓰려면 숫자, 통계 등으로 아주 구체적이고 정량적으로 제시해야 한다. '~ 효과성 제고에 기여한다.'라는 식으로 쓰려면 쓸 필요가 없다. 더구나 2쪽짜리 보고서에 1/4쪽짜리 기대효과를 쓸 필요가 있을까? 버려야 채울 수 있다. 다 쓰려고 하면 다 못 쓴다. 조연은 그저 조연다울 때 더 빛이 나기 때문이다.

덩어리를 외우지 마라

박 팀장은 이번에 '4개의 생각 덩어리' 덕을 톡톡히 보았다. 한 번에 통과된 것이다. 그런데 너무 잘 썼는지 이어서 지원금 관련 이해관계자 간의 갈등을 조정하는 보고서도 쓰란다.
'왜 또 나야? 하지만 쓰라면 써야지, 뭐. 그런데 그 "생각 덩어리"는 정책기획 보고서에만 적용되는 거 아니야? 이번처럼 갈등조정 보고서에는 적용이 안 될 것 같은데?'

이렇게 생각하면 아직 고수가 아니다. 여기에 적용되는 덩어리, 저기에 적용되는 덩어리가 따로 있는 것이 아니다. 많은 사람이 덩어리를 목차로 생각한다. 그리고 보고서 종류별로 그 목차를 외우려 한다. 하지만 잘못된 생각이다. 덩어리는 생각의 흐름을 정리한 것이다. 따라서 상황에 따라 응용하면 된다. '추진 과정상 갈등을 조정하는 보고서'라도 첫째 덩어리 Why 1은 같다. 둘째 덩어리도 Why 2다. 그런데 여기에서의 '실태분석'은 뭘까? 대부분은 그동안 갈등의 경과를 쭉 나열하고 현재의 갈등 상황만 쓴다. 아니다. '갈등'의 실태분석이 아닌가? 고수는 갈등의 경과와 상황 이외에 플러스 알파를 한다. 찬반 등 이해관계자의 의견대립 사항을 쟁점별로 정리하고, 그 대립이 왜 발생했는지 '원인을 분석'한다. 그리고 셋째 덩어리 How에서 조정대안을 제시하면 된다. 대안을 몇 개 제시하고 각각의 장단점을 분석한다. 그리고 검토자의 의견을 제시한다. 넷째 덩어리 What은 동일하다. 덩어리식 사고의 틀이 중요하지 보고서 종류별로 적합한 덩어리를 외울 필요는 없다.

덩어리를 외우면 생각이 고정되고 스토리도 고정된다. 보고서마다 있는 특성이 반영되지 않기 때문에 스토리가 억지스럽다. 마치 안맞는 옷을 입은 격이다. 덩어리식 사고를 하는 이유가 바로 나만의 스토리를 만들려는 것 아닌가? 위에 제시된 '섬세촉진지원금 홍보 활성화 방안'을 다시 보자. 덩어리를 생각하면서 다섯 번만 반복해서 써보자. 그리고 여러분의 폴더에서 비슷한 제목의 파일을 꺼내자. 이 덩어리와 비교해보고, 다르면 이 덩어리처럼 고쳐 보라. 덩어리식 사고방식이 자연스럽게 다가오고 새로운 세상이 열린다!

2. 계획수립보고서
행사에도 스토리를

한국섬세공사가 한 달 후 창립 50주년이라 기념행사를 크게 해야 한다. 그런데 최근의 경제위기 때문에 예산도 삭감되었고, 사회적 분위기도 고려해야 한다. 그래서 얼마 전 '창립 50주년 기념행사 추진방안 검토'라는 정책검토보고서를 통해 1) 50주년 기념행사를 하되 상황을 고려하여 예년과 다른 콘셉트로 하고, 2) 행사 준비 T/F팀을 구성하기로 했다. 박 팀장이 기획총괄팀장이라서 행사 준비 T/F팀의 팀장이 되었다. 팀원들과 몇 차례 미팅을 통해 장소, 시간, 주요 행사내용, 진행 순서 등 기본 내용을 정리했다. 이제 '창립 50주년 기념행사 준비 계획(안)'을 써야 한다. 어떻게 써야 할까?

직장인이라면 회사나 일상에서 정말 계획이란 말을 많이 한다. 필자는 명절날 처가에 갈 때도 무의식적으로 처가 방문 추진계획을 세우라는 말을 했을 정도니까 말이다.

정책검토보고서를 통해 우리 조직의 의사가 결정되었다. ○○ 제도를 도입하거나 ○○ 행사를 하기로 한 것이다. 다음은 계획수립보고서다. ○○ 제도 도입 세부추진계획, ○○ 행사 준비 총괄계획 등이다. '이미 결정된 조직의 의사를 어떻게 하면 그 취지에 맞게 제대로 집행할 것인가?'라는 목적을 가지고 있다.

공사 창립 50주년 기념행사 준비 기본계획(안) v.1

I. 행사 개요

☐ 목적

☐ 일시

☐ 장소

☐ 주요 행사내용

☐ 주요 초청대상자

☐ 전체 식순 및 동선

☐ 행사장 배치계획

II. 추진계획

☐ 소요예산, T/F운영 계획

☐ 추진일정, 홍보계획

〈참고자료〉

☐ 타 기관 유사 행사 개요, 전년도 행사 개요, 주요 초청대상자 프로필

박 팀장은 점점 부담스럽다. 우선 작년에 전임자가 했던 폴더를 열어 파일을 보았다. '1. 목적, 2. 일시, 3. 장소, 4. 주요 행사 내용 ~ 11. 홍보계획'까지 완전히 나열식이다.

'흐흐흐, 나도 이제 이런 하수 수준은 아니잖아. 덩어리로 엮어야지.' 박 팀장은 이제 습관처럼 덩어리를 생각하기 시작한다. 그런데 아무리 머리를 쥐어짜도 'I. 행사개요', 'II. 세부 추진계획'이란 두 덩어리밖에 안 나온다. '하긴, 이건 행사계획이잖아. 정책검토보고서하고는 다른 것이 당연하지!' 과연 그럴까?

여기서 끝낸다면 여전히 중수다. 기본계획(안) v.1을 보면 분명히 덩어리로 나누어져 있다. 그런데 스토리는 안 보인다. 중요한 덩어

리가 빠졌기 때문이다. 바로 'Why'가 없다. 왜 이 행사를 하는지, 즉 어떤 가치와 메시지를 전달하려 하는지가 없다. 이것이 없으니까 스토리는 안 보이고 행사계획만 보인다. 덩어리의 흉내만 냈을 뿐, 생각의 본질은 아직도 나열식이다.

한참을 고민하다가 비몽사몽이 된 박 팀장의 머릿속에서 갑자기 'Why'가 떠올랐다. '맞아! 행사 전체를 관통하는 메시지가 없잖아. 우리가 이 행사를 왜 준비하지?' 박 팀장은 벌떡 졸음에서 깼다. 그리고 잊어버릴세라 순식간에 '기본계획(안) v.1'에 Why 덩어리를 추가해서 v.2를 만들었다.

행사준비 계획에도 메시지가 있어야 한다. 50이란 숫자를 보면 어떤 이미지가 떠오르는가? 예전에는 50세면 중노인 취급을 받았다. 그러나 지금은 100세 시대 아닌가? '50이면 절반밖에 살지 않은 젊은이라고 할 수 있다. 그러니 발전 가능성이 있다(①)'는 메시지가 떠오른다. 또한 50은 전환점의 느낌이 있다. '과거에서 미래로 전환하자'라는 메시지가 연결된다. 과거의 성과를 토대로 새로운 미래 가치를 창조하자는 의미다(②). ①과 ②를 더해보자. 그러면 '그동안은 획일적 기준에 따라 서비스의 양적 확충에 집중해왔습니다. 그러나 앞으로는 고객의 개인별 수요를 반영하는 질적 서비스로 전환하겠습니다. 이번 행사를 통해 올해를 그 원년으로 선포하고 젊은이처럼 뛰겠습니다.'라는 의미를 만들 수 있지 않을까? 그러면 이 행사의 핵심 메시지를 'Beyond Standard, Toward

---

공사 창립 50주년 기념행사 준비 기본계획(안) v.2

I. 기본 방향 〈→ Why〉

□ **메시지:** 행사로 전달하려는 핵심 가치 → Beyond Standard, Toward Quality
→ 50이란 숫자의 두 가지 의미를 반영 → ① 100세 시대, 늙지 않음, 젊은 조직 →
발전 가능성 ② 중간이란 이미지 → 과거 가치에서 미래 가치로의 전환점

□ **추진방향:** 제약요인 등 주요 고려사항 검토

① 글로벌 경제위기, 사회적 분위기 → 예산낭비 ×, 행사 예산 절감 후 기부

② 공사의 새로운 가치가 "Quality" → 우리를 위한 자축행사 ×, 소외계층과
함께하는 가치 있는 행사

II. 행사 개요 〈→ How〉 필요시 1안, 2안 등 복수대안 가능

□ 일시:

□ 장소:

□ 주요 행사내용:

□ 주요 초청대상자:

□ 전체 식순 및 동선:

□ 행사장 배치계획:

III. 추진계획 〈→ What〉

□ 소요예산, T/F운영 계획

□ 추진일정, 홍보계획, 관리계획

〈참고자료〉

□ 타 기관 유사 행사 개요, 전년도 행사 개요, 주요 초청대상자 프로필

Quality'라고 만들 수 있지 않을까? 그러면 영어 앞글자를 따서
BEST Quality라고 비전을 네이밍Naming 할 수 있지 않을까?

이렇게 기본 핵심 메시지가 정해지면 행사의 처음부터 끝까지
일관되게 이 메시지를 끌고 나가야 한다. 하지만 여러 가지 현실적
제약요인도 있다. 이런 것들을 고려해서 행사의 세부적인 부분을

결정하기 위한 구체적 콘셉트, 즉 추진방향을 만들어야 한다.

위와 같은 메시지라면 어떤 콘셉트가 생각이 날까? 우선, 경기여건이 어려우므로 공공기관이 긴축경영에 나서야 한다는 제약요인이 있다. 그러면 행사예산을 최대한 절감해서 그 절감분을 취약계층을 위해 기부하는 것은 어떨까? '검소한 나눔 행사'라는 첫 번째 콘셉트가 나온다. 그리고 새로운 가치가 Quality 아닌가? 그러면 '질적으로 가치 있는' 행사라는 콘셉트는 어떤가? 나만을 위한 자축행사가 아니라 소외계층과 함께하는 행사 말이다. 꼭 이렇게 하라는 것이 아니라 이런 식으로 생각하라는 것이다.

이렇게 스토리를 담아 행사준비계획서의 첫 덩어리를 쓴다면, 쓰는 사람도 쉽고 신이 난다. 기본계획(안) v.2에 추가된 'I. 기본방향'은 불과 1쪽이 안 될 수 있다. 그러나 그 기본방향이 들어감으로써 10쪽짜리 전체 행사계획에 탄탄한 스토리가 깔린다. 그리고 중간에 애매한 부분이 생길때마다 판단을 쉽게 해주는 방향성을 제시한다. 그러면 읽는 사람이 몰입한다. 그리고 '아하! 박 팀장은 생각이 있는 사람이구나!'라는 강렬한 임팩트를 받게 된다. 승진하기 위해 아부할 필요가 없다. 스토리를 담으면 된다. 행사준비 계획서에도 얼마든지 스토리를 담을 수 있다. 아니 반드시 담아야 한다. 그래야 고수가 되고 남과 달라진다.

정신 놓지 말고 끝까지 집중하라

'Why' 한 글자 덕분에 멋지게 첫 덩어리를 완성했다. 그런데 뭔가 찜찜하다. 이렇게 핵심 메시지와 추진방향을 정해놓고 나니 갑자기 지난번에 만든 행사개요가 걱정이다. '그동안 우리가 결정한 행사 일시, 장소, 주요 행사내용 등이 그 메시지와 추진방향에 맞나? 안맞는거 아니야?' 라는 생각이 들었다. 불안감이 뇌리를 스친다. 조심스럽게 훑어본다.

핵심 메시지와 추진방향은 보고서를 관통하는 방향타 역할을 한다. 메시지 따로, 세부내용 따로라면 차라리 안 쓰는 것만 못하다. 모든 세부내용에 메시지와 방향에 맞는 의미가 부여되어야 한다.

T/F팀은 애초 50주년 기념식 일시를 5월 15일 11시로 잡았다. 1시간 동안 기념식을 하고 12시부터 오찬이다. 행사장소는 섬세호텔 8층 그랜드 볼룸이고 식사는 뷔페로 한다. 그런데 이 계획이 이 행사의 메시지에 맞을까?

일정이 허락한다면 ① 시간을 11시가 아니라 10시 50분으로 하면 50주년의 의미가 살지 않을까? 특이해서 기억하기도 좋다. ② 식사도 기념식 후 호텔에서 뷔페로 하기보다는 참석자 전원이 사회복지시설에서 배식 봉사하고 같이 식사하는 것이 이 메시지와 원칙에 맞는 것 아닐까? ③ 장소도 호텔보다는 회사 강당에서 하는 것이 취지에 맞다. ④ 주요 참석자도 높은 사람들만 부르지 말고 보통 사람들과 소외계층도 초청해야 한다. ⑤ 좌석배치도 마찬가지다. 애초에는 별생각 없이 관행대로 했다. 단상에 연설대가 있고, 단하에 참석자 좌석이 있는 형태다. 그런데 이것이 과연 '함께' 한다는 행사의 메시지와 부합될까? 전 참석자가 같은 공간에 타원형으로 앉으면 안 되나? 좌석배치부터 권위주의에서 벗어나야 '함께' 하는 것이 가능하지 않을까?

이렇게 메시지와 방향에 따라 생각을 다시 하면 앞뒤가 안 맞는 곳이 보인다. 일정, 장소, 주요 행사내용 등 세부사항을 아무 생각 없이 구상하면 읽는 사람은 앞의 방향과 잘 안 맞는 것 같은데 왜 그렇게 해야 하는지 의문이 든다. 끝까지 집중해서 그것들이 메시지와 방향에 맞는지 한 번 더 생각해보자. 안 맞는다면 맞춰라. 그래야 읽는 사람이 쉽게 읽을 수 있다. 더 중요한 것은 그래야 실제 행사가 쉽게 풀린다는 것이다. 한 번 더 생각하는 섬세함이 일을 되게끔 만들어준다.

이런 내용을 담아 다시 정리한 것이 기본계획(안) v.3이다. 'II. 행사개요'의 주요 내용을 다시 한 번 검토하고 각각의 의미를 보완했다. 내친김에 'III. 추진계획'에 행사 예산을 절감하여 기부한다는 계획까지 추가했다. I에서 밝힌 메시지와 원칙이 II, III까지 막힘없이 흐르지 않는가?

공사 창립 50주년 기념행사 준비 기본계획(안) v.3

I. 기본 방향 〈→ Why〉

□ **메시지:** 행사로 전달하려는 핵심 가치 → Beyond Standard, Toward Quality
→ 50의 두 가지 의미 반영한 것 → 1) 100세 시대, 늙지 않음, 젊은 조직 →
발전 가능성 2) 중간이란 이미지 → 과거 가치에서 미래 가치로의 전환점

□ **추진방향:** 제약요인 등 주요 고려사항 검토

○ 글로벌 경제위기, 사회적 분위기 → 예산낭비 ×, 행사 예산 절감 후 기부

○ 공사의 새로운 가치가 "Quality" → 우리를 위한 자축행사 ×, 소외계층과 함께
하는 가치 있는 행사

II. 행사 개요 〈→ How〉 필요시 1안, 2안 등 복수대안 가능

□ 일시: 왜 이때?

□ 장소: 왜 여기?

□ 주요 행사내용: 왜 이런 행사? 달라진 것이 뭐?

□ 주요 초청대상자: 왜 이 사람들?

□ 전체 식순 및 동선: 왜 이런 순서?

□ 행사장 배치계획: 왜 이 모양으로?

III. 추진계획 〈→ What〉

□ 소요예산, T/F운영 계획

□ 추진일정, 홍보계획, 관리계획(행사예산 절감분 기부계획 등)

〈참고자료〉

□ 타 기관 유사 행사 개요, 전년도 행사 개요, 주요 초청대상자 프로필

3. 상황보고서
빨리 쓰려면 신중하게

　좋든 나쁘든 각종 상황이나 동향을 보고할 일이 생긴다. 중대재해 동향, 국정감사 진행상황, 회의결과 보고 등이다. 이것들은 정책검토보고서처럼 중요한 의사결정을 위한 것은 아니다. 치밀한 논리가 필요한 것도 아니다. '그러면 뭐, 굳이 이런 것까지 연습해야 해? 별로 중요하지도 않은데?' 아니다. 중요하다. 그런데 왜 상황보고서가 보고서의 9종류 중 하나로 꼽힐 정도로 중요할까?

　우선 신속한 전파력 때문이다. 상황보고서는 국토 최남단의 지사에서 서울의 본사까지, 신입사원부터 최고 CEO까지, 우리 회사에서 여러 유관기관까지 순식간에 거침없이 퍼진다. 요즘에는 최첨단 IT 기술에 힘입어 정말 빨리 전파된다. 그래서 위험하고 중요하다.

　또한 거의 고쳐지지 않기 때문이다. 통상 정책검토보고서는 보고 과정을 거치면서 계속 수정된다. 윗사람이 고치면 나는 귀찮지만, 그 과정에서 오류가 수정되고 논리가 보강된다. 윗사람들은 여하튼 나보다 고수이지 않은가? 그들은 보고 과정에서 나를 깨지만 결국은 나와 한팀이다. 그런데 상황보고서는 신속해야 하다 보니 초안이 그대로 가는 경우가 많다. 오탈자와 비문이 난무해도 그대로 공유된다. 버젓이 내 이름 석 자를 달고 말이다. 깨지지 않고 빨리 통과되지만 나와 함께 책임지는 사람도 없다. 특히 요즘은 내부통신망을 통해 직상급자부터 최종 결재권자까지 한 번에 수신자를 지정해서 동시 보고되는 형태가 많다. 편리하지만 위험하다. 그래서 무섭다. 아무것도 아닌 것이 나를 아무것도 아닌 것조차 제대로 못 쓰는 사람으로 만들어버리기 때문이다.

상황도 스토리가 중요하다

회사가 자체 연수원을 신축하고 있다. 박 팀장은 연수원 신축공사 추진 T/F팀장직을 겸하게 되었다. 그동안 큰 사고 없이 공사가 잘 진척되었다. 그런데 오늘 밤 건물 지붕이 붕괴되면서 근로자 10명이 추락하여 다치는 중대재해가 있었다. 응급구조 후 병원에 이송하였고, 비상연락망을 통해 본사는 물론 유관기관에 모두 전화로 알렸다. 그리고 최대한 빨리 사건개요를 정리해서 본사는 물론 연수원 소재지의 산업안전을 담당하는 고용노동부 관할 지청, 시청, 경찰서 등 유관기관에 보내야 한다. 어떻게 해야 할까?

하수라면? 있는 상황만 그대로 정리한다. '일시 → 장소 → 사고 발생 경위 → 재해자 명단 → 붕괴 원인 → 사고대책팀 구성' 등 사고경위와 현황을 정리했다. 상황보고서는 잘 쓰기보다 빨리 쓰기가 중요하니까 다음 쪽의 v.1을 써서 일단 빨리 보냈다.
v.1은 전형적인 상황보고서다. 그런데 아무리 상황보고지만 뭔가 허술해 보인다. '그동안 조치한 것이 사고대책팀 구성밖에 없

연수원 중대재해 동향 보고

('15.3.3, 연수원 신축추진 T/F 팀장 박섬세)

□ 일시

□ 장소

□ 사고발생 경위
  ○
  ○
  ○

□ 재해자 명단

□ 붕괴원인
  ○ 현재 조사 중
  ○ 정확하지는 않지만 과거의 사고 관례를 보면
    ~가 주원인인 것으로 추측

□ 사고대책팀 구성

연수원 신축현장 붕괴, 10명 추락·중상

('15.3.3, 연수원 신축추진 T/F 팀장 박섬세)

I. 사건 개요 〈 →과거: 도전과 응전〉
  ○ (개요) 언제, 어디서, 누가, 무엇을, 어떻게, 왜(발생 원인을 현재 상태에서 아는대로)
  ○ (조치내역) 병원이송, 가족연락, 유관기관 비상연락, 현장폐쇄, 전면작업중지, 사고대책팀 구성 등

II. 현재 상황 〈 →현재〉
  ○ (재해자) ○○병원 중환자실, 환자가족 동향
  ○ (유관 기관) 관계기관 합동 재해원인 조사 중
  ○ (언론 보도) ○○방송·신문 보도 등

III. 전망 및 대책 〈 →미래: 예상도전, 대응전략〉
  ○ (전망) 향후 예상되는 물질적 손실(약 150억 원 내외), 사회적 파장
  ○ (대응방향) 조치계획 및 본사 건의 등
    - 조기수습: 부상자 치료·복구, 산재 처리 등
    - 재발방지: 재해 원인조사 후 재발방지대책 마련, ~한 방법으로 대국민 사과 등

나? 현재 환자 상태는 어떻지? 언론에는 얼마나 보도됐나? 이 사고로 피해가 얼마나 되지? 앞으로 후폭풍이 얼마나 있을까? 앞으로 뭘 준비하고 판단해야 하지?' v.1을 읽다 보면 이런 궁금증이 생긴다. 보고서를 쓴 사람에게 전화해서 묻고 싶은 것이 많다. 왜 그럴까? 덩어리식으로 되어 있지 않아서다. 즉, 그냥 사실만 나열되어 있고 스토리가 없기 때문이다. '아니, 상황보고서에 무슨 스토리야? 팩트Fact만 제대로 쓰면 되지, 너무 오버하는 거 아니야? 진짜 웃겨!'라고 생각하는가? 아니다. 고수는 절대 여기서 멈추지 않는다.

고수라면? 한 번 더 생각한다. '평온하던 공사현장에 중대재해가 났어. 위기가 있었지. 그리고 나는 뭘 했지? 몇 가지 응급조치했어. 그런데 그게 끝인가?'

밤새워 사고수습을 한 박 팀장은 피곤함에 풋잠이 들었다. 그런데 갑자기 눈앞에 영국의 역사학자 아놀드 토인비 할아버지가 나타나 "인류의 역사는 도전과 응전의 역사이니라!"라는 말을 하고 사라진다. 잠이 확 깬다. "맞아, 도전과 응전이야!"
박 팀장은 생각을 가다듬고 v.2를 만들었다. 일단 '과거 → 현재 → 미래'라는 시간의 흐름으로 MECE 원칙을 적용했다. 그리고 각각 도전과 응전의 개념으로 정리했다. 과거에는 첫 번째 도전인 사건개요와 그 응전인 조치내역을 썼다. 그 결과인 현재는 재해자·언론·유관기관이란 주체별로 정리한다. 미래에는 두 번째 도전, 즉 앞으로 예상되는 문제점과 파장, 그리고 그에 대한 응전인 대응전략을 쓴다.

어떤가? v.1처럼 쓰면 내용을 외워야 인터뷰 등 말을 할 수 있다. 그러나 v.2처럼 쓰면 스토리가 생기면서 읽는 사람은 한번만 보아도 자료 없이 5분은 말할 수 있다. "이러이러한 사고가 나서 이렇게 대응했습니다. 그 결과 현재는 이런 상황입니다. 앞으로 이렇게 전망되니 이러이러한 방향으로 대응하겠습니다."라는 스토리로 말을 할 수 있다. 우리가 이미 조치한 것, 그리고 앞으로 할 것들은 모두 스토리가 있다. 다만 글로 표현하지 않았을 뿐이다. 핑계 없는 무덤이 없듯이 스토리 없는 보고서는 있을 수 없다.

사고가 나면 보고서를 쓰는 나도 답답하지만 읽는 윗사람은 더 답답하다. 읽는 사람이 궁금해할 것들을 꼼꼼히 챙기는 상황보고서를 써보라. 읽는 사람이 쓴 사람을 꼼꼼히 챙기게 된다.

제대로 써야 빨리 쓴다

상황보고서는 당연히 신속해야 한다. 타이밍을 놓치면 허탕이다. 그런데 빨리 쓰려면 어떻게 해야 할까? 사실관계만 빨리 쓰면 될까? 상황보고서니까 대충 쓰면 될까? 아니다. 신속성이 중요하다고 해서 완결성을 포기할 수는 없다. 물론 상황보고서에서도 정책검토보고서처럼 논리적으로 완벽하고, 모든 정보를 심도 있게 분석·비교·검토해서 최적의 대안을 만들어내라는 것은 전혀 아니다. 타이밍을 놓치면 안 되기 때문이다. 다만 완결성은 조금 부족해도 꼭 필요한 부분은 들어가야 한다는 의미다. 즉, 정책검토보고서에서는 사고로 인한 손실이 150억 원인지, 155억 원인지 정확히 계산해야 한다. 그러나 상황보고서에서는 정확한 계산이 아니라 손실액이 약 150억 원 내외 또는 막대할 것이라는 전망 정도가 포함되면 된다.

향후 대응방향도 완벽하게 쓰라는 것이 아니다. 앞으로 이러저러한 방향으로 추진 또는 검토하겠다는 점을 언급하면 된다. 그래야 읽는 사람이 상황보고서를 보고 '그렇지. 이건 빨리 검토해야 되겠구나!'라고 인식하게 된다.

만약 v.1처럼 나열식 상황보고서를 쓴다면, 아주 시간이 급박하지 않는 한 다시 쓰게 될 확률이 높다. 읽는 사람이 알아야 하는 내용이 빠져 있고, 알고 싶어 하는 흐름으로 정리되지 않았고 따라서 고쳐야 하기 때문이다. 결과적으로 더욱 늦어질 뿐이다. 빨리 써야 한다면, 그리고 한 번에 통과하려면 v.2처럼 스토리를 써라. 상황보고서에 맞는 완결성의 의미를 이해하자. 그것이 신속하면서도 정확한 보고서를 쓰는 비법이다.

의견과 사실을 구별하라

상황보고서 v.2의 전반부, 즉 '제목, I. 사건개요, II. 현재 상황'의 공통점은 뭘까? 사실을 쓰는 부분이고, 따라서 사실을 객관적으로 써야 한다. 그런데 사실을 의견처럼 쓰기도 하고, 사실 대신 의견을 쓰는 경우가 의외로 많다. 그러니까 읽는 사람은 어디까지 사실이고, 어디까지 의견인지 헷갈린다.

제목을 보자. v.1은 '연수원 중대재해 동향보고'다. 분명히 사실을 쓰고 있는데 추상적이다. 사실의 핵심인 구체성이 없기 때문이다. v.2는 '연수원 신축현장 붕괴, 10명 추락·중상'이다. 역시 사실만 있을 뿐 의견은 없다. 그런데 구체적인 제목 한 줄로 다 보여주고 있다. 사실을 사실처럼 쓴 효과다. 발생원인도 마찬가지다. 원인을 알면 아는 대로, 모르면 모른다고 써야 한다(v.2). 정확하지도 않은데 단순히 '과거의 사고 관례상 ~으로 추정'이라고 쓰면 위험하다(v.1). 사실을 쓰는 부분이기 때문이다. 사실에 대한 논리적 추론은 쓸 수 있다. 그러나 주관적 추측을 쓰면 위험하다. 논리적 추론은 논리에 근거한 사실의 확장이지만, 주관적 추측은 사실이 아니라 의견이기 때문이다.

사실보다 플러스 알파다

상황보고서는 사실을 정확히 쓰는 것이 핵심이다. 그런데 사실이라도 정확히 쓴다면 중수는 된다. 여기까지 온 독자라면 사실도 정확히 못 쓰는 하수의 단계는 당연히 넘어섰을 것이다. 이제 고수로 가려면 무엇이 필요할까? 한 번 더 생각해야 한다. 고수는 정확한 사실에 논리적 의견까지 쓴다. v.2 보고서를 보면 'III. 전망 및 대책'이라는 항목이 있다.

입장을 바꿔보자. 읽는 사람 입장에서 타이밍에 맞는 상황보고서란 무엇일까? 여러분이 이사장이다. 사고는 어젯밤에 발생했고, 상황은 이미 전화로 보고받았다. 그런데 오늘 아침에 올라온 상황보고서에 '이런 사건이 이렇게 있었습니다'만 있다면 여러분은 어떤 생각이 들까? '그래서? 나보고 어쩌라고?'가 된다. '앞으로 이런 상황이 전망되므로, 이런 방향의 대응전략을 신속히 검토해야 합니다. 상세한 내용은 추후 보고 드리겠습니다.'라는 쓰는 사람의 의견이 있어야 한다. 생각 정리법 3의 정보 +α를 기억하자.

4. 개요정리보고서
짧을수록 제대로

"박 팀장, 이사장님 국정감사 질의답변 참고자료 다 됐어? 꼭지
별로 무조건 1쪽이야!"

"회의시간 다 됐는데 그 1쪽짜리 안건 붙임자료는 어디 있어?"

"그 사업 있잖아. 개요를 1쪽으로 빨리 정리해봐!"

"이번에 결재받은 행사준비 기본계획 말이야. 1쪽짜리로 요약해
서 이사회에 올려야 해!"

보통 기관장의 질의답변 참고자료는 수백 쪽이다. 그러나 각각
의 담당자들이 쓰는 것은 1쪽짜리다. 신임 장관이 부임하면 부서별
로 '○○국 주요업무보고'를 한다. 30쪽짜리 자료지만 각 사업의 개
요정리 자료가 모인 것이다. 회의가 열리면 안건자료 뒤에 참고자
료가 붙는다. 〈붙임 1〉 ○○사업개요, 〈붙임 2〉 ○○연구결과 요약,
〈붙임 3〉 선진국 제도 시사점 등이다. 모두 1쪽짜리다. '그럼 1쪽짜
리를 잘 써야겠네?' 맞다.

사소해 보이는 1쪽짜리 개요서, 별것 아닌 것 같은 1쪽짜리 요약
자료가 사람을 잡는다. 10쪽짜리 정책검토보고서는 중요하지만 매
일 쓰지는 않는다. 그러나 1쪽짜리는 매일 쓴다. 그만큼 내 이름이
매일 노출되고 보고된다. 얼마나 중요한가?

1년이 지나 또다시 국정감사 시즌이 왔다. 공사는 작년 국감에서 섬세촉진지원금 지급실적 부진으로 홍역을 치렀다. 그래서 그동안 홍보 활성화 방안도 만들고, 열심히 노력했건만 실적은 계속 부진하다. 박 팀장은 '이번 국감에는 그 건 때문에 비판의 십자포화를 넘어 아예 핵폭탄을 맞을 텐데. 그것도 여야 모두에게서 따따블로.'라고 중얼거리며 이사장에게 보고하기 위해 취합한 공사 전체의 국감 질의답변 참고자료를 검토하기 시작한다. 드디어 담당 팀에서 보내온 '5. 지원금 실적부진 원인과 향후 대책'이다. 그런데 뒤죽박죽이다. 덩어리도 없고 성의도 없다. 박 팀장은 '큰일이네. 다시 쓰라고 할 시간은 없고, 차라리 내가 고치자.'라고 생각하며 파일을 수정하기 시작한다. 이제 1쪽짜리는 자신이 있다. '질의답변 참고자료 정도야 한칼이지. 검토보고서도 아닌데 생각이고 뭐고 할 게 있어?' 호흡조절도 하지 않고 해당 팀의 초안을 그냥 쭉 덩어리식으로 재구성한다. 다음 쪽에 있는 '질의답변 참고자료 v.1'을 보면서 흐뭇해한다.

'내가 고쳤지만 나름대로 괜찮네. 흐름도 논리적이고, 부진 원인과 향후 대책이 모두 들어갔어. 게다가 현장에서 그대로 읽을 수 있도록 서술형으로 썼어. 좀 작은 글씨로 빡빡하지만 내용을 다 쓰다 보니 1.5페이지네. 뭐 어때? 내용이 충실하면 되지. 읽는 사람 입장에서 쓰라고 했잖아. 난 역시 섬세해.'

하지만 과연 그럴까? 결론부터 말하면 v.1은 중수의 수준에 그친다. 그런데 뭐가 문제라서 고수의 보고서가 아닐까?

(1쪽)

5. 지원금 실적부진 원인과 향후 대책

○ 섬세촉진지원금은 ~한 사업으로서 그 도입 취지는 ~하려는 것이었음

  - ○○ 현재 지급실적은 ○○명에 대해 ○○억 원으로서 목표대비 ○○○○% 미달된 상태임

○ 이렇게 지급 실적이 부진한 이유는

  - 우선 ~한 측면이 크다고 파악되며, 둘째 ~한 측면도 있다고 판단되는 바

  - 그 근본적 원인은 ○○○○라고 사료됨

○ 그동안 사업 활성화를 위해 '14. 2. 8. 홍보 활성화 방안을 마련하고,

  - ○○○ 제도를 ○○○하게 개선하여 적극 시행하는 등 많은 노력을 기울임

  - 그 결과 ~하고, ○○○한 실적을 거두었지만

  - 아직도 ~하기 때문에 실적이 상승하지 않고 있어 목표대비 크게 부족한 상태임

---

5. 지원금 실적부진 원인과 향후 대책

I. 개요 및 현황 〈→ Why 1〉〈현재〉

○ (개요) 사업 개요 / 현황 / 문제점

○ (부진이유) 문제점의 원인

II. 그간 추진상황 〈→ Why 2〉〈과거〉

○ (경과) 기 시행 조치들(홍보 활성화 방안 등)

○ (평가) 그 조치들의 성과, 한계

III. 개선방향 〈→ How〉〈미래 1〉

○ (단기적) 인식제고 필요 → 홍보가 관건, 기존 홍보 활성화 방안 보완 필요

○ (근본적) 제도 개선 필요 → 지원금 활성화 방안을 수립, 정부에 법 개정 등 건의

IV. 추진계획 〈→ What〉〈미래 2〉

○ (추진체계) 홍보, 제도개선 건의 등과 관련 사내에 전담 T/F 구성

○ (향후 일정) 11월 말까지 T/F 구성, 12월까지 공청회 등 의견수렴, 내년 1월까지 법 개정 건의안 수립, 홍보 활성화 보완계획 마련 등

※ 또는 III과 IV를 'III. 향후 대책'으로 통합

(2쪽)

○ 향후 정부와 협의해서 그동안 문제가 있다고 지적된 ○○○한 부분 등에 대해 근본적으로 제도를 개선해 나가는 한편,

  - 동 제도에 대한 사업주들의 인식을 높이기 위해 ○○○하는 등 사업 홍보에 더욱 노력할 계획이며

  - ○○○ 여러분의 적극적인 관심과 협조를 부탁드림

짧을수록 잘 보이게 써라

　1쪽짜리 보고서에서 범하는 흔한 실수가 '그냥 쭉 쓰기'다. 질의 답변 참고자료가 뭔가? 읽는 사람이 국회, 인터뷰, 주요 회의 등 실수하면 안 되는 중요한 자리에서 답변에 참고하는 자료다. 이런 자리일수록 답변시간이 제한되어 있다. 길게 말하려 하면 말을 사정없이 잘라버린다. 또 그런 자리일수록 준비한 질문은 안 나오고 준비하지 않은 질문, 모르는 질문이 쏟아진다. 그런데 v.1처럼 작은 글씨로 빽빽하게, 1쪽을 넘어 1.5쪽으로, 그대로 읽도록 서술형으로 쓴 답변 참고자료가 도움이 될까?

　이렇게 쓰면 현장에서 한눈에 안 읽힌다. 가뜩이나 생각지도 못한 질문에 당황스럽다. 그런데 이렇게 빽빽하게 쓴 자료가 눈에 들어올까? 쓰는 나는 최선을 다했지만, 읽는 사람은 짜증이 밀려온다. '짧으니까 대충 써도 잘 읽을 수 있겠지.'라고 생각하면 오산이다. 짧은 보고서나 개요정리보고서일수록 가독성이 제일 중요하다. 고수라면 질의답변 참고자료 v.2처럼 정리한다. v.2는 v.1과 비교해 무엇이 다를까?

A. 짧을수록 확실하게 보여준다.

① v.2에서 제일 먼저 보이는 것이 목차다. 'I. 개요 및 현황, II. 그간 추진상황, III. 개선방향, IV. 추진계획'이란 목차가 명확히 보인다. 즉, 짧을수록 문장이 축약되고 논리가 비약될 수 있으므로 생각의 덩어리를 분명히 보여주는 데 집중해야 한다.

② v.2에서는 ○ 옆에 전부 괄호( )를 썼다. 그래야 내용이 한눈에 들어오고, 스토리가 보이기 때문이다. 물어보는 사람이 꼭 순서대로 물어보는가? 이것저것 막 물어본다. 그러면 대답하는 사람도 순식간에 찾을 수 있어야 한다. 그래야 예상치 못한 질문이 나와도 쉽게 찾아 대응할 수 있다.

③ Why부터 시작한다. 즉, 'Why → How → What'의 흐름이다. 그냥 평소 쓰는대로 썼을 뿐인데, '4개의 생각 덩어리'가 적용되었다. 이는 Why(1, 2) → How → What이 어떤 주제를 논리적으로 설명하는데 있어서 자연스럽게 적용되는 스토리임을 말해준다. 그리고 당연히 다른 스토리도 가능하다. 'Ⅲ. 개선방향'과 'Ⅳ. 추진계획'을 'Ⅲ. 향후 대책'으로 합쳐보자. 그러면 어떤 스토리가 될까? '현재 → 과거 → 미래'의 흐름이다. '현재 이런 문제가 있습니다. 그동안 해결하려고 이런 노력을 했습니다. 나름대로 성과도 있었지만 미흡한 점도 있습니다. 앞으로 이렇게 할 테니 협조 부탁드립니다.'라는 스토리다. 스토리는 고정된 것이 아니다. 무엇이든 '어떻게 하면 상대방이 쉽게 이해할 수 있을까?'라는 생각을 하면서 만들면 된다. (물론 기관이나 사람에 따라서는 v.1의 방법을 선호할 수 있다. 그러면 그에 맞추면 된다. 다만, 그 경우도 가급적 키워드식 서술이 현장에서 활용하기에 더 편하다는 것이 필자의 경험이다.)

B. 짧을수록 많이 버린다

1쪽짜리는 1쪽으로 끝내자. 1쪽을 쓰라고 해도 꼭 1.5쪽을 쓰는 사람이 있다. 아니면 보통 보고서보다 작은 글씨와 빡빡한 줄 간격으로 1쪽을 맞추는 사람이 있다. 쓸 내용이 많아서 그럴까? 아니다. 줄이지 못하는 것뿐이다. 1쪽이 넘어가면 한눈에 들어오지 않는다. 즉, 가독성이 현저히 떨어진다. 덩어리를 생각하면 곁가지는 버릴 수 있다. 내용이 많으면 '붙임'으로 붙이면 된다. 모든 것을 본문에 다 넣으려 하지 마라.

C. 짧을수록 더 짧게 쓴다

질의답변 참고자료를 읽는 사람이 그대로 읽을까? 절대 아니다. 읽는 사람들은 기계가 아니다. 질의답변 자료가 아니라 질의답변 참고자료다. 그대로 읽는 자료가 아니라 답변에 참고하라는 자료다. 입으로 읽기가 아니라 머리로 생각하기에 도움이 되는 자료를 쓰자. '~하였으며, ~하였는 바, ~했다고 판단되고, ~하도록 할 계획이니, ~차원에서 많은 협조 부탁드림' 식의 죽죽 늘어지는 만연체로 쓰지 마라. 숨이 막히고, 생각이 막히며, 입이 막힌다. 대신 숨통이 확 트이는 간결체로 써라. 글이 짧을수록 의미는 더욱 분명해야 한다.

정확하면서도 유연하게 써라

보고서를 쓰다 보면 대부분 자의든 타의든 핵심만 정리해야 한다는 압박을 받는다. 그 부담에 앞뒤를 자르다 보면 맥락이 흐트러지고 사실까지 왜곡되는 경우가 다반사다. 국회 답변자료이거나 언론사 인터뷰자료라면 엄청난 후폭풍이 있을 수도 있다. 따라서 짧은 보고서일수록 사실관계와 맥락이 왜곡되지 않도록 주의해야 한다. 문장의 요약만으로는 도저히 정확하게 설명할 수 없다면 앞에서 말한대로 붙임자료를 적극 활용하자.

동시에 정확하면서도 유연해야 한다. 짧게 쓰다 보면 너무 그 부분만 쓰거나 지나치게 단정적으로 표현하는 경우가 있다. 질문의 주제가 '지원금 실적부진 원인과 향후 대책'이다. 그렇다고 질문자가 실적부진의 원인과 향후 대책만 물어보는 것은 아니지 않은가? "그 지원금 지급요건을 아세요? 언제 도입했지요? 지금까지 실적은 얼마나 되지요? 올해 실적은요? 작년엔 특히 부진했는데, 왜 그런가요? 지금까지 활성화시키려고 어떤 조치를 했어요?" 등 거의 모든 것을 물어본다. 실적부진의 원인과 향후 대책이 핵심이 되는 것은 당연하다. 그러나 제도의 개요, 도입취지, 현황 등 전반적인 부분도 언급해놓아야 예상치 못한 질문에도 답할 수 있다. 또 지나치게 단정적인 문구로 표현하면, 경직되어서 다른 여지를 생각할 수 없게 된다. 예를 들면, 아무리 짧은 보고서라도 '~는 바로 도입은 어려우나 지적의 취지를 고려하여 개선방안을 검토'라는 식의 한 줄 정도는 필요하다. 마지막 한 줄의 이 유연함이 고수의 보고서로 만든다.

5. 회의 참고자료
현장에서 도움이 되도록

대부분의 조직에서는 중요한 의사결정이 회의를 거쳐 이루어진다. 회의는 모여서 의제를 논하는 자리다. 또는 회의라는 말을 쓰지 않아도 간담회, 모임, 토론회, 포럼 등 정말 다양한 자리가 있다. 이런 회의에서 배가 산으로 가지 않도록 하기 위해 미리 할 말을 준비하는 글을 쓴다. 인사말씀 요지, 회의안건 검토자료, 토론 참고자료, 회의진행 시나리오 등 참석자의 말을 도와주는 글이 회의 참고자료다. 제일 어렵게 느껴지는 회의안건 검토자료를 보자.

박 팀장은 이사장이 국정감사 때 답변한 대로 정부에 건의할 제도 개선방안 초안을 만들었다. 공사 내 여러 팀에 걸친 일이라 기획총괄팀에서 만들었다. 여러 대안 중 하나가 '지원금 활성화 지원팀 신설'이다. 회사 내 관련 팀의 의견을 사전 조회한 결과, 각 팀의 반대가 만만치 않다. 특히 예산팀, 조직팀, 법무팀에서는 비수 같은 반대의견을 냈다. 박 팀장의 대안을 비현실적인 아이디어로 뭉개버린 것이다. 내일 오전 10시, 이사장 주재 회의를 통해 결정하기로 했다. 박 팀장은 다른 팀장들과 일전一戰을 불살라야 한다. 다른 팀의 반대의견에 분기탱천한 그는 직접 펜대를 잡고 '타 부서의견 검토자료 v1.'일필휘지로 써내려간다.

〈타 부서의견 검토자료 v.1〉

II. '지원금 활성화 지원팀 신설' 관련

> 1. (예산팀) 예산이 없어서 금년 중 별도
>   조직 신설은 불가, 내년 예산 편성시 검토

○ 예산팀은 금년 중 별도 편성된 예산이 없다는
   이유로 조직신설을 반대하고 있으나

   - 예전에도 ~사례가 있었으며 다른 기관에서도
     ~사례가 있었음

○ 지원금의 목적은 ~이며, ~이므로 활성화가
   필요하고, 특히 ~하므로 시급한 바

   - 이 건의 목적은 ~이므로 규정상 전용 및
     내역변경사유에 해당하며, 현재 전용
     재원도 일부 남아 있어 가능함

○ 이런 점을 종합 고려할 때 예산팀의 의견은
   수용하기 곤란함

> 2. (조직팀) 정부 'ㅇㅇㅇ지침' 상 신규
>   정원을 반영한 별도 조직 신설은 불가

○ ~라는 점에서 활성화가 필요하고, 시급한 바
   별도 조직 신설이 바람직

○ 다만 ~하다는 점을 고려해서 우선 T/F팀으로
   구성하고, 조직 신설은 성과를 보며 추진

〈타 부서의견 검토자료 v.2〉

II. '지원금 활성화 지원팀 신설' 관련

> 1. (예산팀) 예산이 없어서 금년 중 별도
>   조직 신설은 불가, 내년 예산 편성시 검토

▢ **수용불가** → 전용, 내역변경으로 확보 가능
   〈→ 주장〉

   ① (규정) 별도편성 예산 없음. 그러나 ㅇㅇ
   규정상 이런 경우는 전용 또는 내역변경 가능,
   유관 기관 협의 없이 내부결재로 가능
   〈→ 근거 1〉

   ② (통계) ㅇㅇ현재 예산잔액 A억 원, 향후
   집행예상 B억 원, 전용가능 C억 원(A-B)
   〈→ 근거 2〉

   ③ (경험) 과거, 타 기관 사례 〈→ 사례〉

> 2. (조직팀) 정부 'ㅇㅇㅇ지침' 상 신규
>   정원을 반영한 별도 조직 신설은 불가

▢ **일부 수용** → T/F팀 구성 후, 조직 신설 추진
   〈→ 주장〉

   ① (규정, 논리, 이론 등) 〈→ 근거1〉

   ② (통계) 〈→ 근거2〉

   ③ (경험) 〈→ 사례〉

같은 말을 다시 쓰지 마라

회의 참고자료는 말 그대로 회의 때 참고할 수 있어야 한다. 더구나 쟁점을 토론하는 자리라면, 나의 논리와 그것을 뒷받침하는 근거가 일목요연하게 준비되어 있어야 한다. v.1에서처럼 줄줄이 나열한 참고자료를 보면 실제 참고가 될까? 이렇게 쓰면 귀로는 다른 사람의 말을 들으면서, 머리로는 할 말을 준비하고, 눈으로는 내 말의 근거를 찾아야 한다. 없는 것보다는 낫지만, 큰 도움은 안 된다. 우리는 중수가 아니라 고수가 되어야 하지 않는가?

토론 자료는 최대한 그 쟁점爭點, 즉 싸우는爭 포인트點를 보여주어야 한다. v.1을 보면, 싸우는 포인트가 한눈에 잘 안 보인다. 그리고 일반적인 필요성이나 시급성은 회의 안건자료에서 이미 다 설명했든지 아니면 앞의 쟁점에서 한두 번씩은 이미 언급되지 않았을까? 쟁점마다 똑같은 필요성과 시급성을 반복해서 말할 필요가 있을까? 그렇게 하면 다른 사람들은 '저 사람은 특별한 논리가 없네. 그러니까 일반론만 반복하지.'라고 생각한다. 하지만 v.2는 다르다. 일반적인 필요성이나 시급성은 이미 앞에서 설명했을 테니까 쟁점별로는 생략했다. 대신 각각의 쟁점을 직접 설명하는 특화된 논리에 집중한다. 각각의 논리를 쓰기에도 시간과 분량이 부족한데, 왜 같은 말을 반복하는가? 그 정도는 말하는 사람의 능력에 맡겨야 한다. 그것도 못해서 쟁점마다 똑같은 내용을 써달라는 상사라면 포기해라. 웬만한 상사라면 그 정도는 아니다. 고수는 같은 말을 반복해서 쓰지 않는다.

중요한 말을 돌려쓰지 마라

고수는 안 싸우고 이기기 원하지만, 싸워야 한다면 피하지 않는다. 그런데 어떻게 하면 잘 싸울 수 있을까? 무조건 말을 많이 하고 빨리하면 될까? 상대방을 설득하는 데도 스토리가 있다. v.2를 보면 '주장 → 근거 → 사례'라는 스토리가 보인다. 상대방을 설득하는 대표적인 논리의 틀인 두괄식을 적용한 것이다.

우선 쟁점별로 상대방 의견에 수용인지 불수용인지, 내 주장을 명확히 쓴다. 그래야 읽는 사람이 이해하기 쉽다. 그다음 그렇게 생각하는 근거를 쓴다. 근거에는 논리적 근거(규정·논리·이론 등)와 분석적 근거(통계 등)가 있다. 마지막으로 사례를 든다. 사례도 십자형 전법으로 생각해보자. 종적으로는 우리 기관의 과거 사례를, 횡적으로는 타 기관의 사례를 든다(사례를 경험적 근거로 볼 수도 있다).

일반론인 필요성과 시급성만 10분 동안 말하면 입만 아프다. 그러나 '주장 → 근거 → 사례'는 1분만 말해도 설득력이 있다. v.1은 '사례 → 근거 → 주장'의 순서로 쓴 사례다. 물론 이러한 미괄식도 하나의 논리 형태다. 그러나 최소한 토론 참고자료에는 적합지 않다. 실제 회의에서 v.1대로 말한다고 생각해보자. 처음 사례를 얘기하는 과정에서 이미 상대방은 귀를 닫는다. '그래서 당신의 의견은 뭐야?'라는 말을 하고 싶어진다. 차마 말을 하지 않고 참을 뿐이지, 듣는 시간이 아깝다고 느낄 것이다. 결과는 뻔하다.

없는 말을 부풀리지 마라

v.1에서는 쟁점별로 1쪽씩 총 2쪽을 쓰고 있다. '이렇게 쟁점별로 1쪽씩 착착 써야 보는 사람이 편하겠지? 배운 대로 해야지!'라고 생각하는가? 아니다. 1쪽에 쟁점이 2개이든 3개이든 들어갈 수 있는 만큼 넣어야 한다(단, 빽빽하지 않게 말이다). 특별히 더 쓸 내용도 없는데 군이 쪽수를 늘릴 필요가 없다. 이렇게 쓰면 읽는 사람에게는 두껍고 무겁기만 한 자료가 된다. 토론 참고자료니까 토론에 참고만 할 수 있으면 된다. 얇고, 가볍고, 한눈에 보여야 한다. 여하튼 이 회의 참고자료 v.2의 효과는 어땠을까?

드디어 결전의 날! 회의 참석자는 각 팀장이다. 오늘 따라 절전방침으로 대회의실은 난방이 안 된다. 매서운 삭풍이 휘날리는 한겨울의 광야와도 같다. 팽팽한 긴장감도 잠시뿐, 회의가 시작되자마자 승부는 의외로 쉽게 끝나버렸다. 박 팀장이 주장, 근거, 사례 순의 두괄식 화법으로 몇 마디 발언하자마자 이사장은 고개를 끄덕인다.
"그거 말 되네. 다른 분들은 특별히 더 할 말 있나요?"
예산팀장이 용기를 내서 반박을 시도한다.
"관례를 보면 그런 적이 없고, 현재 예산이 얼마가 남아서~"
이사장은 여기서 말을 자른다.
"그래서? 결론이 뭔가요? 주장이 뭐예요? 반대인지 찬성인지 알 수가 없네."

싸늘해진 분위기 탓에 조직팀장과 법무팀장은 말 한마디 못하고 돌아갔다. 기획총괄팀의 완승! 의기양양해진 박 팀장은 직원들과 실로 오랜만에 한우를 먹으러 갔다.

6. 외부보고서
보고 · 협의 · 설명 · 말씀 자료

외부보고서라고 해서 내부보고서와 다른 특별한 형식이 있는 것은 아니다. 다만 공개된다는 점에서 차이가 있다(비공개라고 해도 결국 공개된다고 생각해야 한다). 따라서 더욱 원칙적이며 정리된 의견을 써야 한다는 점이 다르다. 지금부터 실제 사례를 놓고 생각 정리하기, 풀어내기, 보여주기의 3요소를 종합적으로 꼼꼼하게 분석해보자.

보고자료

조직 내외를 막론하고 나보다 상급자에게 업무를 보고하는 경우다. 현재 상태를 보고하면 '주요업무 추진현황', 계획 위주로 보고하면 '○○년 업무 추진계획'이다. 각종 업무의 현황 또는 계획을 정리하는 것이므로 내부보고서 중 개요정리보고서와 유사하다. 그럼 '짧을수록 잘 보이게 써라'가 생각나야 한다. 바로 스토리텔링식 보고서다.

● 사례 - 강원지청 2013년 주요업무 추진계획 보고

한 기관의 전체 업무를 어떻게 스토리텔링식으로 정리할까? 2013년 초, 고용노동부 본부에서 장관 주재로 본부의 전 간부와 8개 지방청장이 참석하는 전국 기관장 회의가 있었다. 그때 강원지청장이던 필자가 강원지역의 2013년 주요업무 추진계획을 2쪽으로 보고했던 자료가 다음 쪽에 있다.

무엇이 제일 먼저 보이는가? 중간 목차에 있는 '협업, 지역, 현장'이란 단어다. 어떤 의도가 있었을까? 이런 회의 때마다 항상 서울청장부터 강원지청장까지 8개 지방청장이 직제 순으로 업무보고를 한다. 처음 서울청장이 보고할 때는 참석자 모두 집중한다. 두 번째인 중부청을 지나 세 번째 부산청 순서가 되면 하품을 하는 사람이 생긴다. 네 번째 대구청, 다섯 번째 광주청을 지나 여섯 번째 대전청이 되면 상당수가 혼수상태가 된다. 일곱 번째 경기지청을 지나 마지막 여덟 번째 강원지청 순서가 되면 '특별한 거 없으면 생략하지. 눈치도 없네!'라는 무언의 압력이 하늘을 찌른다.

왜 그럴까? 8개 지방청의 업무보고 내용이 대동소이하기 때문이다. 지방관서는 본부에서 결정된 정책을 집행하는 기관이다. 그러니까 항상 업무보고 자료가 사업별 실적 차이만 있을 뿐 주요 내용은 유사할 수밖에 없다. 이렇게 하면 보고자는 보고를 하지만 보고받는 사람 입장에서는 잘 들리지 않는다.

강원지방고용노동지청

1. 2013년 주요업무 추진계획

≪ 13.3월 말 현재 강원지역 고용노동 동향 ≫

❖ 고용 지표는 호전 중이나 전국 평균에 비해서는 낮은 수준
  - 경활참가율 55.5%(전년 동기비 0.4%p↑/전국 60.5%)
  - 고용률 54.2%(1.6%p↑/전국 58.6%)

❖ 안정적 노사관계 지속, 재해율은 동일하나 전국 재해율 상회
  - 노사분규 1건 발생('12년 1건)
  - 2월 말 현재 전 업종 재해율 0.13%(전년 동기비 0/전국 0.10%)

□ 고용률 70% 달성은 지역·기관 간 "협업" 프로그램으로

○ (**G7-Up 프로젝트**) 비경활인구의 노동시장 진입 촉진을 위해 「**지역특성**」과 「**계층특성**」을 동시 고려하는 특화 프로그램 추진 중
  (**사례보고** 강(G)원도 고용률 7% 향상(**Up**): '12년 62.9% → '17년 70%)

  * (**여성: 맘(Mom)-편한 일자리**) 일·가정 양립 가능한 여성 일자리 창출
  * (**청년: 특별설명회! 전방에 가다**) 전방부대 장병을 찾아가는 직업지도
  * (**중장년: 4060-일福 드림**) 지역특화 중장년층 전직 지원 서비스

○ (**협업으로 취업서비스 품질 향상**) 양질의 일자리가 부족한 지역 특성을 지역 간·기관 간 협업을 통한 공동 노력으로 극복

  - **센터 간 협력으로 재취업률 향상:** 재취업률 집중관리 기간(12~5월) 등 우수센터 노하우를 공유하여 강원지역 전체 실적 공동 견인
  * '13.3월 말 재취업률 전국순위: 영월 66.6%(1위), 춘천 61.1%(2위), 원주 54.2%(3위)

  - **기관 초월한 패키지 공동 학습:** 강원지청 취업성공패키지 연구 모임·간담회를 타 센터·지자체에 확대·운영하여 사업 활성화
  * 패키지 공동 학습(4.9, 4.18), 센터-지자체 간 담당자 간담회(4.12)

  - **우량 구인기업 공동 발굴:** 센터별 우량 구인기업 명단을 상호 공유하고 특성화고 등 구인정보가 필요한 기관에 배포
  * 강원지역 '13.3월 말 구인 건수(4,009건)는 전년 동기대비 9.7% 증가(전국 0.3%↑)

□ 근로자 보호와 노사협력은 "**지역**"밀착으로

 ○ **(지역특화 기획형 수시감독)** 지역산업에서 차지하는 비중이 크면서도 근로조건이 취약한 5대 분야*를 선정, 집중적 수시감독

  * ①콘도·골프장 등 관광레저시설 ②유명먹거리 전문점(닭갈비·막국수 등) ③노인병원·장기요양기관 ④건설현장 ⑤의료기기 제조업

 ○ **(노사민정 협의체 활성화)** 협의체 활동이 미진한 지자체 대상으로 지역 노사민정협의회 신규 설치 및 활성화 독려(○○시)

  * ○○시(협의회 미구성), ○○시·○○군(조례 미제정)에 공문 발송(5월 중) 등

□ 산재예방은 "**현장**"중심으로

 ○ **(기관장 현장지도)** 화학사고 예방을 위해 화학물질 취급사업장, 공정안전관리 사업장 등을 중심으로 전 지청장 매주 현장 지도

  * '13.4월 말 지도실적: 강원(3), 강릉(3), 원주(3), 태백(5), 영월(3)

 ○ **(일선 협의체와의 연계 강화)** 권역별(영동·영서) 임업 재해예방 협의회 정기 개최, 자율안전보건 협의체*와의 공동예방활동 강화 등

  * 서비스업리조트협의회, 동홍천–양양 간 고속도로협의체, 춘천안전보건협의회 등

 ○ **(현지 중심 브랜드사업)** 안심일터 지역본부별 재해예방 브랜드사업 추진

  * **강원**(도전! 안전사고 Zero), **강릉**(건설업 사고성 재해율 감소), **원주**(서비스업 안전보건의식 제고), **태백**(Safety LTE Project), **영월**(Young World 2013)

□ "**협업·지역·현장**" 동력 확보를 위한 행정 인프라 구축

 ○ **(대내적)** 강원도 내 소속기관 간 체계적이고 긴밀한 업무협조를 위해 「**기관장 및 기능별 업무부서장 협의체**」 구성(격월)

  * 기관장협의회, 근로감독협의회, 산재예방협의회, 고용센터협의회

 ○ **(대외적)** 지역 내 일자리 정책을 실질적으로 협의·조정하기 위해 핵심 정책기관 간 「**강원지역 고용정책조정회의**」 운영(분기별)

  * 고용노동부 강원지청, 강원도, 강원도교육청, 강원지방중소기업청 담당과장

 ○ **(자문·여론)** 우리 부 행정서비스에 대해 자문 활동을 수행할 전문가 풀을 구성하여 「**강원지역 고용노동행정 자문단**」으로 활용

필자는 고용노동부 본부의 기획재정담당관실에서만 만 5년을 근무했다. 전국 기관장 회의는 정말 많이 준비해 보았다. 그래서 이런 회의 분위기를 잘 아는 터라 참석자들이 우리 지청의 '세부사업 실적'이 아니라 '업무추진 전략'을 기억하게 하고 싶었다. 먼저 직원이 써온 초안을 살핀 다음, '고용정책분야 = 협업, 근로자보호 · 노사관계 분야 = 지역, 산재예방 분야 = 현장'이라는 식으로 분야별 콘셉트를 부여했다. 즉, 수평적 MECE 원칙을 적용한 것이다.

그런데 얼핏 보면, 이 콘셉트는 분야마다 별도의 개념으로 보인다. 그래서 전체를 엮어 하나의 스토리가 되도록 만들었다. 즉, '강원도는 지역은 넓지만 행정 대상이 적어서 직원 수가 적습니다. 이런 여건에서 성과를 내려면 기관들끼리 협업이 중요하다고 판단했습니다. 직원 수는 적지만 지역 현실에 더욱 밀착하겠습니다. 가야할 지역은 넓지만 최대한 현장을 직접 뛰겠습니다.'라는 하나의 메시지로 연결시킨 것이다. 실제 필자는 약 2분간 보고하고 이런 취지로 마무리했다. 당시 필자의 보고를 받고 참석자들이 어떤 생각을 했는지는 모른다. 분명한 것은 아무도 강원지청의 세부 사업실적은 기억하지 못한다는 것이다. 보고한 필자도 가물거리니까 말이다. 하지만 최소한 '강원지역 = 협업, 지역, 현장'이란 보고의 틀, 강원지청이 여건은 어렵지만 효율적으로 행정을 하려고 노력한다는 스토리는 기억에 남았을 것이라고 확신한다.

한편, 문장 쓰기의 특징을 보자. 우선 모든 문장이 2줄 이내다. 꼬리 달린 문장, 즉 1.2줄짜리 문장이 하나도 없다. 그리고 문장이 대부분 한 호흡이다. 특별한 이유가 아니면 두 호흡으로 안 썼다. 즉,

'섬세문 쓰기의 ABCDE' 원칙을 지키고 있다. 만약 3줄 이상의 문장이 4~5개가 되고, 1.2줄짜리 꼬리가 4~5개 있었다고 생각해보자. 훨씬 빡빡한 보고서, 읽기 어려운 보고서, 의미가 안 보이는 보고서가 되지 않았을까? 문장 쓰기차원에서 볼때 가장 특징적인 부분은 □ 부분, 즉 중간 목차 부분이다. 마지막을 제외한 중간 목차 3개가 모두 '○○은 ○○으로'라고 되어 있다. 이는 방향성을 강조하기 위해서다. 즉, '협업, 지역, 현장'으로 간다는 느낌을 강조하기 위해 동사 대신 '으로'라는 방향을 나타내는 조사로 끝냈다. 상투적 표현인 '협업프로그램으로 추진'보다는 역동적이지 않은가?

편집에서도 다섯 가지 생각 편집법을 충실히 따랐다. 중요 단어와 문구는 진하게 해서 강조하고, 문단과 문단 사이는 최대한 벌렸다. 양다리 문장과 문단도 당연히 없다. 덩어리가 잘 보이도록 말이다. 가장 특징적인 것은, 역시 목차의 '협업, 지역, 현장'이란 단어다. 견고딕에 글자색을 넣어 확 튀게 했다. 당연히 필자의 의도, 스토리, 메시지에 읽는 사람들을 몰입시키기 위해서였다. 그 단어를 보는 순간 밑의 세부 내용보다는 메시지에 집중하게 되기 때문이다.

이렇게 전체를 분석해보면 생각 정리하기, 풀어내기, 보여주기 3요소가 하나로 묶인다. 즉, '기획·쓰기·편집'이라는 보고서 작성의 3단계는 별개가 아니라 '덩어리와 스토리'라는 개념으로 일관되게 연결된다는 것을 알 수 있다.

협의자료

　기관 대 기관으로서 우리 업무를 다른 기관에 설명 또는 설득하는 자료다. 예를 들면, 외부기관과의 회의에서 우리 사업을 설명하고 협조를 구하는 '외부 회의자료', 예산을 확보하기 위해 우리 사업계획을 설명하는 '예산 설명자료' 등이 있다. 내부보고서의 개요정리보고서와 유사한 형태다.

　　박 팀장이 외부 회의자료를 하나 써야 한다. 한국파워공사의 회의에 참석할 국장님을 위한 자료로 섬세촉진지원금 활성화를 위해 협조를 요청하는 내용이다. 박 팀장도 사람인지라 '이~까~이 꺼! 30분이면 쓰지. 뭐 높은 사람에게 보고하는 것도 아니잖아. 그리고 이사장님이 참석하는 회의도 아닌데 뭘. 토론자료도 아니고 단순 사업 설명자료니까 대충 쓰자!'라는 생각이 든다.

　아직도 대충이란 하수 시절의 오랜 습관이 박 팀장의 머리에, 마음에, 손에 정말 찰거머리처럼 붙어 있다. 그래서 정말 대충 썼다. 당연히 초전박살이 났다. 아무리 고수라도 습관은 무섭다.

　● **사례 - 강원도청에 제출한 고용노동부 강원지청의 회의자료**
　강원도청이 주최한 회의에 협조 안건으로 제출한 사례다. 섬세문에서 제일 먼저 눈에 띄는 변화가 무엇인가? 이제는 쉽게 보인다. 나열식에서 스토리텔링식 보고서로 바뀌었다. 원문을 보면, 추진상

〈회의자료 원문〉

5.29(수) 14:00 강원경제진흥확대
회의 자료(산재예방분야)

화학사고 등 중대재해 예방

□ **개요**

　○ 최근 연이어 발생하는 화재, 폭발, 누출 등 화학사고 및 중대재해로
　　 인한 근로자 및 주민의 피해를 예방하기 위한 대책이 필요

□ **추진상황**

　○ 화학사고 예방을 위하여 주요 화학물질 취급 사업장 기관장 주 1회
　　 직접 방문지도

　○ 화학물질 폭발, 누출 등 사고 예방 및 수습을 위한 유관기관 비상
　　 연락망 구축 및 업무협약을 통한 대응체계 확립

　○ 지방자치단체가 직접 시행하는 사업(공공근로 등)의 산업재해 예방을
　　 위하여 안전보건관리 총괄 관리부서 지정 유도 및 지방자치단체
　　 공무원대상 산업재해 예방 교육 추진

　○ 임업관련 중대재해 예방을 위하여 유관기관이 참여하는 권역별
　　 (영서·영동권) 임업재해예방협의회 연 2회 운영

□ **협조사항**

　○ 화학사고 등 중대재해를 예방하고 원활한 사고 수습을 위한 고용
　　 노동부와 강원도청(소방본부) 간 업무협약(MOU) 체결

　○ 자치단체가 직접 시행하는 사업 관련 산업재해를 예방하기 위하여
　　 자치단체 안전보건관리 총괄 관리부서 지정 및 사업담당 공무원
　　 산업재해예방 교육('13.10.2, 강원도청 교육장) 적극 참여

　　※ 안전보건관리 총괄 관리부서 지정 : 고용노동부는 지방자치단체가 각 부서별로
　　　 직접 사업을 시행하면서 안전보건관리 부서를 지정함으로써 체계적인 산재예방을
　　　 위하여 안전행정부장관 주재 전국행정부지사 회의('12.11월, '13.2월)에서 요청

　○ 사고 발생 시 유관기관 간 신속한 상황 전파 등 공조체제 유지

　○ 화학사고와 임업, 건설업 관련 중대재해 예방을 위하여 사업주의
　　 관련 업무 종사 근로자에 대한 안전보건 교육 철저 지도

　　※ '13.5.28 현재 강원지역 업종별 사망재해 현황9명) : 임업 2, 건설업 2, 제조업 1, 기타 3,
　　　 금융업 1

　○ 자치단체 발주 각종 공사(임업, 건설공사 등) 관련 법정 산업안전
　　 보건관리비 계상 및 적정 사용 지도

3. 화학사고 등 중대재해 예방

☐ **사업개요**

○ 최근 연이어 발생하는 화재, 폭발 등 화학사고 및 중대재해 예방을 위하여 사업주 교육 및 감독 강화

　* '13.5월 현재 업종별 사망재해: 임업(2), 건설업(2), 제조업(1), 기타(3), 금융업(1)

☐ **추진상황**

○ **기관장 현장 지도 등 사업장 감독 강화**

- 화학사고 예방을 위해 화학물질 취급 사업장을 중심으로 강원도 내 5개 전 고용노동 기관장 매주 현장 방문 지도

- 화학사고와 임업·건설업 관련 중대재해 예방을 위하여 사업주 대상 안전보건 교육 실시

○ **유관기관 및 지역 협의체와의 연계 강화**

- 화학물질 폭발, 누출 등 사고 예방 및 수습을 위한 유관기관 비상 연락망 구축 및 업무협약을 통한 대응체계 확립

- 권역별(영동·영서) 임업 재해예방협의회 정기 개최, 자율안전보건 협의체와의 공동예방활동 강화

☐ **향후계획**

○ **고용노동부-강원도청(소방본부) 업무협약 체결 추진**

- 화학사고 등 중대재해 예방 및 사고 수습을 위한 협조체계 마련

○ **지자체가 시행하는 각종 사업의 산업재해 예방 철저**

- 안전보건관리 총괄 관리부서 지정* 및 사업담당 공무원 대상 안전교육('13.10.2 예정) 실시

　* 안행부-고용부 기 협의사항('12.11월), 5월 현재 강원도(18개 지자체) 5개 지정

- 지자체 발주 각종 공사(임업, 건설공사 등) 관련 법정 산업안전 보건관리비 계상 및 적정 사용 지도

황, 협조사항이란 핵심 목차에서 각 항목(○)이 4~5개씩 나열되었다. 즉, 4~5개의 정보가 스토리 없이 나열되고 있다. 회의 참석자들이 각자 자기가 할 일이 무엇인지 쉽게 확인할 수 있을까?

아무리 간단한 설명자료라도 스토리가 있어야 한다. 섬세문을 보자. 추진상황과 향후 계획에 각 항목(○)이 각각 2개 있다. 그 2개가 바로 '내'가 하는 것과 '남'이 하는 것이라는 스토리다. 원문에 있던 4~5개의 정보를 모아서 재구성한 것이다. 즉, 추진상황에서는 '우리는 이렇게 노력합니다. 그리고 다른 기관과 저렇게 협력합니다.' 라는 메시지를 전달한다. 향후 계획에서는 '우리는 이렇게 할 것입니다. 여러분은 저렇게 해주세요.'라고 말한다. 이렇게 각각의 역할을 구분하여 보여준다면, 참석자들이 각자 할 일을 정확히 이해하고 가지 않을까?

글쓰기에서도 역시 모든 문장이 2줄 이내이고, 0.2줄이 없다. 대부분 한 호흡이고, 편집도 중요 부분에 진한 글자가 적절히 들어가 있어서 의미의 흐름이 잘 보인다. 이는 0.2줄 없애기 덕분이다. 중요한 것은 원문보다 공간에 훨씬 여유가 있으면서도 내용은 충실하다는 점이다. 그리고 내가 하는 것과 남이 하는 것이라는 스토리가 확실히 보인다. 역시 보고서 작성의 기획 · 쓰기 · 편집 3단계가 한 묶음이다.

설명자료

대표적인 외부용 자료가 일반 국민을 위한 설명자료다. 흔히 말하는 언론 보도자료, 기자간담회 자료 같은 것이다. 언론 보도자료는 기자를 대상으로 하지만, 결국 국민에게 설명하는 자료다. 어떻게 써야 할까? 여기까지 온 여러분은 이제 쉽게 말할 수 있다. 역시 스토리다.

많은 사람이 보도자료를 쓸 때 대부분 사실관계, 즉 흔히 말하는 팩트 위주로 쓴다. '당연한 것 아니야? 언론 보도자료는 사실을 알리는 것이 주목적이잖아?' 그렇다. 그런데 그게 전부는 아니다. 우리가 진정 알리고자 하는 것이 사실만일까? 아니면 그 사실의 의미일까? 사실만을 나열한 보도자료를 가지고 기자는 어떤 기사를 쓸 수 있을까? 사실만 그대로 받아 쓰거나 어떤 의미가 있는지 따로 취재해서 써야 한다. 아예 처음부터 그 사실이 갖는 의미를 정확히 전달하는 보도자료를 써보자. 그러기 위해서는 나열식이 아니라 스토리텔링식 보도자료를 써야 한다.

● 사례 – 인사 관련 보도자료

다음 사례는 승진심사 결과에 관한 보도자료다. 관례를 보면, 공무원 승진이 있으면 그냥 '몇 월 며칠 자 ○급 승진 ○명, 승진자 ○○과장 홍길동, ○○과장 박길동, ○○과장 김길동'이라는 사실만 언론사에 보낸다. 그럼 그대로 사실관계가 나온다. 대부분의 일반인은 '혹시 내가 아는 사람 있나?' 정도의 반응을 보일 것이다. 인

열린 고용! 열린 인사! 고용부의 "열열(熱烈)행보"

– 고용부, 고졸출신 발탁승진 등 안으로부터 '열린 고용' 실천 –

□ 지난해 9월 「열린 고용사회 구현방안」 발표 후 사회전반에 고졸 채용 붐이 일어나는 가운데, 고용부가 최근 내부 승진에서 고졸 출신을 잇달아 발탁하며 '열린 고용'을 실천하고 있어 화제다.

□ 오늘(○○.○○) 고용노동부가 발표한 ○급 승진자 중 '△△△'과 '□□□'이 바로 그 주인공이다.

  ○ △△△은 고등학교를 졸업하고 '○○년에 ○급 공무원에 임용된 이후 주로 근로감독관으로 근무하며 현장경험을 쌓은, 고용부 내에서도 손꼽히는 노사관계 전문가로 평가된다.

    - ○○.○○월 기관장 보직임명 후 ○○, ○○, ○○ 등 국내 노사관계 핵심지역에서 기관장을 역임한 바 있고, 최근에 ○○으로 임명되어 ○○ 사업장 교섭타결을 지원하는 등 현장 노사분쟁 조정에 있어서는 타의 추종을 불허한다는 평가이다.

    - 특히, 고졸 학력에도 불구하고 오랜 현장경험과 노사관계에 대한 전문성을 바탕으로 저서를 발간하기도 하는 등 일에 대한 열정이 높이 평가되고 있다.

  ○ □□□은 이번 승진자들 중 유일한 ○○이다. '○○년 고등학교 졸업 후 ○급으로 임용, ○○ 최초로 ○○○을 역임하는 등 꼼꼼한 일처리와 업무열정·역량은 정평이 나 있다.

    - ○○○재직 시 ~ 시스템인 ~을 구축하여 고용노동부 ~ 개선에 기여하는 등 실적이 탁월할 뿐만 아니라, 타고난 열정으로 바쁜 업무 중에도 학업을 계속하여 경제학석사 학위까지 취득하였다.

□ 이러한 고졸 출신의 약진에 대해, "고시기수·학력 등 스펙(spec)보다 열정과 능력을 더 중시하는 ○○○ 장관의 인사철학이 반영된 것"이라고 고용부 관계자는 설명한다.

  ○ ○장관은 작년 5월 취임 후, "실력과 열정, 적극성을 갖춘 인재가 발탁되는 관행을 만들어 갈 것임"을 수차례 강조한 바 있다.

  ○ 실제 지난 ○월에 고위공무원으로 승진한 ○○○도 고졸 출신이었고, ○월에 고위공무원으로 승진한 ○○○는 ○○○○○○를 모두 검정고시로 마친 ○급 공무원 출신이기도 하다.

□ "열린 고용"이 구호로만 그치지 않도록 스스로 "열린 인사"를 실천하는 ○장관의 이러한 "열열(熱烈) 행보"가 실력으로 인정받는 공정사회 정착에 크게 기여할 것으로 기대 된다.

사권자의 인사 철학이나 정책방향과의 연계성은 찾을 수 없다.

당시 정부에서는 '열린 고용'이 핵심 정책이었다. 대졸 학력은 없지만 능력 있는 청년들에게 취업기회를 열어주자는 취지의 정책이었다. 많은 기업이 이에 호응하여 고졸자에게도 문호를 개방하는 성과가 있었다. 그래서 필자는 밖에서의 열린 고용도 중요하지만 내부에서의 열린 인사도 중요하다는 의미로 붙임과 같이 승진에 관한 보도자료를 작성했다.

제목에서 '열열熱烈행보'라는 단어가 눈에 띈다. 열린 고용과 열린 인사의 앞글자를 딴 것이지만, 동시에 화끈하게 열심히 한다는 뜻에서 열열熱烈을 쓴 것이다. 여기서 어떤 스토리를 찾을 수 있을까? ① 우선 '기업들에만 열린 고용을 주문하지 않고, 정부 스스로 열린 인사를 화끈하게 하겠다.', 즉 정부가 먼저 열린 고용에 솔선수범하겠다는 스토리다. ② 내부적인 인사문제를 외부적인 정책문제와 연계했다. 이 보도자료가 특별한 것은 아니다. 일반적인 '제목과 부제목 → 핵심 사실 → 부연 설명 → 인용 및 의미 설명'의 형식이다. 남들이 하지 않는 새로운 형식이 중요한 것이 아니라, 그 사실의 의미를 잘 설명해주는 스토리가 중요하다.

글은 보도자료라는 특성을 감안하여 서술체로 썼다. 그러다 보니 분량 제한이 없어 0.2줄이 몇 개 있다. 보도자료가 아닌 통상의 보고서였다면 절대 이런 0.2줄 꼬리가 없었을 것이다. 가장 특징적인 것은 제목의 열열이란 단어에 색을 넣어 크게 편집하여 눈에 띄게 한 점이다. 역시 편집에서도 스토리를 강조한 것이다.

말씀자료

각종 행사에 참석해서 공식 스피치를 해야 할 경우가 있다. 비공식 자리라면 그냥 가서 자기 의견을 말하면 되지만, 공식 자리라면 기관의 입장을 말해야 하므로 미리 준비를 해야한다. 주로 축사, 격려사, 기념사 등 다양한 형태지만 '말씀자료'라고 통칭한다. 기타 물건이나 행사에 관한 설명문이나 안내문도 있다. 사례를 보자.

박 팀장은 사흘 후 연수원 신축공사 준공식에 참석하는 이사장님을 위해 산재예방에 관한 인사말씀을 써야 한다. 얼마 전 중대재해가 났기 때문이다. 일단 생각을 덩어리로 정리해본다. "① 먼저 귀빈 등 주요 참석자들과 행사를 준비한 주최 측에 인사해야지. 빼먹으면 섭섭해하니까. ② 그리고 당연히 산재현황을 쓰고, 작년보다 느는 추세라고 겁을 줘야 해. 특히 최근에 계속 발생하는 폭발사고를 확실하게 언급해야 경각심이 들겠지. ③ 그러고는 본사의 산업재해예방 사업을 소개해야 해. 이게 핵심이니까 세부사업별로 자세하게 설명해야 이해가 될 거야. ④ 행운이나 건강을 기원하는 멘트로 끝내는 것은 기본. 어? 하다 보니 네 덩어리네. 생각 정리하기가 완전히 습관화된 것 같아!"

이렇게 덩어리식으로 생각하는 것을 보니까 이 정도면 박 팀장도 많이 발전했다. 그런데 아직도 뭔가 부족하다. 박 팀장의 생각 덩어리에서 뭐가 가장 약해 보이는가? 바로 스토리다.

그 이유는 세 번째 덩어리 때문이다. 본사의 산재예방 사업을 세부 사업별로 아주 상세하게 오랫동안 얘기한다면 듣는 사람이 있을까? 그 자리는 본사의 산재예방 사업 설명회가 아니라 준공식이다. 준공식에서 본사의 산재예방 사업을 자세히 열거하는 것이 무슨 의미가 있을까? 듣는 사람은 자료도 없이 듣고만 있는데, 5분이나 산재예방 사업을 줄줄이 말하면 무슨 의미가 있는지 절대 알 수가 없다. 의미는 커녕 하품만 하지 않을까?

● 사례 – 행사 인사말씀

다음 자료는 필자가 비슷한 종류의 산업안전 관련 행사장에 가서 했던 3분짜리 인사말이다. 직원이 쓴 초안을 필자가 일부 수정했다. 여기서는 총 3쪽 중 박 팀장의 덩어리 ①, ②와 유사한 내용인 1쪽은 생략했다. 쉽지만 오래가는 메시지를 전달하고 싶어서 스토리텔링식으로 수정한 덩어리 ③의 2~3쪽만 수록했다.

여기서 스토리는 두 가지로 전개된다. 우선 당시 몇몇 지역에서 잇따른 대형 폭발사고의 원인을 다음 한 줄로 정리해서 3개의 키워드를 뽑아냈다. "결국 '현장'에서 아주 '기본적'인 안전관리부터 '완벽'하지 않았다는 것입니다." 필자는 이 문장을 아주 좋아한다. 세 가지 키워드를 한 줄에 담을 수 있고, 동시에 각 키워드의 의미를 확산시킬 가능성이 있는 문장이기 때문이다.

두 번째는 한자문구의 사용이다. 현장 = 우문현답, 기본 = 사칙연산, 완벽 = 안전(편안 安, 온전 全)이라는 세 가지 키워드를 한자문구로 풀었다. 특히 한자문구의 원래 뜻 외에도 중의적인 의미를 부여

이 사고들의 발생 양상은 각각 다릅니다.
하지만 그 원인을 곰곰이 분석해 보면
결국 「현장」에서 아주 「기본적」인 안전관리부터
「완벽」하지 않았다는 것을 알 수 있습니다.

바로 여기서 산재예방에 대한 우리의 생각을
정리할 수 있는 세 가지 키워드를 볼 수 있습니다.

우선, 愚問賢答의 자세입니다.
잘 아시는 바와 같이 우문현답이란
어리석은 질문에도 현명한 답을 한다는 뜻입니다.
하지만 우리의 문제, 「현장」에 답이 있다는
뜻으로도 쓸 수 있습니다.
즉 진정한 현명함은 현장에서 나온다는 뜻입니다.

산업안전은 책상에서 구호로 하는 것이 아닙니다.
바로 현장에서 몸으로 하는 것입니다.
항상 현장의 눈으로, 근로자의 마음으로
살펴 주시기 바랍니다.

두 번째는 「기본」의 중요성입니다.
아무리 복잡한 고차원 방정식도
더하기, 빼기, 곱하기, 나누기라는
四則演算, 즉 산수의 「기본」으로 풀 수 있습니다.

- 2 -

한 것이 포인트다. '현장'의 중요성은 새로운 우문현답의 개념으로
풀었다. 원래 '어리석은 질문에도 현명賢明한 답을 한다.'는 뜻이지
만, 고용노동부에선 '우리의 문제, 현장現場에 답이 있다.'는 뜻으로

안전을 위해 서로의 지혜를 더합시다.
재해를 유발하는 현장의 관행은 과감히 빼 버립시다.
안전에 관한 좋은 정보는 곱할수록 몇 배가 됩니다.
그리고 근로자를 위하는 마음은 나눌수록 커질 것입니다.

세 번째는, 「완벽」입니다.
安全이라는 한자말을 보면,
평안 안, 온전 전자로 구성되어 있습니다.
평안(平安)함이 완전(完全)하다는 뜻입니다.
즉 99.9%가 괜찮아도 0.1%가 불안전하면
안전이라 말할 수 없는 것입니다.

이런 현장, 기본, 완벽이란 세 가지 키워드를
항상 생각하고 실천해야 합니다.
그래야 우리가 이상적으로 생각하는 안전 경영,
나아가 안전 휴머니즘까지 갈 수 있다고 생각합니다.

바로 여기 계신 분들이, 그리고 이곳 안전 협의체가
안전 경영을 실천하는 주인공입니다.
안전 휴머니즘의 동반자인 것입니다.

안전에 관한 한 우리 모두 한마음이라고 믿습니다.
참석하신 모든 분들의 가정과 사업장에
행운이 충만하시기를 기원합니다. 감사합니다.

- 3 -

사용한다. 즉, 진정한 현명함은 현장에서 나온다는 뜻이다. '기본'에는 수학의 사칙연산 개념을 차용했다. 사칙연산은 누구나 초등학교 때 배우는 기본 중의 기본개념이다. 사칙연산을 잘하지 못하는 사람은 있어도 할 줄 모르는 사람은 없다. '완벽'은 안전安全이란 한자

말 그대로 뜻풀이를 했다. 편안함女이 온전全해야 '안전'이란 말을 이루는 것은 우연이 아닐 것이다.

이렇게 풀어보면 어렵기만 했던 한자가 쉽게 다가오듯이, 복잡한 법 규정과 규제로만 인식했던 산업안전이 쉽게 다가온다. 졸리기만 한 5분간의 의례적인 인사말씀이 아니라 깊은 인상을 남기는 3분간의 스토리가 될 수 있다. 인사말이 끝나고 참석자들이 그 말에 대해서는 한마디도 언급하지 않는 말씀자료를 쓸 것인가? 아니면 참석자들의 인상에 남아 곱씹게 되는 말씀자료를 쓸 것인가?

그때 참석자들이 이 인사말을 듣고 마음속으로 어떤 생각을 했는지는 알 길이 없다. 하지만 최소한 산업안전에 대한 필자의 생각, 즉 '현장, 기본, 완벽'이라는 세 가지 메시지는 전달되지 않았을까 생각한다. 실제로 1년이 지나서 어떤 분으로부터 이때의 우문현답이란 인사말이 기억에 남는다는 이야기를 들은 적이 있다. 스토리를 만들려면 단순한 나열에서 한 번 더 생각해야 한다. 어떻게 하면 읽는 사람, 듣는 사람이 더 쉽게 이해할지를 생각해야 한다.

이 자료는 글쓰기와 편집의 기본원칙을 끝까지 지키고 있다. 그대로 읽을 자료이므로 문장을 호흡에 따라 또박또박 읽을 수 있게 모두 왼쪽 정렬을 하고, 중간마다 끊어 주었다.

그리고 덩어리를 한눈에 쉽게 구별할 수 있도록 우선, 두 번째, 셋째라는 단어를 고딕 서체로, 키워드는 색으로 처리했다. 혹시라도 현장에서 급하게 바꿔 읽더라도 덩어리와 스토리를 놓치지 않게 하기 위한 장치다. 만약 남이 읽을 글을 대신 써주는 경우라면 이런 작은 섬세함이 읽는 사람에게는 배려로 다가간다.

상황별 보고하기

말하기의 상황 6

회사에 있을 때 도대체 어떤 말을 할까? 매일 윗사람에게 보고하고 부하직원에게 지시한다. 공식 행사에서 사회를 보고, 회의에서 토론한다. 타 부서 동료와 협의하고, 이사회에서 프레젠테이션한다.

이런 여러 상황을 '소수에게 말하기'와 '다수에게 말하기'로 나누었다. 그리고 기능에 따라 3개씩 총 6개 상황으로 구별했다.

소수에게 말하기 말을 듣는 사람이 한 명 또는 두세 명인 경우다. 윗사람에게는 주로 업무를 보고하거나 정책과 방침을 결정하기 위한 말을 한다. 보통 '1대1 대면보고'다. 회사 내 동료나 다른 회사의 동급 직원이라면, 주로 업무를 설명하고 이견을 조정한다. 수평적 커뮤니케이션인 '협의' 상황이다. 부하직원에게는 업무상 지시를 하거나 직장생활에 관한 멘토링을 한다. '코칭'이다.

다수에게 말하기 내 말을 듣는 사람이 많은 경우다. 우연히 모인 군중이 아니라 목적을 가진 집단을 상정하자. 그러면 집단의 목적에 따라 상황을 구분할 수 있다. 우선 '회의'가 있다. 안건을 발표하고, 토론하며, 회의를 주재한다. 즉, 여러 사람이 모여 함께 의사를 결정하기 위한 말을 나눈다. 다음은 '프레젠테이션'이다. 업무를 보고하고, 사업제안서를 발표하며, 직원교육을 위한 강의를 한다. 다수의 청중 앞에서 내 의견을 발표해서 알리고 설득한다. 또는 각종 '행사'에서도 말을 한다. 진행자 또는 참석자로 내가 생각하는 행사의 의미를 전달한다. 특히, 준비된 자료 없이 갑자기 즉석에서 해야 하는 경우도 있다.

이런 여러 상황 중에서 윗사람에 대한 '보고'와 직결되는 것은 1대1 대면보고, 회의, 프레젠테이션, 행사이므로, 여기서는 이 네 가지 상황 위주로 연습한다.(나머지 동료와의 협의나 부하직원에 대한 코칭은 전반적인 직장 내 말하기 상황이므로 따로 다루었다.)

〈소수에게 말하기〉

1. **1대1 대면보고**: 업무보고, 방침 결정 등
2. **협의**: 업무 협의, 설명, 조정 등
3. **코칭**: 업무 지시, 직원 멘토링 등

〈다수에게 말하기〉

1. **회의**: 의사 결정 → 안건 발표하기, 토론하기, 회의 주재하기 등
2. **프레젠테이션**: 알림과 설득 → 사업제안서 발표, 업무보고, 강의 등
3. **행사**: 의미 전달 → 사회 보기, 즉석 인사말 또는 건배사 하기 등

1. 1대1 대면보고
상대방 파악부터

한 명 또는 소수의 상사에게 개별적으로 대면보고하는 경우다. 주로 내부적인 의사결정을 위한 것이므로 비공식적인 경우가 많다. 직접 마주하기 때문에 관계에 따라 편할 수도 불편할 수도 있다. 위계질서가 있는 한 직장생활은 여기서부터 시작된다. 그래서 상처도 여기서부터 입는다.

윗사람에게 말하기의 기본 마음가짐은 무엇일까? 반듯함이다. 사실과 내용은 정확해야 한다. 정보의 의미를 말하지만 왜곡의 의도는 없어야 한다. 그래야 내 입장에서 말하는 억지 주장이 아니라 상사가 이해하는 반듯한 스토리가 된다. 그러기 위해서는 먼저 상대방을 파악하고 미리 준비해야 한다.

상대방을 파악하라

먼저 필요한 것은 상대방에 대한 이해다. 그것도 단편적이 아니라 전체적으로 이해해야 한다. 그러기 위해서는 상대방의 논리구조(인지), 그간의 업무경험(과거), 그리고 현재 상황(현재)이라는 세 가지를 이해해야 한다.

● 논리구조를 파악하라(독해형 vs 청취형)

사람마다 이해의 논리구조가 다르다. 대표적으로 독해형과 청취형이 있다. 쉽게 말해, 글을 읽는 것이 편한 사람이 있고, 말로 듣는 것이 편한 사람이 있다. 눈이 빠른 사람과 귀가 밝은 사람이 다른 것이다. 따라서 상대방이 어떤 논리구조를 가졌는지를 파악하고, 그것에 맞게 말을 해야 효율적이다.

예를 들면, 모 장관님은 전형적으로 독해형 논리구조를 가진 분이었다. 보고서 1쪽 첫 줄 좌측 상단을 말하는 순간, 그분의 눈은 보고서 맨 아랫줄 우측을 보고 있었다. 5분만 지나면 10쪽짜리 보고서 전체를 일독하고 "몇 쪽 몇 번째 줄에 오타가 있고, 세 번째 표는 단위가 틀렸네. 그리고 앞의 문제점과 뒤의 대책이 서로 연결이 안 되고."라는 코멘트를 한다. 이런 분에게 "이 보고서의 주제는 ~로서, 먼저 검토배경을 말씀드리면~"라는 식으로 줄줄이 읽는 보고는 할 필요가 없다. 그래서 이분에게는 보고서를 가지고 들어가도 거의 말을 안 했다. 그냥 "○○○에 관한 회의자료입니다. 핵심 논점에 대한 검토의견은 3쪽입니다. ○○부와 서로 이견이 있는 부분입니다."라는 정도만 말했다. 그리고 기다리는 것으로 충분했다. 다만 중간 중간에 디테일한 부분을 질문하므로 통계 같은 것을 매우 꼼꼼히 준비해 들어갔다.

반면, 또 다른 장관님은 전형적인 청취형 논리구조를 가졌다. 이분은 보고서를 가지고 가도 꼼꼼히 보기보다는 설명을 듣기 원했다. 말로 설명을 해서 한 번에 논리적으로 이해가 되고 맥락이 정리되어야 했다. 이런 분에게 위와 같이 보고하면 "말 좀 해봐."라고 말할 것이다. 그래서 이분에게는 글의 요지를 어떻게 말로 잘 설명할 것인지를 준비하고 보고하러 들어갔다. 즉, 보고서의 핵심 덩어리와 스토리를 말로 표현하는 준비를 철저히 한 것이다.

필자는 전형적인 독해형 논리구조를 가지고 있다. 누가 보고서를 가져와서 말을 길게 하면 읽는 데 방해가 된다. 설명이 길어지면 글이 보이지 않는다. 입장을 바꿔보자. 여러분이 독해형인지 청취형인지 먼저 생각해 본 후, 보고를 받는다고 생각해보자. 나는 독해형인데 보고자가 청취형으로 말한다면 잘 이해가 될까? 오히려 방해가 될 수 있다. 보고를 받는 이가 독해형인지 청취형인지부터 생각하기, 고수는 여기서부터 시작한다.

● 과거 경험을 파악하라(유경험 vs 무경험)

과거라고 해서 뒷조사가 아니다. 보고받는 사람이 이 분야에 얼마나 경험과 지식이 있는지를 알아야 한다. 조직에서는 좋든 나쁘든 과거의 경험이 중요하다. 그 조직에 새로 온 사람과 오래 있던 사람은 당연히 업무 이해도가 다르다. 또 그 조직에 오래 있었더라도 어떤 업무는 생소할 수 있다. 그 업무의 경험이 있는지, 있다면 얼마나 있는지, 그 업무에서 성과를 냈는지 실패했는지 등이 모두 다르다. 그렇다면 이를 파악하고 그것에 맞추어 각각 다르게 보고해야 하지 않을까?

그 분야에서 30년 근무한 상사에게 기본 개념을 장황하게 설명할 필요가 있을까? 없다. 그런데 그런 사람들이 있다. 아무 생각없이 해서 그렇다. 이런 전문가에게는 그 개념이 시대가 변하면서 지금은 어떤 의미를 갖는지, 이제는 변할 필요성은 없는지 등이 더 중요하다. 따라서 시대변화에 따른 의미·가치·철학의 변화 가능성을 더 준비해야 한다. 그래야 말하는 사람을 생각하는 사람으로, 미래 지향적인 사람으로 생각한다. 이렇게 하려면 당연히 미리 준비해야 한다.

반대로 그 분야 경험이 없는 사람이라면 기본 개념을 설명해야 한다. 그런데 개념으로만 설명하면 상대방이 이해하기 어렵다. 맥락과 관계로 설명해야 한다. 즉, 유사한 다른 개념과 비교하면 어떤 의미가(횡으로), 역사적으로 보면 어떤 의미가(종으로) 있는지 설명해야 전체의 '맥락'으로 이해하게 된다. 나무는 나무이기도 하지만 숲의 한 부분이기 때문이다. 동시에 '인과관계'로 설명해야 한다. 하늘에서 뚝 떨어진 것은 없다. 보고자가 원인과 결과라는 관계로 설명해야 상대방은 논리의 흐름으로 이해할 수 있다.

● 현재 상태를 파악하라(편안함 vs 불편함)

보고할 때 타이밍을 잡는 것과 같은 이치다. 상사의 인지구조와 과거 업무경험도 중요하다. 그런데 현 상황은 더 중요하다. 현재 졸린 상태인지, 휴대폰으로 계속 문자가 오는 상태인지, 아주 시급한 다른 현안이 있는지 등을 파악해야 한다. 보고 타이밍을 잘 잡아서 들어왔다. 그런데 내 말에 집중하지 못하는 상황이라면 얼마나 억울한가? 그러나 이렇게 끝내면 더 억울하다. 빨리 상황을 파악해야 대처가 가능하다. 상대방이 졸린 것 같다면 "더운 것 같은데, 시원한 물 한잔 달라고 할까요?"라는 말로 분위기를 바꿔보자. 휴대전화로 계속 문자가 온다면 "급한 일 있으시면 좀 있다 다시 들어올까요?"라고 말해보자. 그러면 상대방은 내 보고에 집중한다. 그리고 나를 생각 있는 사람으로 여긴다.

보고 내용을 미리 숙지하라

다른 부서가 보고할 때 같이 들어가 보고하게 되는 경우도 많다. 이때 다른 사람들의 보고를 옆에서 보면 정말 많이 배우게 된다. 그 과정에서 지금까지 필자가 얻은 가장 큰 교훈은 당연한 것 같지만 반드시 보고 내용 전체를 숙지하고 들어가야 한다는 것이다.

● 한 번 시작하면 끝까지 책임져라

보고 중에 갑자기 상사가 질문한다. 그때 "그거, 어디 있었는데? 5쪽인가? 아니 4쪽 같은데. 잠시만요, 아! 여기 있다."라고 답하는 사람이 있다. 내가 직접 쓰거나 고친 것은 이럴 경우가 별로 없겠지만, 반드시 그런 것만 보고하는 것은 아니다. 직원이 쓴 것을 그대로 보고하거나, 다른 팀의 것을 대신 보고하는 경우가 부지기수다. 이럴 때 "저희 팀 최 대리가 급하게 작성한 것이라~" 또는 "홍보팀 페이퍼라서~"라는 식의 답변은 최악이다. "5쪽 중간에 보시면 이미 검토되어 있습니다." "그것은 집중 분석이 필요해서 뒤에 별도로 검토해 놓았습니다."라고 답하는 사람과 비교해보라. 누가 봐도 차이가 난다. 윗사람에게는 누구 보고서인지보다 어떤 내용인지가 더 중요하다. 고수는 네 것 내 것 가리지 않는다. 내가 들고 간 보고서는 누가 쓴 것이든 스스로 책임진다고 생각한다.

● 콕콕 짚어줘야 상대가 몰입한다

10쪽이 넘는 보고서를 보고하면서도 현재 말하는 내용이 몇 쪽인지 말을 안 하는 경우가 있다. 옆에서 보면 참 딱하다. 상대방은 지금 어디인지 놓쳐서 찾고 있는데, 보고자는 그것도 모르고 계속 자기 말만 한다. 결국 상대방은 포기하고 "잠깐! 지금 어디지?"라고 묻는다. 서로가 너무 멋쩍지 않을까?

만약 1쪽짜리 보고서라면 한눈에 보이니까 상관없다. 그러나 2쪽이 넘어가면 내가 현재 어디를 말하는지 짚어주어야 한다. 상대방이 내 말에 항상 집중하는 것은 아니기 때문이다. 잠깐 딴생각을 할 수도 있고, 그 부분이 이해가 안 되어서 무슨 말인지 곰곰이 생각을 하고 있을 수도 있다. 그러다 보면 보고자의 말을 놓칠 수 있다. 따라서 고수는 "다음 2쪽입니다.", "2쪽 중간을 보시면~", "3쪽은 생략하고 4쪽 대응방향입니다."라는 식으로 콕콕 짚어준다. 이렇게 콕콕 짚어주면 상대방이 집중하기 쉽고, 내 말에 집중하면 나에게 몰입하게 된다.

● 고개를 세워야 상대가 나를 본다

많은 사람이 1대1 대면보고를 하면서 고개를 숙이고 눈앞의 보고서만 읽는다. 흔한 하수의 보고다. 이렇게 해서는 상대방을 내 보고에 몰입시킬 수가 없다. 상대방의 눈이 어디에 있는지 알 수 없기 때문이다. 고개를 숙이지 말고 세워라. 내가 고개를 세우면 상사도 머리를 든다. 그래야 상사의 눈을 볼 수 있고, 그 눈이 머무는 곳에 내 입을 맞출 수 있다. 내 호흡으로 읽지 않고 상대 호흡으로 말할 수 있게 된다. 고개를 세우려면 내용에 대한 이해와 그것을 어떻게 말할까에 대한 준비가 미리, 그리고 충분히 되어 있어야 한다. 고수는 보고하면서 고개를 숙이지 않는다.

이해시키지 말고 이해하게 하라

보고를 하면서 가장 위험한 자세가 '보고는 상대방을 이해시키는 것'이라는 생각이다. 과연 사람이 다른 사람을 이해시킬 수 있을까? 없다. 그 사람이 스스로 이해할 뿐이다. 이해시킨다는 것은 대단히 자기중심적인 보고자 위주의 관점이다. '보고는 상대방이 이해하게 하는 것'이라고 생각을 바꿔야 상대방 위주의 보고가 된다. 180도 다른 관점이다. 그러려면 지금까지 말했듯이 스토리가 필수적이다. 스토리는 강요가 아니라 스스로 몰입하게 하기 때문이다. 이미 알고 있는 스토리를 활용해도 되고, 스스로 만들어도 된다. 1:1 대면 보고에서 스토리를 만들기에 특히 유용한 방법 몇 개를 소개한다.

● 복잡한 건 그려라

왜 말로 보고할까? 상대방이 글만으로 이해하기 어려울 때 말을 통해 이해를 돕는 것이다. 그런데 말로도 어려울 땐 어떻게 할까?

대부분은 보충해서 설명한다고 계속 말을 한다. '다시 말씀 드리면 ~, 즉 제가 말씀드린 취지를 좀 더 자세히 말씀드리면~'라는 식으로 자꾸 상대방을 이해시키려 한다. 계속 말한다고 안 되던 이해가 갑자기 될까? 결국 말하는 사람은 점점 횡설수설하고, 듣는 사람도 점점 혼수상태로 갈 뿐이다.

필자가 처음 발령받았던 부서의 과장은 그림설명의 대가였다. 복잡한 문제가 있을 때 그분은 A4 이면지에 그림을 그렸다. 몇 개의 동그라미와 네모, 화살표, 그리고 주요 단어들이 전부였다. 그러나 흐름과 맥락이 나타났다. 마술처럼 신기했다. 그 이후로는 필자도 그림으로 설명하는 것이 습관이 되었다. 지금도 책상과 회의용 테이블에는 항상 이면지가 있고, 집무실 벽에는 화이트 보드가 있다. 그리고 필자가 들어가서 토론을 하는 회의에는 가급적 화이트 보드를 준비한다. 직원들에게 보고를 받든 설명을 하든, 회의를 하든 토론을 하든, 복잡하면 이면지나 화이트 보드에 그림을 그린다(직원들은 이 화이트 보드를 '생각 판대기'라고 부른다!). 장관에게 보고할 때도 필요하면 보고서를 뒤집어서 그림으로 설명한다. 때로는 1,000단어의 글이나 100마디 말보다 한두 개의 그림이 훨씬 효과적이다.

그림설명에는 세 가지의 장점이 있다. 우선 그림은 복잡한 문제를 단순화시킨다. 그래서 핵심을 쉽게 찾아낼 수 있게 한다. 그리고 그 핵심을 스토리로 이해할 수 있게 엮어준다. 즉, 인과관계와 전체의 모습을 명료하게 보여준다. 세 번째는 의미를 공유하기 쉽다는 점이다. 같은 장소에서 말을 해도 개념, 흐름, 관계 등을 다르게 이해하는 경우가 많다. 그림을 그리면 이런 오해를 없애고 정확한 내용을 공유할 수 있다. 그러면 그림을 잘 그리는 특별한 노하우가 있을까? 없다. 그냥 생각을 덩어리로 정리한다. 그리고 동그라미, 네모, 세모, 화살표 등과 키워드로 그 덩어리를 스토리로 배열하면 끝이다. 너무 쉽지 않은가? 그렇다면 특별한 형식이라도 있을까? 없다. 있을 필요도 없다. 앞서 '내 생각을 그림으로 보여주기'에서 흐름도, 개념도, 마인드맵 등 여러 형태를 소개했지만 각각의 형태가 중요한 것이 아니다. '생각을 정리한다'라는 생각이 중요할 뿐이다.

● 서로 다른 건 구별해라

나는 열심히 보고를 하는데 상대방은 명확히 이해가 되지 않는 눈치다. 왜 명확하지 않을까? 서로 다른 것을 다르게 설명하지 못해서 그렇다. 고수는 같은 것은 묶고, 다른 것은 구별한다. 그래야 보고가 반듯해지고 편해진다.

좋은 것과 필요한 것은 다르다. 상대방에게 아부한다고 좋은 것만 보고하는 경우가 많다. 그러면 상대방은 좋은 것을 필요한 것으로 헷갈리고, 진짜 필요한 것을 놓치게 된다. 진정한 아부는 필요한 것을 제때 보고하는 것이다. 좋은 것은 안 하거나 늦어도 되지만, 필요한 것은 반드시 지금 해야 하기 때문이다.

사실과 주장은 다르다. 보고받는 사람이 판단할 수 있는 것은 주어진 '사실'이 아니라 우리가 무엇을 할 수 있는가 하는 '주장'이다. 이것을 명확히 구별하지 않으면 쓸데없이 내공을 소진한다. 예를 들어, 보고를 받고 나서 "그럼 이 부분이 잘못이네. 빨리 시

정해!"라고 지시를 하는데, "그런데요, 그 부분은 법 개정 사항이라 당장 안 되는데요."라는 답변을 하는 경우가 있다. 그런 일이 없도록 어디는 사실이고 어디는 주장인지를 명확히 구분해서 보고를 해야 한다.

당위성과 가능성은 다르다. 할 수 없는데도 해야 한다고, "네, 알겠습니다."라고 하는 건 무책임하다. 할 필요가 없는데 할 수 있다고, "네, 알겠습니다."라고 말하는 것도 솔직하지 못하다. 해야 하는 당위성과 할 수 있는 가능성의 구별은 반듯한 보고의 기본이다.

● 가르치지 말고 설명을 해라

보고하는 사람들을 보면 의외로 상대방을 가르치려는 태도를 가진 경우가 많다. 전형적으로 상대방을 이해시키려는 사고 때문이다. 나는 현재 그 업무를 담당하니까 디테일을 가장 많이 안다. 그 분야에 오래 근무했으니까 히스토리도 축적되어 있다. 그런데 그 분야에 경험이 많지 않은 상사가 왔다. 이럴 때 가르치려고 든다. 또는 마치 가르치는 것을 의무라고 생각한다. 하지만 착각이다. 왜냐하면 상사는 최소한 나보다 항상 고수이기 때문이다. 그 분야의 전문지식과 세부 내용은 상사가 부족할 수 있다. 그러나 그 자리까지 올라가며 겪은 수많은 경험, 인맥, 정보 등을 종합해보라. 상사는 언제나 나보다 몇 수 앞에 있다. 괜히 특정분야의 지식을 가지고 가르치려 들면 고수의 반격을 피할 수 없다. 상사가 이해하는 데 나의 전문지식이 필요한 상황이라고? 고수는 차분히 설명할 뿐이지 절대 가르치려 들지 않는다.

2. 회의
모두가 아는 말로

회의는 의사결정을 위해 여러 사람이 모이는 자리다. 여러 사람이 모였을 때 어떻게 말해야 할까? 안건을 보고하든, 참석자로서 토론하든, 회의를 주재하든 가져야 할 기본 마음가짐은 하나다. 참석자 전원에 대한 배려다. 배려가 없다면 회의 때 자주 보는 세 가지 꼴불견 중 하나가 된다.

모두 알게 말하라

회의 때 안건이 놓여 있으면 참석자들은 보고자가 그것을 설명할 것이라고 기대한다. 그런데 안건의 내용과 전혀 다르게 보고하는 경우가 있다. 또는 앞뒤로 왔다 갔다 하면서 보고하기도 한다. 더 황당한 것은 아무 설명도 없이 그렇게 한다. 이러면 참석자들은 도대체 보고자가 지금 어떤 내용을 보고하는지, 왜 그렇게 왔다리 갔다리 하는지 알 수가 없다.

왜 그럴까? 우선 겉멋이 들어서 그렇다. 괜히 "안건 몇 쪽입니다."라는 식으로 보고하면 내가 하수처럼 보인다고 생각한다. 즉, '난 안건을 깔기는 했지만 안 보고도 그냥 보고할 수 있어.'라는 식으로 행동해야 고수처럼 보인다고 생각한다. 근거 없는 무례함이다. 두 번째는 상대방에 대한 배려심이 없거나 아예 생각이 없어서 그렇다. 이렇게 하면 회의 참석자를 무시하는 것일 뿐이다. 자료가 있으면 그 순서대로 보고하자. 그렇게 못 한다면 양해를 구해라. 사람들은 생각보다 사소한 것에 열을 받는다. 그리고 돌아서서 열 받은 만큼 이야기한다.

또한 회의에는 그 분야의 전문가만 모이는 것이 아니다. 다른 분야나 다른 기관 사람들도 온다. 그런데 꼭 자기만이 최고 전문가인 양 몇 사람만 아는 용어로 말하는 사람이 있다. 그러면 다른 사람들은 겉으로는 아는 척 고개를 끄덕인다. 그러나 속으로는 '엄청 잘난 척하네. 그런데 그렇게 잘 아는데 왜 다른 사람들이 알기 쉽게 설명을 못 하지?'라며 고개를 좌우로 흔들 것이다. 진정한 전문가는 누구나 아는 용어로 쉽게 이야기한다. 그것의 본질을 잘 알기 때문이다. 용어는 본질을 설명하는 도구 아닌가? 쉽게 설명할 수 없다면 본질을 잘 모르거나, 참석자에 대한 배려가 없거나, 이 두 가지 모두에 해당하기 때문이다. 자기만 아는 또는 몇 사람만 아는 방식으로 말하는 사람이 회의에서 만나는 첫 번째 꼴불견이다.

생각한 시간의 1/3만 말하라

회의에는 두 부류의 참석자가 있다. 말을 길게 하는 사람과 짧게 하는 사람이다(안 하는 사람도 있는데 논외로 한다). 길게 하는 사람은 주로 쓸데없는 말을 한다. 짧게 하는 사람은 주로 핵심을 말한다.

핵심을 길게 말하는 경우는 별로 없다. 회의 때는 대부분 자기 생각보다 말이 길어진다. 필자의 경험상 3배는 길게 말하는 것 같다. 왜 그럴까? 미리 생각하지 않아서 그렇다.

고수는 3분을 말한다고 생각하면 1분만 말한다. 나머지 2분은 생각을 정리하자. '생각 보여주기'에서도 말했지만 여기서도 '2대1의 법칙'이다. 회의에서 1분을 말하려면 최소한 2분은 생각을 정리할 시간이 필요하다. 하수의 '정리되지 않은 3분 말하기'에는 아무도 반응하지 않는다. 그러나 고수의 '정리된 1분 말하기'에는 모두 집중한다. 짧게 정리해서 말하지 못한다면, 역시 내용의 본질을 모르거나 참석자에 대한 배려가 없는 경우다. 바로 두 번째 꼴불견이다.

이기지 말고 무시하지도 마라

회의만 하면 이기려 드는 사람이 있다. 심지어는 회의 주재자를 이기려 드는 사람도 있다. 회의 주재자가 뭔가 검토하라고 지시한다.

"그 문제는 이미 5년 전에 안 되는 걸로 정리되었습니다."
"그래도 아직 그 문제가 지속되니 법 개정을 다시 검토하세요."
"말씀드린 대로 이미 그때 다 검토했는데, 법 개정은 득보다 실이 더 큰 것으로 정리되었습니다."
"5년 전과 지금은 상황이 바뀌었으니 한 번 더 검토하세요."
"5년 전과 지금이 크게 다르지 않습니다. 그때 안 하는 것으로 결재까지 받아놓았습니다."

계속되는 검토 지시에 계속해서 안 되는 이유만 얘기한다. 그러면서 그 문제만 가지고 두 사람이 30분 이상을 소비한다. 회의 분위기는 싸늘해지고 불편해진다. 사람은 자기 신념과 지식에 기반하여 행동한다. 잘못된 것이 아니다. 그러나 그것이 다른 사람에게 불편함을 준다면 다른 문제다. 내 의견이 맞는다고 하자. 그렇다고 그 자리에서 이기려고 애쓰지 마라. 회의에는 여러 사람이 있으므로 모든 사람을 배려해야 한다. 내가 맞는다고 상대방을 이기려 들면 말싸움에선 이길지 몰라도 토론에선 진다. 설사 토론에서 이긴다고 해도 관계에선 실패한다.

또한 회의에서 보면 발언 기회가 공평하지 않거나 제한된다는 느낌을 받을 때가 있다. 의도된 경우도 있지만, 주최 측의 진행이 서툴러서 그런 경우도 많다. 큰 의미 없이 의례적으로 해야 하는 회의는 그래도 이해가 된다. 그런데 중요한 회의임에도 진행이 서툴러서 그런 경우는 참 안타깝다.

회의에도 여러 종류가 있지만 가장 중요한 것은 의사결정을 위한 회의다. 참석자들이 모여서 집단의 의사를 결정하고, 그 결정에 참석한 모두가 공동의 책임을 지는 것이다. 그런데 발언 기회가 공평하지 않다면 의도적이든 그렇지 않든 참석자를 무시하는 것이다. 다시는 가고 싶지 않은 회의가 된다.

회의 진행에서 가장 중요한 요소가 무엇일까? 원활히 진행한다는 평계로 소수만 말하게 해서 빨리 진행하는 것일까? 아니다. 누구나 말할 수 있게 기회를 보장하는 것이다. "발언하실 분 있으시면 하시지요?"가 아니다. 이렇게 하면 '없으면 말고.'라고 들린다. "맨 끝에 계신 어느 분, 멀리서 오셨는데 좋은 말씀 부탁드립니다." 라고 해보자. 이렇게 공평한 발언 기회를 보장하면 두 가지가 좋다. 우선 고마워한다. 가운데 좋은 자리에 앉은 사람은 굳이 배려하지 않아도 된다(오히려 그 사람은 말을 적게 하고 싶어 한다). 어차피 높은 사람, 중요한 사람이니까 말을 많이 하게 된다. 맨 끝, 사이드, 구석에 앉아 있는 사람에게 기회를 주자. 그 사람은 회의 주최 측이 전체를 배려한다는 좋은 인상을 받고, 그 인상을 가지고 간다. 그리고 고마우니까 성의껏 내 의견을 말하게 된다. 다소 어색하지만 기다렸다는 듯이 생각을 말하게 되고, 뜻하지 않은 아이디어를 얻기도 한다. 구석에 있다고 생각이 없는 것이 아니다. 오히려 구석과 그늘의 생각에서 빛나는 영감과 아이디어를 얻을 수 있다.

이기려 들면 이길 수 없다. 무시하려 들면 아이디어와 신망을 얻을 수 없다. 앞에서 말한 두 가지 모두 상대방을, 즉 전체의 사람들을 생각하지 않아서 그렇다. 회의의 세 번째 꼴불견이다.

3. 프레젠테이션
문서가 아니라 그림으로

    요즘은 자료를 보고하든, 제안서를 설명하든 프레젠테이션 방식이 대세다. 빔프로젝터를 이용하여 스크린에 자료를 띄워놓고 설명한다. 여러 경우가 있지만 공통점은 다수의 청중을 화면과 말로 설득한다는 점이다. 따라서 '화면 만들기'와 '말로 발표하기'라는 두 가지를 동시에 잘해야 한다는 점에서 부담스러워 한다. 물론 보고서로 보고하는 경우도 보고서 만들기와 말로 설명하는 것을 둘 다 잘해야 한다. 그러나 프레젠테이션은 모두가 같은 화면을 동시에 본다는 점에서 다르다. 화면의 중요성이 훨씬 커지는 것이다.

    프레젠테이션 기법을 다룬 책과 강의는 정말 많다. 그런데 왜 안 될까? 그런 책을 보고 그대로 따라 하는데 왜 나의 프레젠테이션은 상대방을 감동시키지 못할까? 필자는 이 분야를 전공한 전문 이론가는 아니다. 다만 지난 25년간 대통령부터 9급 주무관까지 그들을 설득하기 위해 밤을 새며 직접 슬라이드를 만들고, 목이 터져라 발표를 하고, 울고 웃으면서 공감을 해온 수백 번의 실전 경험이 있을 뿐이다. 이 책에 몇 개의 기법을 추가할 생각은 전혀 없다. 다만 그간 필자가 경험으로 체득한 프레젠테이션의 본질을 정리해 소개할 뿐이다. 그리고 그것이 오히려 독자에게 도움이 되리라 생각한다.

자료가 아니라 화면을 만들어라

섬세한 분들은 바로 위에서 자료가 아니라 '화면'이라고 표현한 것을 알아챘을 것이다. 왜 자료가 아니라 화면 만들기라고 했을까? 정말 많은 사람이 PPT 또는 PT '자료'를 만든다고 말한다. 여기서부터 본질이 왜곡된다. '화면'을 '자료'로 이해하는 순간, 지금까지 추구했던 상대방 위주의 표현은 물 건너 가기 때문이다. 며칠 밤을 고생하고도, "분량은 긴데 포인트가 뭐지?", "화려한데 난삽해.", "자료는 많은데 보고서 같아.", "잘 보았는데 남는 것이 없어."라는 말을 듣게 되는 이유다. 왜 화면으로 이해해야 할까?

● 프레젠테이션의 본질 – 문서 작성하기 vs 그림 그리기

프레젠테이션을 보다 보면 작은 글씨로 빽빽하게 채운 경우를 많이 본다. 거의 종이 보고서와 비슷한 수준이다. 본질을 생각하지 않아서 그렇다. 무엇이 프레젠테이션의 본질일까? '내 생각을 글자가 아니라 그림으로 보여주기'다. 그런데 생각은 자꾸 '문서 작성'에 머물러 있으니까 화면을 자료로 이해하고 종이 보고서처럼 쓰는 비극이 나오게 된다.

우리가 왜 프레젠테이션이란 방법을 사용하게 되었을까? 문서의 한계를 극복하기 위해서다. 문서는 기본적으로 논리적 이해를 바탕으로 한다. 그러나 때로는 직관적 인지가 필요할 때가 있다. 10쪽짜리 문서로 논리를 설명할 수 있지만, 그것을 1장의 사진이나 그림을 통해 직관적으로 인지하게 할 수도 있다. 이것이 더 효과적일 때 프레젠테이션이 필요하다.

그러면 이러한 직관적 인지방법은 언제 필요할까? 대표적으로 청중이 다수인 경우다. 청중이 소수일 때는 논리적 설명이 쉽다. 그러나 청중이 다수일수록 개개인의 논리구조가 더욱 다양해진다. 따라서 특정 집단에 맞추어진 논리적 이해보다는 모두 공감할 수 있는 직관적 인지가 더 효과적이다. 왜냐하면 사람들은 옆 사람의 반응에 동조하는 경향을 보이기 때문이다.

100명을 대상으로 주요 고용노동정책 추진방향을 설명한다고 하자. 종이 보고서나 또는 이와 비슷한 글자 위주의 프레젠테이션 자료를 사용한다면 모두 자리에 있는 유인물을 향해 고개를 숙인다. 각자의 좌뇌를 활용해서 쓰여 있는 글의 논리를 이해하려 든다. 눈의 방향이 100개인 것이다. 직관적 반응은 거의 없다. 따라서 옆 사람의 반응도 알 수 없고 논리적으로 이해하는지도 알 수 없다.

그러나 그림으로 그린 프레젠테이션 화면을 이용한다면, 청중의 직관적 인지 반응이 나온다. 100명의 눈동자가 한 곳으로 향한다. 그러면서 옆 사람의 직관적 반응, 즉 놀라움, 탄성, 공감, 고개의 끄덕거림, 눈물, 웃음 등에 자기도 모르게 동조하게 된다. 일종의 집단최면 효과가 발생한다. 외국 코미디를 볼 때 내용은 이해하지 못해도 보이지 않는 청중들의 웃음소리가 들리면 따라 웃지 않는가?

생각을 바꿔보자. 프레젠테이션으로 만드는 것은 자료가 아니라 화면이다. 한 장 한 장의 화면에 내 생각을 글자가 아닌 그림으로 그리는 것이다. 여기서 그림이란 반드시 사진, 동영상, 그래픽 등을 의미하지는 않는다. 글자도 좋다. 다만, 글자들을 흘러가게 '쓰지'

말고, 생각의 흐름을 덩어리로 뭉쳐서 의미 단위로 '보여주라'는 얘기다.

〈슬라이드 화면 I〉은 필자가 보고법 강의에서 예전에 사용했던 프레젠테이션 화면 중 일부다(지금은 전혀 다르게 바뀌었지만 책에서의 설명에는 이것이 더 효과적이라 그냥 두었다). 그냥 직관적으로 보자. 어떤 그림이 보이는가? 두 덩어리가 좌우로 나뉘어 있다. 왼쪽은 덩어리식 생각의 중요성을, 오른쪽은 그 사례다. 왼쪽은 글자로만 구성되어 있지만, '개념 - 필요성 - 장점'이라는 세 덩어리로 구분되면서 그림으로 인식된다. 오른쪽은 도형을 이용해서 네 덩어리, 즉 문제 해결을 위한 '4개의 생각 덩어리'를 보여준다.

전체적으로 좌우에 있는 7개의 덩어리는 논리적 순서와는 관계가 없다. 그냥 직관적으로 한눈에 덩어리식 사고에 대해 생각하게 할 뿐이다. 이 화면으로 말할 때는 오른쪽 4개의 생각 덩어리부터 해도 아무 상관이 없다. 즉, 반드시 좌측 상단의 첫 번째 개념 덩어리부터 우측 하단의 What까지의 순서로 설명할 필요가 없다는 것이다. 무엇을 설명할 때 반드시 개념부터 시작해야 한다는 법이 있는가? 그림을 볼 때 반드시 좌측 상단부터 봐야 하는 법이 있는가? 필자도 강의 때마다 좌우측을 가리지 않고 시작한다. 어떻게 해도 청중들이 문제 해결을 위한 4개의 생각 덩어리는 인지한다.

그런데 〈슬라이드 화면 I〉을 〈슬라이드 화면 II〉처럼 구성해보자. 전형적인 문서 작성식 프레젠테이션 자료다. 물론 위아래로 2개의 덩어리가 있지만, 덩어리 느낌보다는 그냥 종이 보고서의 문단처럼 읽힌다. 이 화면으로는 밑에 있는 4개의 생각 덩어리를 먼저 발표

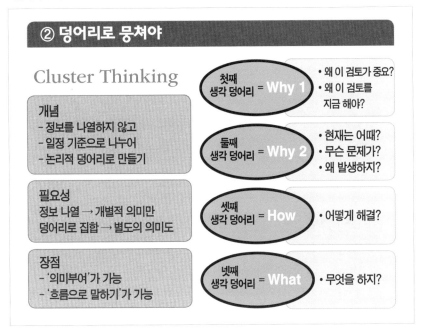

할 생각이 잘 안 든다. 말하는 사람도, 듣는 사람도 위에서 아래, 좌측에서 우측이라는 순서에 따라 이해하려 할 뿐이다. 그런데 다 보고 나서 문제 해결을 위한 4개의 생각 덩어리가 머리에 남을까? 이것이 바로 문서 작성하기와 그림 그리기, 자료와 화면, 하수와 고수의 차이다. 윗사람에게 인정받지 못하고, 청중에게 버림받는 프레젠테이션의 시작인 것이다.

● 한 장의 화면 구성하기1: 4×4 vs 10×10

화면 I과 II를 다시 보자. 각각 세로의 줄 수와 가로의 단어 수가 몇 개씩인가? 꼼꼼히 세지 말고 직관적으로 얼핏 보자. 화면 I은 세

② 덩어리로 뭉쳐야

덩어리식 사고(Cluster Thinking)의 개념과 중요성

- (개념) 정보를 나열하지 않고 일정 기준에 따라 그룹으로 나누어 생각하기.
- (중요성) 정보는 나열하면 개별적 의미만 보이지만, 집합되면 별도의 의미가 나타나므로, 덩어리식 사고가 의미를 찾아내는 가장 쉽고 강력한 방법임. 특히 이렇게 하면 생각하기 쉽고, 기억하기 쉬우며, 말하기도 쉽기 때문임.

대표적인 사례 (어떤 문제도 풀 수 있는 4개의 생각 덩어리)

1. **Why 1?** 왜 검토가 필요한가, 왜 지금 해야 하는가? (중요성과 시급성)
2. **Why 2?** 현재는 어떤가, 문제는 무엇인가, 그 문제는 왜 발생하는가?
3. **How?** 그 문제의 원인을 어떻게 해결할 수 있는가?
4. **What?** 해결하기 위해 구체적으로 무엇을 해야 하는가?

로의 줄이 각 덩어리 내에서 1~4줄 이내다. 그런데 각 덩어리 자체가 하나의 줄로도 인식되므로 전체로 보아도 3~4줄로 느껴진다. 가로의 단어 수는 각 덩어리 내에서 4~5개 이내다. 전체로 보아도 역시 각 덩어리가 하나의 단어로 보여 2~3개 단어로 느껴진다.

그런데 화면 II는 어떤가? 세로의 줄을 보면 10여 줄 정도로 읽힌다. 중간 제목도 하나의 줄로 읽히면서 말이다. 가로의 단어 수는 10여 개? 여하튼 한눈에 계산이 안 되는 숫자다. 무엇이 보기 쉬운가? 화면 I이다. 화면 I은 '그림 그리기, 화면'으로 인식한 결과이고, 화면 II는 '문서 작성하기, 자료'로 인식한 결과다.

'4×4'를 기억하자. 화면을 구성할 때 세로로 네 줄 이내, 가로로

네 단어 이내여야 한다는 뜻이다. 그래야 청중이 직관적으로 한눈에 인지할 수 있다는 얘기다. 이 원칙은 필자가 프레젠테이션을 처음 접할 때 어디선가 보았던 내용이다. 그런데 10년이 지난 지금도 화면을 구성할 때마다 제일 우선적으로 생각한다. 다른 프레젠테이션에 대해 코멘트를 할 때도 꼭 이 얘기를 한다. 이유는 이 원칙이 정말 강력하기 때문이다.

화면 I은 굳이 읽으려고 노력하지 않아도 전체가 보이고 핵심 단어들이 눈에 잘 들어온다. 고수의 글쓰기와 같다. 화면 II는 읽으려고 온 신경을 집중해야 겨우 이해할 수 있다. 하수의 보고서, 무생각 보고서처럼 말이다. 어느 것이 상대방 입장에서 섬세하게 생각한 결과일까? 프레젠테이션을 자료 또는 화면으로 이해했는가도 역시 상대방의 입장을 생각한다는 보고의 본질과 닿아 있다.

● 한 장의 화면 구성하기 2: 정보나열 vs 의미전달

또 하나의 핵심 포인트는 정보나열이 아니라 의미전달이다. 말하기를 위한 화면구성도 '내 생각을 미리 정리한다'는 점에서는 글쓰기와 같으므로 역시 같은 원칙이 적용된다. 여기서는 반복적인 설명은 하지 않고 예시만 들어본다. 다시 화면 I과 II를 보자.

화면 II에도 분명히 4개의 생각 덩어리라는 스토리가 있다. 그런데 청중에게 덩어리로 보이지 않는다. 그냥 Why 1, Why 2, How, What이라는 글자와 정보로 읽힐 뿐이다. 그런데 화면 I은 4개의 생각 덩어리가 그림으로 보인다. 의미 전달력을 높이기 위해 덩어리로 화면을 구성한 것이다. 그러면 청중은 자기도 모르는 사이에 그 화면에 몰입하고 덩어리로 이해하게 된다. 실제 필자의 강의가 끝나면 청중들이 질문이나 대화를 할 때 덩어리라는 말을 자연스럽게 쓴다. 나열된 정보를 이해하려고 노력한 것이 아니라 전달된 의미를 자연스럽게 인지한 결과다. 이것 역시 프레젠테이션의 본질에 대한 이해의 차이, 즉 '문서 작성하기 vs 그림 그리기', '자료 vs 화면'의 차이에서 비롯되는 것이다.

● 여러 장의 화면 엮기1: 시작과 끝의 중요성

이제 각각의 화면을 모아서 전체를 엮는 방법이다. 솔직히 필자는 잠이 부족해서 다른 강의를 들을 때마다 자주 조는 편이다. 그런데 아무리 졸려도 시작하자마자 졸지는 않는다. 처음 5분은 잘 듣는다. 그리고 아무리 많이 졸아도 본능적으로 강의 끝나기 5분 전에는 정신을 차린다. 필자가 강의할 때 조는 청중의 반응도 대개 비슷하다. 이것은 무엇을 의미할까?

시작과 끝이 중요하다는 뜻이다. 아무리 재미없는 강의라도 최소한 시작과 끝은 잘 듣는다. 처음 5분을 듣고 남은 강의 시간에 졸지 말지 판단한다. 또 마지막 5분을 듣고 앞 시간 동안 기억할 것이 뭐가 있는지 정리한다. 그런데 여러분의 프레젠테이션을 다시 보라. 의외로 시작은 뻔하고 끝은 허무하다.

뻔한 시작 5분의 화면과 발표

① 표지: (○○ 주요업무 추진계획) "지금부터 ○○ 주요업무 추진계획을 보고 드리겠습니다." ⇨ 표지는 어쩔 수 없다. 필자는 이렇

게 하지는 않지만, 이렇게 해도 크게 문제는 없다.

② **목차**: (I. 검토배경 ~ V. 질의응답) "보고 순서는 검토배경, 현황 및 문제점, 주요업무 추진방향, 세부 추진계획입니다. 그리고 질의응답 시간을 갖겠습니다." ⇨ 여러분이 목차를 그대로 읽는 순간, 청중은 남은 시간 동안 졸 준비를 한다.

③ **첫 화면**: (I. 검토배경) "먼저 검토배경입니다." ⇨ 졸기 시작한다.

허무한 마지막 5분의 화면과 멘트

① **참고자료**: (참고자료 1, 2, 3, 4) "시간관계상 다음의 참고자료 1, 2, 3, 4 슬라이드는 설명을 생략하고 자료로 갈음하겠습니다." ⇨ 본능적으로 졸음이 깬다.

② **질의응답**: (질의응답) "혹시 지금까지 발표한 내용에 대해 질문이 있으시면 성실히 답변 드리겠습니다." ⇨ 깔린 유인물을 들척이고 보는 척 하지만 묵묵부답이다.

③ **마지막**: (감사합니다!) "감사합니다!(꾸벅)" ⇨ 청중은 머릿속이 개운한 채로 아무것도 기억하지 않고 그냥 자료만 갖고 일어난다.

청중이 내 프레젠테이션을 주의 깊게 들을 것인가는 첫 화면이 결정한다. 따라서 한눈에 청중이 몰입하도록, 그리고 전체의 주제를 포괄하도록 구성해야 한다. 소위 임팩트가 있어야 한다.

다음은 필자가 강의할 때 쓰는 프레젠테이션의 첫 화면이다. '77'이라는 숫자만 있다. 무슨 뜻일까? 이것이 보고법에 관한 강의와 무슨 관계가 있을까? 청중의 궁금증을 불러일으킨다.

이 숫자는 필자의 현재 체중이다. 그런데 원래는 107~108kg 정도의 넉넉한 몸매였다. 2012년 2월부터 운동과 다이어트를 시작해서 2013년 4월에는 78kg이 되었다. 약 1년 만에 30kg 정도 감량을 한 셈이다. 그 이후 지금까지 거의 7년 동안 77~79kg을 유지하고 있다. 이 얘기를 잠깐 하면 모든 청중이 집중한다. 다이어트는 누구나 공감하는 주제 아닌가? 특히 청중에 여성이 많은 경우라면 더 그렇다. 그런데 이것이 단순히 주의를 끌기 위해 하는 이야기일까? 아니다. 강의의 핵심 주제인 섬세함을 미리 청중에게 인지시키기 위한 도입부다. 마지막 슬라이드는 '777'이다. 77에 7을 하나 더해 행운의 숫자인 7이 3개나 붙어 있다. 청중에게 드리는 선물이다. 이 강의를 듣고 지금보다 섬세해지면 행운이 3배가 된다는 뜻이라고 말한다. 주제를 마지막에 다시 강조하는 것이다.

이런 방법이 프레젠테이션 전문가의 눈에는 어떻게 보일지 모르겠다. 비판할 수도 있고, 취향에 따라서는 싫을 수도 있다. 그러나 최소한 '뻔한 시작'과 '허무한 마무리'보다는 낫다.

한번 시도해보라. 처음에는 약간 낯간지럽고 쑥스러울 수 있다. 그러나 하다 보면 '어떻게 해야 청중들이 몰입하는 도입부가 나오지? 청중들이 공감하는 마무리는 어떻게 하지? 그런데 그 시작과 끝은 어떻게 연결하지?'라며 몰입하는 나를 발견한다. 그러면 '내가 전달하려는 의미가 뭐지? 청중 입장에서는 어떻게 해야 그 의미를 쉽게 인지할까?'라는 질문이 꼬리를 문다. 즉, 상대방 입장을 자연스럽게 생각하게 된다. 내가 몰입하지 않고 만든 프레젠테이션에 청중은 절대 몰입하지 않는다.

● 여러 장의 화면 엮기2: 전체와 부분의 조화

프레젠테이션의 개별 화면은 각각 독립된 그림이다. 그러나 전체가 연결되어야 한다. 마치 병풍처럼 말이다. 개별 화면이 잘 구성되어 있어도 전체가 연결되지 않으면 맥락이 쉽게 전달되지 않는다. 만약 칠 폭 병풍에서 수채화와 유화, 추상화와 사실화가 섞여 있다면, 각각 그림이 아무리 훌륭해도 병풍의 스토리가 어떤 의미인지 이해하기 어렵다. 전체와 부분을 조화시키는 데 필요한 몇 가지를 생각해보자.

화면 구성방법 맞추기 우선 각각의 화면을 보여주는 방법이 일관되어야 한다. 똑같아야 하는 것이 아니다. 화면의 분할, 색감, 문장의 전개방법 등이 같은 흐름이어야 한다는 의미다. 〈슬라이드 화면 1, 2, 3, 4)를 보자. 필자의 보고법 특강 화면 중 일부다. 공통점을 찾아보자.

① 화면 나누기: 좌우로 2개, 위아래는 2~3개로 화면을 나누었다. 한 화면을 4×4 이내로 구성하는 원칙을 지키고 있다.

② 화면의 색감: 책에는 반영하지 못했지만, 실제 프레젠테이션 화면의 배경은 어두운색, 글자는 밝은색이다. 청중의 집중도를 높이기 위해서다. 각 덩어리의 색감도 역시 어두운색 계열이지만, 덩어리별로 색감에 조금씩 변화를 주어 지루함을 덜어냈다.

③ 문장의 전개방법: 문장을 완전한 문장으로 쓰지 않고 핵심 단어로 축약한다. 화면에서 자주 보이는 기호 2개가 무엇일까? 우선 화살표(→)다. 화살표는 때문에, 그래서, 따라서, 그 결과 등 '인과관계'를 나타낸다. 어떤 연결 문구보다도 가장 짧고 명확하다. 인과관계의 표현이 길고 어려우면 이해가 어렵다. 화살표보다 더 간결한 표현이 있을 수 있을까? 두 번째는 물음표(?)다. 물음표는 청중이 일방적으로 듣기만 하는 것이 아니라 스스로 질문하고 생각하게 하는 도구다. 청중과의 소통 수단이면서 아주 훌륭한 강조 수단이다. 예를 들어, 화면 3에서 '현황, 문제, 원인을 구별할 수 있는가?'를 보자. 이것을 보면 청중은 자기도 모르는 사이에 '현황, 문제, 원인이 뭐가 다르지?'라고 생각을 한다. '남은 아는데 나만 모르나? 저걸 왜 물어보지? 구별되는 거야, 안 되는 거야?' 등의 생각이 이어진다. 즉, 직관적으로 그 질문에 몰입하게 된다. 그런데 '현황, 문제, 원인의 구별이 중요함'이라고

248

〈슬라이드 화면 1〉

〈슬라이드 화면 2〉

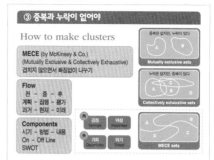

〈슬라이드 화면 3〉

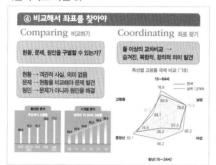

〈슬라이드 화면 4〉

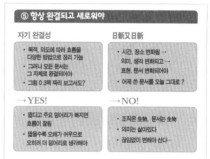

표현하면, '그것이 왜 중요하지?'라는 생각이 들지 않는다. 그냥 중요하다고 이해하거나 외우려 들게 된다.

글자 모양, 크기, 색깔 등을 맞추기 프레젠테이션은 보고서가 아니라 그림이다. 그 안의 단어, 문장, 숫자 등도 그림의 일부다. 따라서 각각의 정보를 정확히 설명하면서 동시에 청중이 그 의미를 쉽게 이해할 수 있게 해주어야 한다. 예를 들어, 첫 화면의 제일 상단 머리말이 '맑은 고딕, 28포인트, 진하게, 그림자, 하얀색'이라면 전체를 그렇게 한다. 같은 비중인데 어느 화면은 하얀색, 다음 화면은 노란색이라면 집중이 잘 안 된다. '그런 것이 뭐가 중요해?'라고 생각하는가? 언젠가 보고법 강의를 듣던 직원이 "이 화면과 저 화면은 같은 레벨의 제목인데, 왜 다른 색을 썼나요?"라고 물어본 적이 있다. 필자의 답은 "미안합니다. 제가 미처 발견하지 못했습니다."였다. 그 직원은 섬세해지자고 하는 강의에서 글자색이 다르다면 뭔가 이유가 있다고 생각한 것이다. '고용률'이란 단어가 노란색이면, 끝까지 노란색으로 하자. 외국과 비교한 '한국 통계'가 파란색이면 계속 파란색을 쓰자. 그래야 청중들이 '고용률'과 '한국 통계'라는 단어를 찾지 않고, 직관으로 한눈에 발견하게 된다.

애니메이션 맞추기 프레젠테이션의 가장 큰 특징이 애니메이션이다. 그 탓인지 애니메이션이 지나치게 번잡한 경우도 많은데, 오히려 청중의 몰입을 방해한다. 지나친 애니메이션은 민낯을 감추기 위한 화장이라고 생각한다. 두 가지 원칙만 제시해본다. 우선 애니메이션의 본질이 무엇일까? 효과를 극대화하려는 것이다. 따라서 그냥 무조건 하는 것이 아니라 화면 내용에 맞추어야 한다. 물음표(?)가 있을 때 그 답이 동시에 나온다면 청중을 생각하게 하는 효과가 떨어진다. 이럴 경우 물음표보다 답이 나중에 나오게 한다. 화면 4에서 '자기완결성' 덩어리가 물음표로 끝난다. 따라서 그 답인 Yes! 덩어리는 클릭해야 나오게 애니메이션을 넣었다. 그 옆의 '일신우일신' 덩어리도 마찬가지다. 둘째, 그렇게 하려면 심플하게 그리고 전체적으로 통일되게 해야 한다. 다만 한두 군데 정도만 포인트를 준다. 화면 그리기의 고수는 애니메이션의 화려함에 목숨을 걸지 않는다. 전달하고자 하는 내용의 본질을 보여줄 수 있는지에 대해서만 몰두할 뿐이다.

화면의 의미를 말하라

박 팀장은 얼마 전 이사장에게 보고가 된 내년도 사업 추진계획을 이사회에 보고해야 한다. 며칠간 공들여서 프레젠테이션을 준비했다. '4×4 원칙'을 충실히 지켰다. 정보나열이 아니라 의미전달에 각별히 신경 썼다. 시작과 끝 화면도 주의를 끌게 신선하게 준비했다.

'역시 PPT는 자료가 아니라 화면으로 생각해야 해. 확 달라지잖아. 참, 제일 중요한 미리 준비하기를 해야지!'

발표 시나리오를 그대로 읽으면 되도록 타이핑해 출력해놓았다. 다음 날 아침 이사회, 박 팀장은 스크린 옆 발언대 뒤에 서서 준비한 시나리오를 읽었다. 아무 문제가 없었다. 그런데 분위기가 이상하다. 중요한 부분을 아무리 큰 소리로 읽어도 아무도 관심을 안 보인다. 나름 준비한 유머를 해도 얼음장이 녹을 기미가 안 보인다. 대부분 앞에 놓인 유인물을 뒤적거리거나, 스마트폰을 보거나, 아예 눈을 감고 잠을 잔다. 도대체 왜 그럴까?

● 읽지 말고 말하라

읽어서 그렇다. 많은 사람이 발표 시나리오를 미리 준비한다면서 화면 내용의 대부분을 글로 옮겨 적는다. 그리고 실전에서는 스크린을 보지 않고, 청중 얼굴도 보지 않는다. 오직 시나리오만 그대로 읽는다. 발표가 아니라 낭독일 뿐이다. 아무런 감동이 없고, 어떠한 의미도 전달되지 않는다. 말하기를 해야 하는데, 읽기를 하고 있는 것이다.

첫 번째 문제는 바로 프레젠테이션을 '문서 작성하기'로 이해해서 그렇다. '그림 그리기'로 이해해야 바뀔 수 있다. 화면의 내용을 그대로 문장으로 바꿔 읽으면 아무도 그 의미를 전달받지 못한다. 화면에 있는 글자는 누구나 읽을 수 있다. 그대로 읽으려면 프레젠테이션을 할 필요없이 자료만 배포하면 된다. 문서 작성이 아니라 프레젠테이션을 하는 이유를 생각해야 한다. 제발 화면의 글자를 읽지 말고 화면의 의미를 말하자.

● 서 있지 말고 움직여라

두 번째 문제는 그냥 서 있어서 그렇다. 다시 말하면 발언대 뒤에 숨기 때문이다. 30분 동안 한 자리에 서서, 그것도 발언대 뒤에서 준비해온 원고를 그대로 읽으면 누가 관심을 가질 수 있겠는가?

필자가 영국에서 유학할 때였다. 어떤 수업시간에 영어로 프레젠테이션을 해야 했다. 미리 준비는 했지만 서툰 영어 때문에 부담스러웠다. 더구나 내 앞 차례는 영국 본토박이 여학생이었다. 영어에서 너무나 비교되는, 최악의 순번이 아닌가? 그녀의 프레젠테이션을 들었다. 그런데 정말 의외였다. 원어민인데도 그녀는 발언대 뒤에 서서 준비한 원고를 그대로 읽기만 하는 것이 아닌가? 아무에게도 주목받지 못했다. 필자는 그때까지 내가 '영어만 잘하면 이까짓 프레젠테이션쯤이야.'라는 생각이었다. 즉, 프레젠테이션이 부담스러운 것은 영어 때문이라고 생각했다. 그러나 문제는 영어가 아니었다.

서 있지 말고 움직여라. 숨지 말고 파고들어야 한다. 필자는 강의할 때 특별한 경우가 아니면 첫인사를 하고 나서 옷을 벗기 시작한다. 양복 상의를 벗고, 와이셔츠 소매를 걷어 부친다. 그리고 공간을 최대한 넓게 활용한다. 우선 단상을 좌우로 걸어 다닌다. 정말 강조하고 싶은 부분은 포인터로 찍지 않는다. 스크린 앞으로 가서 직접 손으로 찍는다. 심하게 조는 청중이 보이면 좌석으로 내려가 그 근처로 파고든다. 절대 발언대 뒤에 서지 않는다! 원고를 그대로 읽는 대신 화면과 청중을 보면서 화면의 의미와 메시지를 전달한다. 이렇게 원고를 안 읽으려면? 미리 준비할 수밖에 없다.

프레젠테이션할 때 원고를 못 외웠다고 걱정할 필요는 없다. 외울 필요도 없고, 외우는 것이 좋지도 않다. 어차피 잘 외워지지도 않는다. 준비하기와 외우기는 다르다. 어떤 사람은 처음부터 끝까지 토씨 하나 빼놓지 않고 전부 외우기도 한다. 그러다 중간에 잊어버리면 더 당황스럽기만 할 뿐이다. 미리 준비하기는 덩어리와 스토리를 이해해서 발표의 흐름을 만드는 것이다. 외우지 않아도 흐름이 만들어지면 그것으로 충분하다. 스티브 잡스가 아이폰을 발표할 때 원고를 읽던가? 고수는 원고를 읽지 않는다. 외우지도 않는다. 다만 미리 정리된 생각을 말로 표현할 뿐이다.

성격이 내성적이라 단상에만 서면 부끄럽고 떨린다고 걱정하는 분들이 많다. 필자도 강의를 많이 해왔지만, 지금도 단상에 서면 여전히 긴장되고 떨린다. 가슴이 벌렁거리고 다리는 후들거린다.

누구나 떤다. 다만 안 떠는 척할 뿐이다. 좀 떨어도 괜찮다. 내가 다리를 떨고 있어도 사실 아무도 모른다. 청중은 단상에 선 사람이 무슨 말을 하는지에 더 관심이 있기 때문이다. 물론 회의 같은 경우 앉아서 하는 프레젠테이션도 있다. "그럼 이럴 때도 벌떡 일어나서 의자 뒤로 왔다 갔다 해야 하나요?"라고 묻는 분이 있다. 아니다. 다만 발언대 뒤에 숨지 않는다는 생각을 하라는 것이다. 물리적으로도 숨지 않아야 하지만 심리적으로도 그렇다. 발언대 뒤로 가면 나도 모르게 원고를 읽게 된다. 숨지 말고 앞으로 나와라. 그러면 자연스럽게 의미를 전달하고 스토리를 말하게 된다.

● 중요할수록 낮게 천천히 말하라

여러분은 중요한 부분을 어떻게 발표하는가? 대부분 크게, 빠르게, 쉴 틈 없이 말한다. 그런데 반대로 생각해보자. 내가 중요하다고 생각하는 것을 청중도 그렇게 생각할까? 그렇지 않을 수도 있다. 중요하다고 크게, 빨리, 쉬지 않고 말하는 것은 "이 부분이 중요하니 반드시 들으세요!"라고 강요하는 것처럼 들린다. 즉, 발표자 위주의 생각이다. 그러면 청중은 일방적으로 듣기만 하게 된다.

생각을 바꿔보자. 중요한 부분일수록 낮게, 천천히, 한숨 돌리며 말해보자. 그러면 "이 부분이 중요하지 않을까요? 한번 생각해보세요!"라고 말하는 것처럼 들린다. 오히려 청중이 나의 말과 스토리에 더 몰입하게 된다. 나아가 '진짜 그런가?' 하고 생각을 한다. 청중이 내 프레젠테이션을 들으며 생각까지 한다면 그건 속칭 '대박'인 것이다. 무림의 고수는 검을 휘두르지 않고 눈빛으로 이긴다. 말하기의 고수는 작은 소리로 청중을 '생각'하게 만든다.

● 유머보다는 스토리로 승부하라

많은 사람이 프레젠테이션에서 유머가 매우 중요하다고 생각한다. 청중의 긴장감을 풀어줄 수 있을 거라는 이유 때문이다. 그래서 한동안 필자도 '어떻게 하면 더 많이 웃길까?' 하는 고민도 했지만, 이제는 거기에 연연하지 않는다. 유머가 본질은 아니기 때문이다. 프레젠테이션의 진정한 가치는 유머가 아니라 메시지에 있다. 물론 유머감각이 있다면 금상첨화다. 그러나 유머로만 일관한다면 끝나고 '뭘 들었지?'라는 생각이 들지 감동이 느껴지지는 않는다. 유머에 목숨 거는 강사에게 강의 후 고맙다는 문자를 보내지는 않는다.

다음은 필자가 제주도의 모 연수원에서 강의후 교육생에게 받은 문자다. 유머는 스토리를 받치는 보조장치일 뿐이다!

황태해장국 ○○○입니다.
오늘 보고서를 위해서 뿐 아니라
삶 전체를 위한 쉽고도 울림이 큰
강의를 경험했습니다.
감사합니다.

2019.10.16

● 미리 준비하고 연습하라

말을 정말 잘하는 사람들을 가끔 본다. 그런데 그런 사람들이 모두 타고난 달변가일까? 우리 같은 보통 사람들은 그렇게 할 수 없는 것일까? 그런 사람들이 말하는 걸 보면 참 쉬워 보인다. 왜 쉬워 보일까?

스티브 잡스의 프레젠테이션은 금세기 최고라 불릴 정도였다. 그의 프레젠테이션 비법을 분석한 자료에서 한결같이 언급하는 것이 있다. 바로 연습이다. 그는 스스로 완벽하다고 할 때까지 화면과 말투는 물론, 동선, 몸동작, 소품활용법까지 치밀하게 준비하고 연습했다고 한다. 심지어 집에 빔프로젝터와 스크린을 설치할 정도였다.

윈스턴 처칠은 2차 세계대전을 연합군의 승리로 이끈 불세출의 정치가이자 명연설가이다. 그런 그도 처음에는 말을 더듬었다. 그래서 말을 할 때마다 치밀하게 준비하고 피나게 연습해서 그 약점을 극복했다. 현재 영국 엘리자베스 여왕의 부친인 조지 6세의 실화는 킹스 스피치라는 영화로 만들어질 정도로 유명하다. 말더듬증으로 대중연설을 전혀 하지 못하던 그가 연습을 통해 수만 명의 영국 국민 앞에서 첫마디를 꺼내는 장면은 정말 감동적이다.

우리는 말 잘하는 사람들을 부러워하지만 그들처럼 연습하지는 않는다. '타고난 달변가'는 아무나 될 수 없다. 그러나 '준비한 달변가'는 누구나 될 수 있다. 고수는 계속 연습하고 미리 준비한다. 그래서 무엇이 핵심인지, 이를 어떻게 전달해야 하는지 쉽게 아는 것이다.

4. 행사
즉석 말하기는 평소 연습으로

  필자는 지난 25년간 공무원 생활을 하면서 정말 많은 행사를 준비했고 참석했다. 시무식, 창립기념식, 각종 대회 개폐회식, 중대재해예방 사업주 간담회, 일자리 창출 업무협약 체결식, 노사 상생 한마음 등반대회, 직원 송년회 등 종류도 다양하다. 그런 자리에 가면 무조건 한 마디 해야 한다. 어떻게, 무슨 말을 해야 할까?

  만약 진행자로서 사회를 본다면 당연히 진행 시나리오를 준비한다. 참석자로 간다면 인사말이나 건배사를 해야 한다. 앞서 말한 대로 미리 준비하면 된다. 그런데 사실 진행 시나리오나 인사말을 미리 준비하는 것은 말하기가 아니라 글쓰기에 가깝다. 써진 글을 그대로 읽는 것은 실전 말하기가 아니다. 진짜는 '즉석에서 말하기'다. 아무리 시나리오를 준비해도 실제 행사에서는 종종 예기치 않은 상황이 벌어진다. 진행자라면 어떻게 대응해야 할까? 다른 기관의 행사에 갔는데 예정에 없던 인사말을 해달라고 한다. 간단하게 해달라고 부탁하지만 당사자는 간단치 않다. 이럴 때는 또 어떻게 해야 할까?

진행자로서 즉석에서 말하기

박 팀장은 공사창립 50주년 기념식의 사회를 맡았다. 시간이 되었는데 외빈 몇 사람이 불참이란다. 박 팀장은 참석자 소개 멘트를 급하게 고친다. 불길한 예감이다. 이사장님이 기념사를 찾는다. 어제 드렸는데 차에 놓고 오셨단다. 혹시 몰라서 연단 밑에 한 부 넣어 놓았는데, 오늘 아침 총무팀에서 새 연단으로 교체했단다. 오 마이 갓! 다행히 팀원이 태블릿 PC에 파일을 올려놓았단다. 페이퍼리스Paperless 방침인 것처럼 태연한 척했지만 등에선 식은땀이 난다. 시작하기도 전에 기진맥진이다.

여하튼 행사는 시작되었다. 그런데 어제는 멀쩡하던 무선 마이크의 건전지가 부족하다고 갑자기 깜빡댄다. 급한 대로 무선 마우스에 있던 건전지를 뽑아서 대체했다. 축하 떡을 자르려는 데 칼이 없단다. 테이프 커팅용 가위로 대신했다. 떡 자르기가 끝나자 시민대표로 참석한 할머니 한 분이 손을 번쩍 든다. 직원이 마이크를 드리니 떡을 가져갈 검정 비닐봉지를 달라신다.

행사 막바지에 공사 홍보 동영상을 보는데, 마지막 자막이 오타로 끝난다. '국민의 에로(애로)사항, 우리가 해결한다.' 행사가 끝난 후 박 팀장은 실신했다.

행사를 진행하게 되면 당연히 진행 시나리오를 준비한다. 그런데 시나리오 그대로 되는 경우는 거의 없다. 돌발 상황이 생길 땐 어떻게 대처해야 할까?

● 생각을 해야 여유가 생긴다

답은 여유와 유머밖에 없다. 하수가 짜증 내고 열 받아 할 때, 고수는 생각을 하며 화를 식힌다. 그리고 여유를 찾아 유머를 생각해 낸다. 이사장님이 태블릿 PC를 보며 기념사를 한다. 고수는 그럴 때 여유 있게 "우리 공사는 환경 문제 해결을 선도하고 있습니다. 이 순간부터 페이퍼리스 정책을 실천합니다. 많은 분의 동참을 부탁드립니다."라고 말한다. 박수를 받는다.

축하 떡을 칼 대신 가위로 잘랐다. 박 팀장은 "칼은 날이 하나지만, 가위는 2개입니다. 우리 공사의 노사가 합심해서 난관을 헤쳐나간다는 의미를 담아 시루떡을 가위로 자르겠습니다."라고 진지하게 멘트를 한다. 오히려 참석자들은 유머로 받아들이며 웃음과 박수로 화답한다. 역시 고수다.

검정 비닐봉지를 달라는 할머니의 요청에는 어떻게 대응해야 할까? 행사와 관련 없다고 그냥 무시해버리면 영락없는 하수다. 대신 기념품이 들어있는 투명한 비닐 쇼핑백을 드린다. 그리고 "검은 봉투를 드리면 청렴의무 위반입니다. 대신 투명한 백을 드리니 100세까지 사세요."라고 말씀드린다. 이 정도면 거의 행사의 신, 초절정 고수다. 그런데 어떻게 이런 멘트를 순식간에 만들 수 있을까? 생각하면 된다. 고수에게 위기란 없다. 아무리 급한 상황, 짧은 순간이라도 생각을 한다. 그래서 고수는 여유가 생기고 판세를 뒤집을 수 있는 것이다.

● 미리 준비해야 두려움이 없어진다

그러면 어떻게 여유를 찾을 수 있을까? 먼저 전체를 봐야 한다. 어떤 일이든 부분만 보면 시야가 좁아진다. 시나리오에 내 얼굴을 파묻으면 행사 전체를 볼 수 없다. 하수는 진행 원고를 보면서 행사를 진행한다. 하지만 고수는 참석한 사람들을 보면서 진행한다.

단상에 서 보면 전체가 보인다. 전체를 보는 여유가 생기면 그다음은 '내 안의 호랑이'를 없애자. 누구나 행사 사회를 보게 되면 불안하고 떨린다. 이때 내 안에 있던 '불안'이라는 호랑이가 활동을 시작한다. 필자도 내 안의 호랑이가 튀어나온 적이 있다. 인사업무를 하는 운영지원과장으로 있었을 때 일이다. 운영지원과장은 승진·전보·포상이 있을 때마다 임명장 수여식을 진행해야 했다. 크게 어려운 일은 아니다. 임명장을 받을 직원들을 대기시키고, 장관님이 오시면 미리 작성해둔 인사 발령사항을 읽기만 하면 된다. '임명장, 고용정책과 사무관 홍길동, 서기관에 임함, ○○고용센터소장에 보함, 몇 년 몇 월, 고용노동부 장관, 박길동' 같은 식이다.

그런데 언젠가 이것을 읽다가 발음이 한 번 꼬인 적이 있다. 그랬더니 평소에는 아무 생각이 없다가도 임명장 수여식만 할라치면 자꾸 그 생각이 나서 불안했다. 내 안의 호랑이가 점점 커진 것이다. 어떻게 없앴을까?

해답은 바로 연습이었다. 몇 달 후 수십 명에게 임명장과 훈포장을 수여하는 큰 행사가 있었다. 읽는 자료만 10여 쪽이었다. 계속 호랑이를 키우던 필자는 그때 작심을 했다. '그래. 이판사판인데 아예 통째로 외워버리자.' 아들을 앞에 놓고 주말 동안 수십 번을 읽

260

었다. 모두 외웠다. 그리고 성공했다. 자료를 모두 외우면서 상황에 익숙해지는 연습이 된 것이다. 준비가 되니까 불안이 사라졌다. 누구도 예상치 못한 상황이란 없다. 내가 준비를 못 한 것이다. 아니 안 한 것이다. 아무리 예상치 못한 상황이라도 연습하면 익숙해진다. 그러면 준비된 상황이 된다.

참석자로서 즉석에서 말하기

다른 행사에 참석했다가 갑자기 인사말이나 격려사를 부탁받는 경우가 있다. 거절할 수도 없지만, 횡설수설하기도 싫다. 요즘은 술자리에서도 멋진 건배사를 해야 한다는 부담을 받는다.

● 행사의 의미를 찾아라

그럴 땐 먼저 냉정하게 여유를 찾는다. '진행자로서 즉석 말하기'와 같다. 그러나 그것으로만 끝내면 아직 고수가 아니다. '그 행사에 내가 왜 갔지?'를 생각해야 한다. 핑계 없는 무덤이 없듯이 의미 없는 행사는 없다. 행사에서 인사말은 참석자들에게 행사의 의미를 다시 한 번 전달하는 데 의의가 있다. 그런데 의미는 어떻게 찾을 수 있을까? 스토리로 찾는다.

오래 지속된 행사라면 오래된 이유가 있다. 내가 속한 조직이 후원하는 행사라면 후원하는 이유가 있지 않을까? 내가 반드시 가야 하는 행사라면 가야 할 까닭이 있다. 먼저 그 이유를 찾아야 한다.

이유를 찾으면 현재와 연결한다. 이유는 인과관계에서 과거에 해당한다. 따라서 현재의 우리 조직이나 그 기관의 입장 또는 지금 행사 참석자들의 특성 등과 연결해서 인과관계를 만들어보는 것이다. 연결되면 미래를 생각하자. 즉, 앞으로 발전시켜 보는 것이다. 그러면 즉석이지만 '과거 → 현재 → 미래'라는 스토리가 만들어진다. 이것을 엮으면 아주 훌륭한 즉석 인사말이나 건배사가 된다. 즉석이므로 시간이 별로 없다. 따라서 익숙한 틀로 스토리를 만들어내는 것이 안전하다.

필자는 실제 상황에서 위와 같은 '과거 → 현재 → 미래'의 스토리를 많이 쓴다. 또는 '내 일My work과 내일Tomorrow'도 활용한다. '일자리가 곧 내일'이라는 스토리는 쉽지만 강력하다. 고용노동업무와 관련한 어느 자리에 가도 적용할 수 있다. 때로는 이 책에서처럼 '하수와 고수'의 스토리도 즐겨 쓴다. 정면으로 대비하는 말하기 틀은 듣는 사람으로 하여금 '내가 하수인가, 고수인가?' 생각하게 하는 효과가 있다. 그만큼 쉽게 몰입시킬 수 있다.

● 새로워야 공감한다

의미를 찾았다면 모두가 공감할 수 있게 표현해야 한다. 그런데 즉석에서 하는 말이다 보니 미리 준비해서 말하는 것처럼 체계적으로 생각을 정리하기란 쉽지 않다. 그렇다면 즉석에서 무엇으로 청중의 공감을 끌어낼 수 있을까? 바로 새로움이다. 남들과 달라야 한다. 이미 익숙한 표현은 더이상 모두가 공감할 수 없다. 즉석 건배사를 생각해보자. 몇 마디 하다가 갑자기 '위하여'라고 하면 그 건배사가 기억이 나겠는가?

필자가 직원들과 하는 편한 회식자리에 가면 가끔 건배사를 권할 때가 있다. 다만 '위하여!'는 빼고 하자고 부탁한다. 처음에는 당황하는 사람도 있지만 한두 명만 해보면 다들 너무 좋아한다. 직장과 인생에 대한 각자의 생각을 들을 수 있어서 좋다. 서툴지만 새로워서 좋다. 그리고 서로가 서로를 기억할 수 있어서 좋다. 여기서 필자가 지금까지 들어본 최고의 건배사를 소개한다. 한참 와자지껄한 분위기에서 K 씨의 순서가 되었다. 조용한 목소리로 나태주 시인의 '풀꽃'이란 시를 읊었다.

자세히 보아야 예쁘다.
오래 보아야 사랑스럽다.
너도 그렇다.
(다 같이 다시 한 번) 너도 그렇다.

'너도 그렇다!'를 같이 외친 순간, 덩치는 산만한 일고여덟 명의 남자들이 모두 잔을 내려놓았다. 누가 먼저랄 것도 없이 부인에게, 연인에게, 자식에게 전화하고 문자를 보내기 위해서였다. 그 순간을 잊을 수가 없다. 단 석 줄이었지만 모두의 마음을 울린 건배사였다. 익숙하지 않아서, 새로워서 공감할 수 있던 순간이었다.

● 새로워지는 연습하기
사실 즉석에서 익숙함에 벗어나는 말을 하기는 쉽지 않다. 방법은 연습뿐이다. 그렇다고 진행자가 하는 것처럼 리허설을 하라는 것이 아니다. 일상이 연습이다. 남이 쓴 글을 읽을 때마다 어떤 스토리가 있는지 찾아보자. 내가 글을 쓸 때마다 어떤 스토리로 쓸 것인지 생각해보자. 나도 모르게 새로운 스토리가 만들어진다. 만드는 방법을 알게 되는 것이다. 하수는 틈틈이 연습하지만, 고수는 일상이 연습이다.

회사의 동료(또는 다른 회사의 동급 직원)에게 말하는 상황을 생각해 보자. 주로 업무상 협의를 하거나 설명, 조정을 하는 경우가 많다. 때로는 편하지만 때로는 조심스럽다. 어떤 생각으로 말해야 할까?

동료끼리 일하는 위치는 같지만, 그렇다고 생각까지 같은 것은 아니다. 따라서 동료에게 말할 때는 서로 다름을 인정해야 하고, 그러려면 '너와 내'가 아니라 '우리'의 입장에서 보는 것이 핵심이다. 동료를 '너와 나'로 생각하면 동료가 적이 된다. 나도 모르게 경쟁자로 보고, 경쟁은 분열로 진화되기 쉽다. 조직이 깨지는 것은 동료 간 분열에서 시작된다.

하지만 동료를 '우리'로 생각하면 동지가 된다. 동료는 같이 일하는 사람이지만 동지同志는 뜻을 같이하는 사람 아닌가? 동료는 많지만 동지는 별로 없다. 동료를 적으로 만들지 동지로 만들지는 단 한마디의 말로, 찰나에 결정된다.

공사의 인사업무를 맡고 있는 유연한 운영지원팀장은 기획총괄

팀장인 박 팀장과 입사 동기다. 대학 동기라 20년 이상 알아온 친구이기도 하고, 승진도 거의 비슷하게 했다. 그는 최근 직원 승진제도를 개편하고 있다. 기존에 객관식 시험과 근무평정(상급자가 하급자의 근무실적, 직무수행능력 및 태도, 청렴도 등을 판단하는 제도)으로 결정해왔던 직원 승진을 올해부터 역량평가 방법으로 바꾸기로 했다. 워낙 비밀리에 검토해서 전격적으로 결정되는 바람에 평가과제 개발 및 평가위원 수당 등에 필요한 예산이 미처 편성되지 못했다. 따라서 회사의 전체 예산까지 담당하는 박 팀장에게 예산 전용을 요청하고 있다.(얼마 전 조직 개편으로 예산팀이 기획총괄팀에 흡수되었다.) 며칠 전 실무자끼리 먼저 협의했지만, 당연히 예산 실무자 반응은 시큰둥하다. 그래서 유 팀장이 직접 업무 협의를 하러 왔다.

"박 팀장, 바쁜데 미안해. 이거 이사장님 관심 사안이거든. 무조건 올해 중 역량평가 제도를 시행하라는 지시야. 워낙 철저히 보안을 유지하다 보니 자네하고 사전협의도 못 했네. 그 부분은 미안. 여하튼 한 달 내에 2억 원 정도 전용해야 해. 한 번 도와줘."

긍정적으로 생각하라

하수는 비웃는다. 그 얘기를 들은 박 팀장은 피식 웃는다. "헉, 역량평가? 2억? 유 팀장, 내가 동기 입장에서 솔직히 말할게. 그런 걸 왜 해? 고용섬세부에서 도입했다고 우리도 하는 거야? 공무원과 공기업은 다른 거 몰라? 역량평가 도입한다고 승진에 대한 직원 불만이 없어질 것 같아? 해봤자 안 돼. 여하튼 이사장님 지시 사항이라니까 잘 해보소. 이거 옛날에 내가 인사담당 대리할 때 검토했다가 안 되는 거로 결론 낸 거야. 내가 잘 아니까 도입 연기하는 걸로 보고서 한 장 써줄까?"

이렇게 말하면 유 팀장은 "너무 그러지 마라. 솔직히 나도 미치겠다. 그래도 지금 와서 어떻게 해? 그러지 말고 검토 좀 해줘. 2억이 많아 보이면 좀 줄여서 다시 가져올까? 흐흐흐."라고 사람 좋게 웃으면서 한 번 더 부탁한다. 그러나 마음속에는 '그래? 야, 박 팀장, 너 많이 컸네. 그래도 대학 때부터 친구였던 나를 이렇게 대하면 안 되지. 다음 인사 때도 웃는지 한 번 보자.'라는 생각이 든다. 머리에 얼음이 얼고 가슴엔 불이 타오른다. 동료가 적으로 바뀌는데는 10초도 안 걸린다.

고수는 긍정한다. "드디어 그거 하는구나. 반대도 있겠지만 조직을 운영하려면 필요한 면도 있지. 올해엔 무조건 5% 예산절감 방침 때문에 예산전용이 쉽지 않은 건 사실이야. 그래도 어떻게든 해볼게. 되는 방법이 있을 거야! 너도 예산소요액 좀 줄여봐. 솔직히 좀 불려서 요청했지? 우리도 여기저기 자투리 잔액을 모아볼게. 우리가 언제 있는 길만 갔냐? 없으면 만들었잖아!"

말 한마디일 뿐인데 일이 잘될 것 같다. 상대방 일의 가치에 의미를 부여하자. 그러면 그도 나에게 의미를 부여한다. 되는 쪽으로 생각하면 되는 방법이 생각난다. 하수가 안 되는 이유 100가지를 들 때, 고수는 되는 방법 10가지를 만들어낸다. 그래야 동지가 된다. 안 되는 이유만 가지고는 같은 뜻을 펼칠 수가 없지 않은가?

먼저 다가가라

하수는 벽을 친다. "유 팀장만 급한 거 아냐. 난 더 바빠! 예산 시즌이라 지금 국회 가야 해. 일단 예산 담당 실무자에게 다시 얘기해봐. 그런데 사전협의도 없이 왜 지금 와서 뒤늦게 난리야? 그게 우리와 무슨 관계가 있다고 그래? 이미 예전에 안 하기로 다 정리되었는데, 왜 또 불씨를 켜? 그리고 설사 한다고 쳐. 예산전용은 네 맘대로 하나? 전용재원은 어디서 마련할 건데? 여기저기 다른 부서에 예산 남는지 알아봐야 하는데, 그걸 왜 바쁜 우리 팀이 해? 너희 팀이 직접 하든지 말든지!"

박 팀장의 퉁명스런 반응이다. 유 팀장은 답답하다. 벽을 치는 느낌이다. "그래도 동기 좋다는 게 뭐냐? 힘 있을 때 한번 봐줘. 예산 담당 직원에게 긍정적으로 검토하라고 지시 좀 해. 내일 저녁 시간되지? 내가 소주 한잔 거하게 모실게. 흐흐흐." 웃으며 스스로를 낮춘다. 그러나 마음은 낮춰지지 않는다. '도와주지 않을 거면서 쪽박을 깨? 박 팀장, 네 바가지는 안 깨질 줄 아냐?'라는 생각이 불끈 올라온다. 20년 친구는 없어지고 순간 적이 된다.

고수는 먼저 다가간다. "그거 반대 많았을 텐데 마음고생 많았지? 내가 인사 담당 대리 때 검토해봐서 그 마음 알아. 그래도 네가 하니까 다행이다. 유 팀장이 사심 없다는 건 모두 인정하잖아? 그러니까 반대가 있어도 설득이 될 거야. 그래서 난 언제나 네 편이야. 조직을 위해 일하는 거니까."

이 한마디로 예산전용에 대한 걱정은 사라진다. 일이 안되어도 마음은 서운하지 않다. 사람이 남기 때문이다. '한 발짝만 다가오면 모두가 행복합니다!'라는 남자 화장실의 문구처럼 모두가 행복해진다.

동료와 협의를 하면서, 또는 타 회사 직원을 설득하면서 어떨 때가 제일 답답한가? 닫혀 있을 때다. 말은 많이 하는데, 속은 꽉 닫혀 있다. 내 속마음을 떠보고, 우리 조직을 경계한다. 서로 불행할 뿐이다.

동료의 닫힌 마음을 여는 비법이 있을까? 닫힌 문을 여는 방법과 같다. 우선 문을 열려면 스스로 다가가라. 문이 알아서 다가올 수는 없지 않은가? 그리고 두드려라. 오히려 꼭 닫힌 문일수록 열쇠보다는 노크 소리에 쉽게 열릴 수 있다. 동료의 마음을 여는 데 논리만으로 될까? 하수는 열쇠로 후비지만, 고수는 마음으로 두드린다. 쉽게 열려면 마음으로 다가서자.

잘난 척하지 말고 진심으로 도와라

하수는 관심이 없다. "역량평가 도입한다고? 내가 이거 전문가잖아? 오래 검토해서 잘 알거든. 비록 도입은 못 했지만 우리 회사에서 나만큼 이 제도에 대해 잘 아는 사람도 없어. 유 팀장, 고생깨나 할걸? 술이나 한잔 사. 내가 빠져나갈 노하우를 알려줄테니 적당히 해!"

예산전용 문제는 언급도 없다. 상대방의 초조한 입장은 생각도 안 하고 신 나서 자기 자랑만 한다. 자신이 더 잘 알거나 예전에 해보았다는 우월감만 드러낼 뿐, 결국 잘난 체다. 유 팀장은 "맞아. 자네가 인사 담당할 때 검토했었지. 그때 자료를 보니까 검토는 많이 했더라고. 여건이 잘 안 맞아서 도입을 못 했지. 그때 성공만 했으면 자네는 아마 특별 승진했을걸? 그런데 예산 전용은 어떻게 가능할까?"라며 호시탐탐 찾아온 목적을 달성하려는 생각만 한다. 그러면서 굿거리장단 맞추듯이 동기의 비위를 맞춘다. 그러나 마음속으로는 비위가 상한다. '전문가라고? 전문가가 '전혀 문제를 모르고 가식적이기까지 한 사람'이란 뜻인가? 전문가 좋아하네. 나는 네가 그때 한 일을 안다. 신입직원도 너보다는 잘했겠더라. 정신 차려, 이 친구야!'라고 비웃는다. 동료가 적으로 바뀐다.

고수는 진심으로 도우려 한다. "이건 내가 검토한 적 있어. 당시의 보고서는 당연히 보았겠고. 음, 차라리 내가 가지고 있던 참고자료들을 보내줄게! 앞으로 역량평가를 실제 시행하다 보면 생각지 못한 문제들이 생길걸? 쉽게 해결하려면 흐름과 맥락을 알아야 하는데, 그 자료들이 시간을 절약해줄 거야! 한 번 보고 더 필요한 것 있으면 말해. 예산전용 건은 내가 한번 챙겨 볼게. 여건이 쉽지는 않지만 그래도 가급적 되는 방법을 찾아 봐야지. 혹시 안 되더라도 여하튼 빨리 알려 줄게. 그리고 예산 말고 또 내가 뭐 거들어줄 것 있어?"

이와 같은 말은 어떤가? 말과 마음이 같다. 겉과 속이 같음을 느낀다. 순간 유 팀장은 울컥하는 동지애를 느낀다. 마누라보다 더 고맙고, 평생 같이 가고 싶다. '역시 동기밖에 없어. 고맙다!'

입으로는 듣기 좋게 말하고 있어도 속은 다르다고 느껴질 때가 있다. 구밀복검口蜜腹劍, 즉 입으로는 꿀처럼 달콤하게 말하지만, 속에는 칼을 갈고 있다는 뜻이다. 그런데 이렇게 겉과 속이 다르게 말하면 상대방이 모를까? 하수는 내 속을 감추지만 그 속이 잘 보인다. 사람은 자신에 대한 적대감을 본능적으로 느끼기 때문이다.

말을 하려면 먼저 진정성을 갖자. 말만 하지 말고 실제 마음을 그렇게 갖자. 진짜 도와주자. 그래야 그 생각이 상대에게 전달되고, 동료에서 동지가 된다. 고수의 말은 겉과 속이 같다. 말과 행동이 일치한다. 그래서 말 한마디로 동료를 동지로 만든다.

직장에서 부하직원에게 말하는 상황을 생각해보자. 주로 업무처리를 위해 지시를 하거나 직장생활 적응을 위해 멘토링하는 경우가 많다. 필자는 두 가지를 모두 합쳐서 부하에 대한 '코칭'으로 표현한다. 나보다 후배니까 나이도 어리고(물론 예외도 있다!) 쉬워 보인다. 그러나 쉽지 않다. 선배로서 인간적으로 존경받고, 상사로서 업무에 완벽해야 한다. 어떤 생각으로 코칭해야 할까?

후배는 아무래도 챙겨주어야 할 대상이다. 우리들의 신입 시절을 떠올려보자. 아는 사람도 없고, 문제를 어떻게 해결해야 할지, 결과는 어떻게 처리해야 할지도 모른다. 누가 말 한마디라도 내 상황을 챙겨주고 배려해 주었으면 좋겠다는 생각을 하지 않았을까? 그렇다. 후배나 부하직원에게 말할 때에는 배려가 필요하다. 개인에 맞추어 상황을 헤아리는 것이다. '헤아리다'는 사전적으로는 '짐작하여 가늠하거나 미루어 생각한다.'는 뜻이다. 가만히 보면, 딱 그것만이 아니라 전체적인 흐름과 맥락을 같이 고려한다는 느낌이다. 그런데 우리는 말을 하면서 부하의 입장을 얼마나 헤아릴까? 오히려 반대로 나의 권위를 세우려 하지 않을까? 대학 시절 행정학 개론 강의 때 교수님이 이런 말씀을 하셨다. '남이 세워주면 권위고, 내가 세우려 하면 권위주의'라고. 권위를 세우고 싶은가? 그렇다면 세우려 하지 마라.

기획총괄팀에 강인해 대리가 새로 왔다. 박 팀장은 같이 일한 적도 없고 전혀 모른다. 그러나 먼저 있던 섬세 지역본부에서 나름 기획업무를 했고, 보고서도 꽤 쓰고, 특히 대인관계와 갈등조정에 탁월하다는 추천이 있어서 예산담당으로 받았다. 예산업무는 기획능력과 대인관계 능력이 동시에 필요하기 때문이다.

그런데 시간이 지나며 강 대리가 생각보다 별로라는 느낌이다. 보고서 형식은 깔끔한데, 내용이 없다. 예산 설명할 때 보면 말은 많은데, 무슨 말인지 모르겠다. 부서 간 예산 조정할 때는 합리적 기준보다 정치적 기준을 우선하는 듯하다. 그러다 보니 여기저기에서 잡음이 들려온다. 즉, 일이 잘 안 돌아가는 것이다. 기본 자질은 있는데, 트레이닝이 제대로 안 된 것 같다. 그리고 무엇 때문인지 모르겠지만 업무에 몰입하는 것 같지 않다. 결정적으로 내일 이사장에게 보고해야 하는 '내년도 예산편성 기본방향'이란 보고서의 초안을 보고받았는데, 내용이 부실하다. 며칠 전 이사장님 방침을 알려주고 그에 맞는 신규사업을 발굴하라고 지시했다. 그런데 새로운 고민 없이 기존 사업 중 중복되는 것만 정리한 것이다.

박 팀장은 마음먹고 강 대리를 불렀다. 어떻게 코칭할까?

마음을 헤아려라

하수는 무시한다.

① 우선 능력을 무시하기 시작한다. "지금 뭐 하는 거야? 회사에서 장난해? 우리 회사 몇 년 차야? 그런데 이렇게 말귀를 못 알아듣나? '신 규 사 업 발 굴'이란 단어 몰라? 도대체 아는 게 뭐 있어? 머리는 폼으로 달고 다니나?"

⇒ (강 대리) '잘못은 좀 했구나. 그런데 깨는 게 장난이 아닌데?'

② 다음엔 비교해서 무시한다. "이거밖에 못해? 먼저 있던 신 대리와 같은 대리잖아? 그런데 이렇게 다를 수 있나? 신 대리 보고서는 봤어? 하긴 봤어도 이해를 할 수 있을지 몰라."

⇒ (강 대리) '깨는 건 괜찮은데, 비교하는 건 정말 참기 어려워.'

③ 내친김에 마무리까지 한다. 인격적으로 무시하며 결정타를 지른다! "먼저 있던 섬세 지역본부에서도 이렇게 했어? 그런데 어떻게 본사 기획총괄팀으로 추천하지? 서류에는 38회 입사시험 합격으로 되어 있는데, 정말 합격한 거 맞아? 여기엔 누구 낙하산이야? 줄 한번 튼튼한데?"

⇒ (강 대리) '확 받아버려?'

만약 박 팀장이 습관적으로 이렇게 말한다면 잘못된 습관이다.

위 사례는 사실 홧김이라고 포장은 하지만 박 팀장의 의도된 발언이다. 인격과 능력을 철저히 무시한다. 부하직원을 자극해서 분발하게 하려는 계산된 코칭이다. 그러나 그 의도는 전혀 성공하지 못한다. 이런 코칭을 당하면 잘못은 사라지고 분노만 남기 때문이다. 아무리 의도가 좋아도 무시하는 것은 좋지 않다. 누구나 무시를 당하면 앞이 제대로 보이지 않기 때문이다. 앞도 제대로 못 보게 만들면서 어떻게 헤아릴 수 있겠는가?

고수는 마음을 헤아린다.

① 업무상 능력을 인정한다. "내년엔 신규사업이 전혀 없는데, 그래도 될까? 내년 여건상 긴축이 필요한 거는 맞아. 그러나 '섬세촉진지원금' 같은 분야는 중소기업 지원 사업이야. 불경기에 오히려 늘려야 하는 것 아닐까? 이 부분은 나도 판단하기 좀 어렵네. 현장에서 중소기업을 많이 접촉해본 강 대리 생각은 어때? 어떻게 풀면 될까? 고민하면 묘안이 나올 것도 같은데?"

능력을 인정하는 것도 여러 방법이 있다. 예를 들면 "자네는 보고서 쓰는 능력이 아주 뛰어나. 우리 직원 중 최고야!"라는 식으로 칭찬한다면 조금 과장된 느낌이라 어색하다. '글쎄, 이 양반이 갑자기 왜 그러지? 무슨 저의가 있나?'라는 생각이 들 것이다. 진정성이 느껴지지 않기 때문이다. 그러나 이렇게 해보자. 상사가 어려운 문제에 대해 부하 직원의 의견을 구하는 형식이다. '당신이 검토를 안 한 것은 잘못이야. 그러나 검토할 수 있는 능력은 충분히 있어!'라는 말이다. 그러면 부하는 자신의 능력을 인정받

왔다고 생각한다. 순간 슈퍼컴퓨터같이 머리를 돌리고 슈퍼맨처럼 밤을 새운다.

② 업무상 실적을 칭찬한다. "기존 사업 중 중복되는 부분을 과감히 정리했구먼. 새로운 시도인데, 생각보다 괜찮은걸? 오케이. 보고서 중 중복예산을 조정하는 논리가 간결하면서도 의미가 분명해서 좋아. 신규사업 발굴이 미흡한 것과는 별개로 중복사업 조정은 의미가 있지. 강 대리가 오자마자 한 건 했네! 그 문제가 항상 찜찜했는데, 덕분에 깔끔히 정리되었어."
능력을 인정하는 것은 미래를 향한 격려지만, 실적을 칭찬하는 것은 과거 전체에 대한 격려다. 왜냐하면 보이는 실적만이 아니라, 그간의 과정과 노력까지 인정하는 것이기 때문이다. 상사가 부하의 과정까지 헤아린다면 어느 후배가 존경하지 않을 수 있을까? 부하는 나의 과정까지 인정하는 선배에게 열광한다.

③ 구성원으로서의 존재감을 높여준다. "자네가 있어 든든해!" 이 한마디가 부하의 존재감을 인정한다. 자존심을 높여준다. 사람을 업무로만 인정하는 것이 전부는 아니다. 그럴 수도 없다. 조직원 이전에 사람이기 때문이다. 물론 어디까지나 능력과 실적은 중요하다. 그러나 구성원들이 당신을 믿고 있다는 신뢰감, 그것을 통해 조직에 기여한다는 존재감, 있는 것 자체만으로 다행이라는 안도감도 중요하다. 든든하다는 이 말을 듣고도 일을 하지 않을 부하는 없다. 아니, 이런 부하가 있으면 안 된다.

④ 개인적인 상황을 이해해준다. "강 대리! 지난달에는 주말에도 고향 집에 못 가고 계속 나와서 일하는 것 같던데? 애 둘 키우고 부모님 모시는 게 쉽지는 않지. 애 엄마가 있어도 이것저것 챙겨야 할 집안일도 많았을 텐데. 힘들었지? 그런데 피곤이 누적되면 더 힘들어. 아무리 바빠도 이번 주는 무조건 집에 가."

업무상 칭찬과 인정은 백 마디라도 좋다. 그러나 그것만으로는 부족하다. 때로는 개인적 사정을 이해해주는 한마디가 더 크게 다가온다. 사람은 자기 문제를 누구에겐가는 털어놓고 싶어 한다. 이럴 때 누가 내 사정을 이해하는 말을 해준다면 어떨까? 직장 사람의 이해는 가족의 위로와는 다르다. 직급을 막론하고 동지애를 느끼기 때문이다. 때로는 개인 사정을 마음으로 이해하는 말도 하자. 소주 내기 탁구도 한판 붙자. 그러면 강 대리가 왜 업무에 몰입하지 못하는지 알게 되고, 그것을 풀어주는 코칭을 할 수 있다. 산을 잘 못 타지만 등산도 하고, 흘린 땀의 두 배쯤 막걸리도 마시자. 그러면 강 대리가 신규사업을 발굴하지 않은 진짜 이유를 들을 수 있다.

일단 인정하자. 그래야 사람이 보이기 시작하고, 대화가 통하게 된다. 사람을 헤아리는 것은 그 사람을 인정하는 것에서 시작한다.

문제를 헤아려라

하수는 '3무(三無)'로 때운다. 어렵거나 힘든 일이 있을 때 부하들에게 어떻게 말하는가? '무작정', '무결정', '무원칙' 하게 말하는 사람들이 있다. 어려운 일을 피하려고 그렇게 말하지만, 사실은 무능력의 정석을 보이는 것이다.

① 무작정하기: "하라면 해. 신규사업 발굴하라는데 왜 안 해? 내 지시를 뭉개는 거야? 지금 이사장님 방침에 들이대는 거야?"
무턱대고 밀어붙인다. 지시는 하는데 이유가 없다면 비합리적이다. 있는데 설명을 못한다면 무능력한 것이다.

② 무결정하기: "(아무 이유도 없이) 좀 더 검토해. 지금은 타이밍이 아니야. 좀 묵혀두지."
선택해야 할 시점에서 결정을 못한다. 시간 끄는 것도 하나의 전략이라고 포장하지만 사실은 우유부단해서 그렇다. 시간만 가고, 우유는 썩는다.

③ 무원칙하기: "내가 언제 그랬어? 그때는 그때고 지금은 아니잖아? 우리가 항상 같은 원칙으로만 일해야 해?"
말과 생각의 일관성이 없다. 원칙이 아침저녁으로 바뀌고, 만나는 사람마다 변한다. 원칙이 없으면 차라리 낫다. 원칙을 깨고 바꾸면 최악이다.

고수는 문제를 해결한다. "잘 돼가? 안 풀리는 건 없어? 뭐가 제일 고민이야? 지난번 지시의 취지는 이거야. 이런 아이디어는 어때? 이 자료 한 번 봐봐. 지금과 같은 건은 아니지만 본질은 같아. 문제 해결의 단서를 찾을 수 있을 거야. 생각이 안 날 때는 원칙을 생각해야 해. 내 판단이 필요할 때 언제든지 얘기해."

어떤 느낌인가? 힘든 일에 대한 코칭의 핵심은 문제의 해결이다. 스킨십만 하는 상사는 부하들이 머리로 믿지 않는다. 리더십으로만 끌고 가는 상사는 부하들이 마음으로 따르지 않는다. 부하들이 제일 좋아하는 상사는 내가 어려워하는 문제를 해결해주는 상사다.

'무작정'이 밀어붙이는 뚝심은 아니다. 착각하지 말자. 합리적인 이유와 의미를 명확히 말해주자. 그래야 부하들이 그 문제를 왜 해결해야 하는지 이해하고 움직이게 된다. 스스로 문제의 가치와 의미에 동의하지 않는데 적극적인 노력을 기대할 수는 없다.

'무결정'이 전략일 수도 있다. 그러나 대부분은 판단력 부족의 결과다. 내 판단이 틀릴 수도 있지만, 판단하지 않는 것보다는 낫다. 지금 판단하지 못하면 내일도 못한다. 결정해야 할 때에 결정을 내려주자. 그래야 부하들도 결정할 수 있고, 곪아 터지기 전에 문제가 풀린다.

'무원칙'을 유연함으로 가장하지 말자. 원칙이 있어야 유연할 수 있다. 부하에게 내가 생각하는 원칙, 의미, 가치, 메시지, 철학을 분명히 말해주자. 그래야 부하가 판단할 재량이 생기고, 문제가 원만하게 해결된다.

결과를 헤아려라

하수는 책임을 떠넘긴다. "강 대리! 이런 보고서로는 난 책임 못 져. 이렇게는 보고 못 드리니 자네가 직접 보고 드려. 잘못되면 쓴 사람 책임이지."

무책임하면 차라리 낫다. 무책임을 넘어서 부하에게 책임과 부담을 전가한다. 부하의 일할 의욕을 떨어뜨리는 대표적인 경우다. 책임이 무엇인가? 책임은 한자로 꾸짖을 책責, 맡길 임任이다. 각자가 할 일을 분명히 맡기고, 안 할 경우 꾸짖는다는 의미가 포함되어 있다. 영어로 보면 Responsibility, 즉 반응하다는 동사인 Response의 명사형이다. 어떤 요구에 반응하는 것이 책임이라는 뜻이다. 그렇다면 '할 일을 분명히 맡기고, 그것에 반응해야 하며, 안 그러면 꾸짖는다.'는 것이 책임의 본질이다.

부하의 보고서가 지시사항을 모두 반영하지 못했다. 그것이 모두 부하의 책임인가? 보고서는 개인이 아니라 그 팀과 조직 공동의 것이다. 부하는 초안을 작성하고, 상사는 검토하는 것이 맡겨진 일이다. 초안이 미흡하면 상사가 보완하면 된다. 그런데 부하에게 모든 책임을 전가하면 상사에게 맡겨진 일인 '검토하기'를 분명히 하지 못한 것이다. 왜 부하만 꾸짖는가? 내가 할 일에 스스로 반응하지 않았다면 나를 꾸짖어야 하지 않을까?

고수는 책임을 나눈다. 부담과 책임을 분담해야 한다. "이건 잘되든 안되든 같이 가는 거야. 우리는 팀으로 일해. 난 이 보고서 수정할 테니 자네는 외국 사례 좀 챙겨줘. 보고는 내가 드릴테니, 그 사이에 자네는 급한 일 해."라는 말이 필요하다. 그렇다고 부하의 책임까지 모두 뒤집어쓰라는 것이 아니다. 상사와 부하, 동료까지 팀원 모두가 할 일을 명확히 해주어야 한다. 규정상 업무분장이 있지만, 현실에서는 애매한 일이 더 많이 생긴다. 애매한 일이 생길 때 조직에는 분열이 시작되고, 분열에서 하수와 고수가 구별된다. 하수는 얼버무리지만 고수는 정리한다. 하수는 안 하려는 핑계를 찾지만, 고수는 책임과 부담을 나눌 방법을 찾아낸다.

상대방 입장에서 생각하라

보고 때문에 고민하는 이들을 위한 강의를 마무리하려 한다. 지금까지 보고를 잘하기 위해서는 상대방 입장에서 한번 더 섬세하게 생각해야 한다고 설명했다. 물론 그러기 위해서는 글과 말을 잘 다뤄야 한다. 하지만 그것만이 전부는 아니다. 아무리 글을 잘 쓰고 말을 잘해도 보고가 잘 안 되는 사람은 안 된다. 왜 그럴까?

직장생활을 하다 보면 누구나 실수를 한다. 그런데 어떤 사람에게는 실수가 실수로 이해되고, 어떤 사람에게는 실력으로 평가된다. 평소 신뢰하는 부하직원이 실수하면, '요즘 엄청 바쁜 모양이구나. 안 하던 실수를 다 하네.'라고 생각한다. 그런데 평소에 못 미더운 부하직원이 실수하면, '그럼 그렇지. 자네 실력이 거기까지지. 뭐, 달라지겠어?'라는 생각이 든다. 평소에 쌓은 신뢰가 그 사람의 평가를 바꾸어놓는 것이다.

진정한 고수는 보고에 맞닥뜨려 화려한 문장과 말솜씨로 경쟁하려 하지 않는다. 오히려 상대방의 마음을 얻기 위해 평소에 신뢰를 쌓는 데 집중한다. 신뢰를 쌓는 데는 시간이 걸리지만, 무너지는 건 한순간이다.

그동안 보고법을 강의하면서 처음에는 직접 초안을 쓰는 실무자를 주된 대상으로 생각했다. 그런데 실제 해보니 의외로 검토자인 중간관리자들의 반응이 폭발적이었다. 이들은 공통적으로 '지금까지 부하직원이 써온 보고서에 잘못된 것이 보여도 제대로 고칠 수가 없었는데, 앞으론 자신 있게 고칠 수 있을 것 같다.'는 말을 했다. 보고를 하는 입장이나 받는 입장이나 저마다 남모를 고충이 있던 것이다.

흔히 보고를 아랫사람이 윗사람에게 하는 일방의 소통으로 여긴다. 그러나 일방은 통행이지 소통이 아니다. 만년 신입사원이 없는 것처럼, 보고하는 나도 언젠가 보고받는 그가 된다. 그리고 그 또한 누군가에게 보고하는 내가 된다. 그 누구도 보고에서 자유로울 수 없다. '내가 그의 이름을 불러주었을 때, 그는 나에게로 와서 꽃이 되었다'는 김춘수 시인의 시구처럼, 내가 나일 수 있는 것은 누군가 내 이름을 불러주기 때문이다. 그래서 소통할 수 있는 보고는 공감하는 보고, 즉 내 이름을 불러주는 상대방 입장에서 생각하는 보고다. 바로 이것이 신뢰를 쌓는 지름길이자 보고의 본질인 것이다.

필자는 이 책에서 상사와 부하직원을 동시에 만족시키는 보고법을 4단계로 설명했다. 간단히 다시 살펴보면, 첫 번째는 흩어진 내 생각을 논리의 덩어리로 정리하는 기획 단계다. 재미있는 소설을 읽을 때 시간 가는 줄 모르고 몰입하는 것처럼 보고할 내용도 스토리로 정리하면 상대방이 내용에 몰입하고 쉽게 이해할 수 있다.

두 번째는 내 생각을 누구나 알기 쉽게 문장으로 풀어내는 쓰기 단계다. 아무리 좋은 콘텐츠라도 상대방이 이해할 수 없는 문장으로 쓰였다면 아무 의미가 없다. 정리된 생각을 문장으로 풀어내기 위해서는 누가 봐도 알 수 있는 '간결하게 쓰기'가 핵심이다.

세 번째는 내 생각의 의미를 한눈에 그림처럼 보여주는 편집 단계다. 내용이 한눈에 보이려면 상대방 입장에서의 편집이 필요하다. 쓰는 사람은 편집으로 보고서를 마무리하지만, 읽는 사람은 편집이 가장 먼저 눈에 보인다.

네 번째는 내 생각이 담긴 글을 물 흐르듯이 전달하는 말하기 단계다. 흔히 보고라고 하면 보고서만 잘 쓰면 된다고 생각하지만, 보고의 완성은 말로 하는 보고에 있다. "보고서는 잘 썼는데, 왜 말은 이렇게 버벅대는 거야?"라는 핀잔을 들어본 직장인이라면 그 중요성을 실감할 것이다.

이 책에서는 각 단계별로 가급적 구체적인 사례를 제시해 보고의 본질에 다가가는 방법을 설명하려 했다. 필자가 찾아낸 이런 보고법이 여러분의 직장생활에 조금이나마 도움이 되었으면 하는 바람뿐이다.

직장생활은 아프다. 승진에 누락되어서 속이 쓰리고, 원치 않는 술을 마시면서 몸이 상한다. 보고서 때문에 생각을 정리하느라고 머리가 아프고, 밤새 쓰느라고 몸이 축난다. 글로 쓴 걸 가지고 말로 깨지면서 마음에 상처를 입는다. 속이 더 상한다.

그래서 대부분의 직장인이 보고를 어려워한다. 항상 열심히 준비하지만 결과는 늘 좋지 않다. 보고란 무엇인지, 왜 보고를 하는지, 그 근본적인 물음과 마주하지 못했기 때문이다. 내 보고가 무엇이 문제인지 치열하게 고민하자. 무엇이 해법인지 진지하게 고민하자. 이 책이 그 치열함과 진정성의 계기가 되길 바란다.

역량평가 이해하기

'역량평가'란 쉽게 말하면 회사에서 자주 일어나는 상황을 모의 과제로 설정하고, 그 해결 과정에서 보이는 역량을 여러 사람이 평가하는 것이다. 인사혁신처에 따르면, '다양한 평가방법을 활용하여 실제 업무와 유사한 모의상황에서 나타나는 평가 대상자의 행동 특성을 다수의 평가자가 평가하는 체계'다. 이 역량평가 제도가 요즘 공무원 등 공공부문 직장인의 화두로 떠올랐다. 역량평가에 의한 승진제도가 확산되면서 기존의 객관식, 주관식 승진시험 또는 근무평정에 의한 승진심사를 대체하는 추세이기 때문이다.

우선 국가공무원이 고위공무원(예전 국장급 이상)으로 승진하기 위해서는 역량평가를 통과해야 한다. 탈락률이 꽤 높기 때문에 대다수가 스트레스를 받는다. 2015년부터는 과장급 승진에도 의무화되었다. 그리고 여러 부처에서 과장급 이하 직급의 승진에도 역량평가를 도입하는 추세다. 지자체는 물론 공사 등 공공기관에서도 도입이 확산되고 있다. 이런 경향을 반영하듯 역량평가에 관한 책도 있고, 사설 준비 기관도 많이 생겼다. 그런데 사람들 대부분이 준비하기 어려워 무엇부터 해야 할지 막막하다는 반응이다. 왜 그럴까? 역량평가의 본질을 잘 몰라서 그렇다.

그런데 왜 보고법을 설명하는 책에서 갑자기 뜬금없이 역량평가를 다룰까? 둘의 본질이 일맥상통하기 때문이다. 지금까지 고수의 보고법에서는 생각을 강조했다. 보고를 잘하려면, 내 생각이 담겨야 하고 상대방 입장에서 한 번 더 섬세하게 생각해야 한다. 그런데 역량평가의 핵심도 이와 같다. 따라서 필자는 역량평가의 스킬이 아니라 본질에 대한 이해를 중심으로 설명한다. 역량별 내용의 세부적 분석, 평가방법별 사례와 대처요령, 모의과제와 모범답안 등은 설명하지 않는다. 다만, 왜 상대방 입장에서 생각하는 글쓰기와 말하기가 역량평가의 기초가 되어야 하는지에 집중한다.

역량평가에 관한 네 가지 오해와 이해

도대체 뭘 평가하지? 기법 vs 역량

필자는 고용노동부 인사를 총괄하는 운영지원과장을 하면서 다양한 직급의 승진심사를 위한 역량평가를 준비해 보았다. 그리고 고위공무원이 되기 위한 국가공무원인재개발원의 역량평가를 통과했다. 2015년 이 책의 초판과 2019년 《고수의 역량평가 대처법》을 펴낸 이후에는 역량평가에 관한 교육도 하는 등 다양한 경험을 하고 있다. 그 과정에서 많은 평가자 및 피평가자들과 이야기할 수 있었다. 필자가 느낀 피평가자들의 상태는 다음 세 가지였다.

- 무조건 역량평가를 부담스러워 한다.
- 아직도 역량평가의 본질을 잘 모르고 오해하는 경우가 많다.
- 그래서 준비를 제대로 하지 못하고 대충 평가를 받는다.

● 평가대상
평가자는 문제를 해결하는 역량을 평가한다고 말한다. 그런데 피평가자는 말 잘하는 기법을 평가받는다고 생각한다. 피평가자들이 역량평가를 부담스러워 하는 첫 번째 이유다.

실제로 역량평가에서 보고자 하는 것은 글과 말의 기법이 아니라 문제를 해결하는 역량이다. 즉, 이미 해결된 문제를 얼마나 빨리, 많은 단어로, 유창하게, 글과 입으로 표현하는가가 아니다. 앞으로 문제를 해결하기 위해 얼마나 정확하게, 생각의 덩어리를, 머리에서 제대로 정리했는가를 평가한다. '생각 정리하기'가 먼저다. 글과 말의 기법은 다음 문제다. 그런데 대부분 글과 말의 기법만 생각하고, 그것만 준비한다. 그래서 어렵게 느낀다.

역량평가에서 생각 정리하기가 먼저라면 무엇이 생각나는가? 앞서 설명한 보고서 쓰기의 생각 정리하기가 떠오른다. 생각을 덩어리로 정리해서 스토리를 만들면 된다. 대표적으로는 어떠한 문제도 해결하는 4개의 생각 덩어리를 사용하면 된다.

● 역량과 평가방법

인사혁신처 국가공무원인재개발원 역량진단센터에 따르면, 역량이란 '우수성과자의 행동특성을 의미. 개인과 조직의 성공적인 성과 달성에 있어 핵심이 되면서 관찰, 측정 가능한 행위로 표현되는 내재적 특성'으로 정의된다. 쉽게 말해보자. 역량力量은 힘 력力, 헤아릴 량量으로 힘을 헤아린다는 의미다. 지식이나 기술을 평가하는 것이 아니라 어떤 일이나 문제를 해결하는 힘을 평가한다는 뜻이다.

역량의 종류는 기관별·직급별로 필요에 따라 다양하게 선택되고 분류된다. 몇 가지 정리해보면 〈표1〉과 같다.

기관명	인사혁신처		인사혁신처		모 부처	
직급	과장급 → 고위공무원		5급, 4.5급 → 과장급		6급 → 5급	
역량 종류	역량군	역량	역량군	역량	역량	하위요소
	사고	문제인식 전략적 사고	사고	정책기획	기획력	정보수집 · 분석 계획수립
	업무	성과지향 변화관리	업무	조직관리 성과관리	문제 해결	상황 · 문제인식 대안제시
	관계	고객 만족 조정 통합	관계	의사소통 동기부여 이해관계조정	의사소통 조정통합	의견수렴 · 조율 의사전달 · 표현
					리더십	목표관리 관계형성

동시에 역량을 평가하는 방법도 기관별 · 직급별로 다양하다. 하지만 최근 공공부문에서 주로 쓰는 평가방법은 〈표2〉와 같이 크게 네 가지로 수렴된다.

당연히 평가방법별로 진단하는 역량이 다르고, 따라서 일반화하기 어렵다. 그런데 굳이 일반화할 필요성도 별로 없다. 추론이 가능하기 때문이다. 〈표1〉에 있는 모 부처의 몇 년전 5급 승진관련 역량은 네 가지였다. 그 부처는 〈표2〉의 네 가지 평가방법을 사용했다(지금은 이 부처도 평가방법이 바뀌었지만 편의상 예전 평가방법으로 설명한다). 각 방법의 본질을 생각해서 평가방법별 진단 역량을 추론해보자.

'집단토론'과 '역할연기'는 다른 토론자, 코칭 대상자 등 나와 행동을 같이하는 직접적인 상대방이 있다. 그러면 상식적으로 의사소통 · 조정통합, 리더십 같은 덕목이 필요하지 않을까? 그리고 토론

평가방법	설명
집단토론 Group Discussion	• 여러 명의 참가자들이 회의하는 방식으로 진행(역할 있는 토론, 역할 없는 토론) • 특정 사안에 대해 서로 다른 의견을 가지고 있는 사람들이 토의를 통해 합의된 결론을 도출하는 과제
역할연기 Role Play	• 1대1 또는 1대2 방식으로 진행 • 부하직원, 이해관계자, 고객 등과의 상호작용 속에서 대화를 통해 주어진 목표를 달성
현안업무처리 In-Basket	• 혼자서 다양한 형식으로 제시된 문제들을 해결하는 방식 • 정해진 시간 내에 여러 가지 문제들을 처리해야 하며, 그 처리과정/결과에 대한 검토 및 질의응답을 통해 역량을 확인
구두발표 Presentation	• 관찰자들에게 참가자가 혼자서 구두로 보고하는 형식 • 상사, 대중, 이해관계자 앞에서 자신이 전달하고자 하는 바를 명확히 전달하여 상대방의 공감을 이끌어 내는 과제

과 설득은 무엇으로 이끄는가? 말로만 해서는 안 되고 내용이 있어야 하므로 문제 해결력도 포함될 것 같다. 그런데 '현안업무처리'와 '구두발표'는 다르다. 상대방과 같이 행동하는 것이 아니라 나 혼자 문제의 해결방안을 정리하는 것이다. 따라서 기획력과 문제 해결력은 당연하다. 그런데 요약 보고서를 쓰기는 하지만 말로 발표도 하므로 의사소통·조정통합도 필요하지 않을까? 이 분석을 그대로 정리하면 〈표3〉과 같다. 그런데 실제 그 부처의 평가방법별 진단 역량을 보면 거의 유사하다. (×)부분이 없고, (○)이 있을 뿐이다.

만약 이 표를 먼저 제시했다면 여러분은 생각하지 않고 외웠을 것이다. 이렇게 추론 방식으로 접근한 것은 평가방법의 본질을 파

〈표3〉 모 부처의 '평가방법별 진단 역량' 추론 결과

역량	하위역량	집단 토론	역할 연기	현안 업무처리	구두 발표
기획력	정보수집 및 분석			●(○)	●(○)
	계획수립			●(○)	●(○)
문제 해결	상황 및 문제인식	●(○)	●(○)	●(○)	●(○)
	대안제시	●(○)	●(○)	●(○)	●(○)
의사소통 조정통합	의견수렴 및 조율	●(○)	●(○)		●(×)
	의사전달 및 표현	●(○)	●(○)		●(○)
리더십	목표관리	●(×)	●(○)	(○)	
	관계형성	●(○)	●(○)		

* ●는 추론의 결과, ( )는 실제 사례

악하는 것이 핵심임을 강조하기 위해서다. 각 평가방법의 본질에 맞게 대응전략, 즉 '생각 정리하기'의 초점을 정해야 한다. 그래야 효율적으로 대응할 수 있다.

반대로 생각하면 쉽다. 집단토론 시간이다. 그런데 다른 토론자와의 입장 조율은 무시하고, 혼자 문제 해결의 아이디어만 말한다면 좋은 평가를 받을 수 있을까? 그렇게 한다면 문제 해결력은 평가가 좋겠지만, 의사소통 · 조정통합, 리더십은 낮은 평가를 받을 것이다. 문제의 본질에 맞게 생각을 정리해야 한다.

〈평가대상에 대한 오해와 이해〉

오해	이해

• 말 잘하는 기법
• 말 잘하는 힘, 입 주변 근육의 힘
    – 이미 해결된 문제를
    – 얼마나 많은 단어로 유창하게
    – 입으로 말하는가?
• 어떤 평가방법이든 내 생각만 말하기
	• 잘 생각하는 역량
	• 문제를 해결하는 힘
	    – 앞으로 문제를 해결하기 위해
	    – 얼마나 논리의 흐름으로 정확하게
	    – 머릿속으로 정리했는가?
	• 평가방법별 진단 역량에 맞게 정리하기

도대체 어떻게 표현해야 해? 형식 vs 내용

두 번째 오해가 바로 포맷, 즉 형식에 대한 맹목적 신뢰다. 예를 들어 많은 분들이 통상적으로 집단토론을 준비하는 형식을 보자.

> 토론 순서: ① 토론 진행방법 제시 → ② 모두발언 → ③ 쟁점도출 → ④ 쟁점별 조정 → ⑤ 마무리 → ⑥ 발언내용 요약정리
>
> ⇨ **Key Point:** ①번, ⑥번은 반드시 기선을 뺏기지 말고 내가 먼저 해야 함

재밌는 것은 이 형식을 꼭 지켜야 하는 것으로 배운다는 점이다. 심지어는 평가방법별로 이런 진행 시나리오를 담은 족보가 나돌기도 한다. 물론 형식은 생각을 정리하는 틀이므로 중요하다. 그러나 전부는 아니다. 문제 해결을 위한 생각 정리가 더 중요하다. 이렇게 형식을 외우면 안전할 것 같지만 오히려 위험하다. 왜 그럴까?

순발력이 발휘될 수 없다. 실제로 집단토론에서 과제의 유형이 예년과 전혀 다르게 나온 적이 있었다. 그러자 미리 연습한 토론 형식을 적용하지 못하고 당황해서 평가를 망치는 경우도 보았다. 생각이 고정되면 현장에서 순발력이 발휘되지 않는다.

차별화가 안 된다. 생각해보라. 내가 아는 그 형식을 나만 알고 있을까? 웬만큼 준비한 사람들은 모두 다 안다. 모든 사람이 똑같은 형식을 사용해서 똑같이 진행하려 한다면, 정말 웃기지 않을까? 그렇게 해서는 절대 차별화될 수 없다. 기본 점수는 받겠지만, 좋은 점수는 받을 수 없다. 평가자의 눈으로 보라. 실제 어떤 피평가자는 집단토론에서 학원에서 배운 형식에 집착한 나머지 제한 시간이 넘었음에도 앞의 토론 순서에서 ⑥번의 발언을 계속 하는 것을 본 적이 있다. 시간 준수라는 기본을 어긴 것이므로 당연히 좋은 평가를 받지 못했다.

덩어리를 하나 정해놓고 그것만 끝까지 지키라는 것이 아니다. 덩어리식 생각의 방법, 즉 덩어리의 내용이 중요하다는 것이다.

역량평가는 말하기보다 글쓰기에 가깝다. 형식만 가지고 글을 쓸 수 있을까? 당연히 내용이 있어야 한다. 덩어리만 가지고 말을 하면 입으로만 말하는 껍데기에 불과하다. 덩어리가 뭉쳐 스토리가 되어야 머릿속에서 정리된 내용 있는 말이 된다. 두 번째 오해도 첫 번째 말 잘하는 기법을 평가한다는 오해에서 생기는 것이다. 머릿속에서 정리된 내용 있는 말을 하려면? 생각 정리하기가 우선이다. 고수의 보고법과 같지 않은가?

〈표현방법에 대한 오해와 이해〉

오해	이해
• 형식 • 덩어리만 　– 순간 대응, 현장 적용이 안 됨 　– 차별화가 안 됨 • 입으로만 말하는 껍데기 말	• 형식과 내용 • 덩어리와 스토리 　– 순발력 가능 　– 나만의 스토리 • 머릿속에서 정리된 내용 있는 말

도대체 무엇을 먼저 해야 해? 표현 vs 이해

　세 번째 오해는 바로 무턱대고 말하기다. 역량평가를 받아 보면 평가방법별로 검토시간에 먼저 읽어야 할 기본자료가 나온다. 상당히 두툼하다. 그런데 이 기본자료를 제대로 읽지도 않고 바로 말하기 준비에 돌입하는 경우가 있다.

　역량평가를 처음 경험한 직원들은 이구동성으로 "자료가 너무 방대해서 짧은 시간 안에 핵심을 파악하는 것이 제일 힘들었어요. 제대로 이해하지도 못한 상태에서 그냥 대충 말한 것 같아요."라고 말한다. 평가위원들의 단골 코멘트는 '주어진 자료 활용이 미흡하다. 정보를 피상적으로 파악하는 데 그쳤다.' 또는 '자신의 견해를 근거자료를 활용하여 논리적으로 제시했다. 세부자료를 활용하며 논의를 주도했다.'이다. 표현의 역량이 아니다. 이해와 표현의 역량이다. 상대방의 글과 말을 이해하지 못하면서 어떻게 내 생각을 제대로 표현할 수 있을까? 기본자료도 제대로 파악하지 못한 사람에게 높은 점수를 줄 평가자는 없다. '잘 몰라도 대충 입으로 때우면 되겠지?'라고 생각하는가? 입으로 때워지지 않는다. 평가자는 당신이 자료의 내용을 정확히 알고 있는지, 그렇지 않은지를 파악한다. 세 번째 오해도 결국 역량평가를 말하는 기법 평가로 생각해서 그렇다. 그러면 어떻게 빨리 이해하며 읽을 수 있을까?

전략적 읽기 그 평가방법에서 요구하는 상황에 맞추어 전략적으로 읽어야 한다. 현안업무처리인가? 핵심은 과제 해결을 위한 분석과 대안 개발이다. 이 방향으로 자료를 재구성해서 읽자. 집단토론인가? 조직개편이든, 예산삭감이든 그것에 맞는 논리를 개발하며 읽자. 생각 없이 읽으면 생각이 나지 않는다. 상황에 맞추어 읽으면 생각이 쉽게 정리된다. 그러면 말하기도 쉽다.

맥락적 읽기 관계와 좌표를 생각하며 읽어야 한다. 기본자료에 나오는 모든 내용은 서로 연계되어 있다. 그런데 단순히 나열된 순서로 외우려고만 하면 잘 외워지지 않는다. 각각의 정보들을 인과의 관계로, 그리고 전체의 위치 속에서 좌표로 읽어내서 연계성을 찾아야 한다. 그래야 '정보의 암기'가 아닌 '맥락의 이해'로 읽을 수 있다.

고수의 보고법에서 커뮤니케이션이란 '이해와 표현'이라고 정리했다. 그리고 역량평가에서도 '이해와 표현'의 역량이 중요하다. 결국 둘이 같지 않은가?

〈준비 순서에 대한 오해와 이해〉

오해	이해
• 표현부터 • 무턱대고 말하기 • 대충 자료읽기 • 정보 암기하기	• 이해부터 • 이해하고 말하기 • 평가대상 역량에 맞추어 자료 읽기 • 맥락 이해하기

도대체 어떻게 준비해야 해? 닥쳐서 vs 닥치기 전에

네 번째 오해는 생각 없는 자신감이다. '역량평가는 평소 실력으로 하는 거야. 평소 내 업무 상황 자체가 평가방법의 사례와 똑같잖아! 준비할 게 뭐 있어?'라는 믿음이다. '이게 왜 오해야? 맞는 말 아니야?'라고 생각하는가? 맞는 말이다. 역량평가의 개념 자체가 평소 업무상황에서 자주 벌어지는 상황을 모의과제로 설정한 것이다. 따라서 평소에 자주 겪는 상황인 것은 당연하다. 그런데 평소에 자주 발생하는 것과 그것에 대한 평가를 미리 준비하는 것은 전혀 다른 문제다. 잘못된 믿음 때문에 준비를 소홀히 하면 큰코다친다. 그런데 고수의 보고법에서도 '미리 준비하기'를 강조했다. 그래서 또 역시 역량평가와 고수의 보고법은 서로 통한다.

〈사전준비에 대한 오해와 이해〉

오해	이해
• 평소에 자주 발생되는 상황임 • 따라서 준비 없이 닥쳐서 해도 됨	• 발생 빈도와 준비는 다른 차원임 • 따라서 평소 준비하고 연습해야 함

평가방법별 의미 생각하기

이하 평가방법별 설명은 주로 중간관리자급(공무원의 경우 사무관급)을 위한 역량평가에 한정하기로 한다. 평가방법의 종류, 평가방법의 운영형태 등이 너무 다양하므로 지나치게 일반화할 경우 왜곡될 수 있기 때문이다.

구두발표Oral Presentation
생각을 글과 말로 잘 정리하기

주어진 자료를 토대로 과제를 해결하는 자료를 만들어 상사, 대중, 이해관계자 앞에서 발표하는 것을 평가한다. 즉, 해결해야 하는 주제에 대한 간략한 자료(보고서 또는 메모)를 작성해서 그것을 가지고 말로 발표하는 형식이다(시간이 제한되어 있으므로 보고서는 간략하게 할 수밖에 없다).

구두발표의 경우 주어지는 과제가 대부분 하나다. 즉, 여러 과제에 대한 개괄적 검토가 아니라 한 과제를 종합적으로 검토한다. 치밀한 논리와 풍부한 문제 해결의 아이디어가 필요하고, 그것을 글과 말로 정리해서 표현하는 것이다. 한 마디로 한 가지 일을 잘 처리하는 것이 본질이다.

● 한 가지 일을 어떻게 잘 처리할까?

대부분 구두발표의 본질은 '말하기'라고 생각한다. 그래서 어떤 코칭을 보면 말할 때의 발표 자세, 즉 눈 맞추기, 손 위치, 몸동작, 바른 자세로 서 있기(짝다리 짚지 않기), 시작과 마무리 멘트 외우기 등에 집중하는 경우도 있다. 그런데 이런 것들이 본질일까? 아니다. 본질은 '말하기'가 아니라 '말로 글쓰기'다. 다만 시간의 제약때문에 보고서는 요약 또는 메모 형태가 되고, 그만큼 말로 설명하면서 보충을 하게 되는 것 뿐이다. '말로 글쓰기'가 본질이라면 '말'과 '글쓰기' 중 무엇이 더 중요할까? 당연히 글쓰기이고, 그렇다면 고수의 보고법에서 말한 대로 '생각 정리하기' 즉, 덩어리와 스토리가 필요하다. 이게 되어야 말하기도 따라서 자연스럽게 된다.

● 말로 글쓰기의 4단계 전략

구두발표 과제들은 여러 가지가 있겠지만, 대부분 '○○○에 대한 개선방안'의 형태다. 그렇다면 바로 4개의 생각 덩어리가 생각나지 않는가? Why 1, Why 2, How, What의 스토리가 머릿속에 정립되어 있다면, 구두발표는 앉아서 떡 먹기다. 이것이 그대로 어떤 문제도 말로 해결하는 '말로 글쓰기' 4단계 전략이다. 사실 구두발표는 보고서 쓰기와 거의 유사하고 특히, 생각을 정리하는 원칙들이 그대로 적용된다. 따라서 여기서는 구체적인 설명은 생략한다.

평가자들의 코멘트를 보아도 일반 보고서에 대한 코멘트와 유사하다. '다각적인 현황분석 미흡, 문제의 원인분석 누락, 문제 해결 대안이 원론적이고 추상적, 구조화되어 있지 못함, 종합적 접근 부족' 등 많이 들어본 소리 아닌가? 바로 말로 글쓰기이기 때문이다. 구두발표를 경험한 후기를 들어보라. "생각보다 발표를 횡설수설한 것 같아. 내가 말하면서도 말이 잘 안 되는 것 같았어. 검토시간에 생각을 좀 더 정리했었어야 하는데. 평가자가 내 말이 앞뒤가 안 맞고 논리적으로 모순이 있대." 등의 반응이 많다. "시선을 못 맞춘 것 같아. 짝다리를 짚었어. 제스처를 전혀 안 했어."라는 후회는 거의 들어본 적이 없다.

말할 때 발표 자세도 당연히 중요하다. 그러나 역량평가는 발표의 기술이 아니라 문제를 해결하기 위해 어떻게 생각을 정리했는가를 우선 평가한다. 말할 때 발표 자세를 1시간 연습하면, 생각을 정리하는 것은 10시간 연습하자. 생각이 정리되면 말도 잘되기 때문이다. 보고를 잘하기 위해 미리 준비하는 것과 같다. 타고난 고수는 없다. 연습한 고수가 있을 뿐이다.

현안업무처리In-Basket
생각을 글과 말로 빨리, 잘 정리하기

현안업무처리란 피평가자 혼자서 다양한 형식(메모, 이메일, 문서 등)으로 제시된 여러 가지 문제를 정해진 짧은 시간 내에 처리하는 과정과 결과를 평가하는 평가방법이다. 미결업무처리 또는 서류함 기법으로 불리기도 한다. 검토시간에 주어진 문제를 처리하는 보고서를 작성하고, 그것을 토대로 인터뷰한다. 통상 보고서와 인터뷰의 내용을 모두 평가하지만, 시행기관에 따라서 둘 중 하나는 평가하지 않는 경우도 있다

현안업무처리의 본질은 무엇일까? ① 처리할 과제가 여러 개 있다(구두발표는 과제가 한 개다). ② 처리할 시간은 급하다. ③ 각 과제의 해결방안을 글과 말로 정리한다. 이를 모두 정리하면 '여러 가지 일을 빨리 처리하기'다. 그리고 '그것을 글과 말로 잘 정리하기'다.

● **여러 가지 일을 어떻게 빨리 처리하고 잘 정리할까?**

현안업무처리는 피평가자들이 가장 어려워하는 평가방법이다. 위에서 말한 세 가지 특성 때문이다. 그런데 반대로 생각하면 오히려 쉽지 않을까? 과제가 여러 개라면 각각의 과제는 아이디어의 개요만 생각해도 된다는 뜻이다. 처리 시간이 급하다면 우선순위를 정하면 된다. 글로 써야 한다면 취약한 말하기를 보완할 수 있는 찬스다! 즉, 모든 일을 완벽하게 처리하기가 아니라, 여러 과제를 처리하기라는 점을 충분히 활용하자.

실전에서 현안업무처리 평가를 위한 기본 검토자료를 받아보면 보자마자 마음이 급해진다. 예를 들면, 현재는 월요일 아침 9시인데, 해외출장 때문에 10시에는 공항으로 출발해야 한다. 그런데 내부 전산망, 전화 메모, 공문 등을 통해 처리해야 할 일은 4건이나 된다는 식의 상황을 제시한다. 시간은 없고 마음은 급하다. 머리는 답

답하고 입술은 바싹 탄다. 만약 이것이 현실의 상황이라면 여러분은 어떻게 하는가? 필자는 이렇게 한다.

① 우선 할 일이 무엇인지 메모한다.
② 무엇부터 할 것인지 일의 우선순위를 정한다.
③ 과제별로 문제 해결방안을 마련한다.
④ 처리방법을 선택하고 처리한다.

여러분도 비슷하지 않은가? 누구나 평소에 하듯이 ①, ②, ③, ④의 순서로 생각을 정리한다. 그것을 그대로 글로 정리하면 현안업무처리보고서다.

● **현안을 평소처럼 처리하는 4단계 전략**

1단계: 무엇을 할까? → 해결과제 파악 기본자료를 보고 처리할 과제가 무엇인지, 몇 개인지 파악해야 한다. 평가할 과제는 5개인데 4개만 파악했다면, 당연히 역량부족이다(그러나 난이도를 낮게 출제할 때는 풀어야 하는 과제를 아예 지정해서 알려주기도 한다).

2단계: 무엇부터 할까? → 우선순위 결정 현안업무처리는 과제가 여러 가지다. 또 시간이 제약되어 있다. 따라서 과제를 처리할 우선순위를 정하는 것은 기본이다. 대표적인 기준은 중요성(파급의 심각성, 조직의 기본 목표와 연관성, 타 과제에의 영향, 대국민 영향 등)과 긴급성(발생가능성, 시간이 정해지거나 처리에 시간이 걸리는 경우 등)을

〈현안을 평소처럼 처리하는 4단계 전략〉

1단계	무엇을 할까?	**해결과제 파악**	• 무엇인지? • 몇 개인지?
2단계	무엇부터 할까?	**우선순위 결정**	• 중요성 • 시급성
3단계	어떻게 풀까?	**해결방안 마련**	• 철저한 자료숙지 • 구조적 문제파악 • 다각적 해결방안 • 필요한 추가정보
4단계	어떻게 처리할까?	**처리방법 선택**	• 다양한 방법 활용 • 주변의 사람 활용

같이 고려하는 것이다. 필자는 ① 중요하고 긴급한 것 → ② 긴급하지만 중요하지 않은 것 → ③ 중요하지만 긴급하지 않은 것 → ④ 긴급하지도 않고 중요하지도 않은 것의 순서로 결정한다. 그런데 이렇게 하지 않는 사람도 있을까? 즉, 이 방법이 상식적이다.

3단계: 어떻게 풀까? → 해결방안 마련 과제별로 검토할 핵심 덩어리(예시: 현황·문제, 대책, 추진계획 등)의 내용을 정리하고, 각각 판단의 근거를 명시한다. 이 부분은 보고법의 내용과 동일하므로 여기서는 설명하지 않는다. 다만 '현안업무처리'라는 평가를 위한 보고서이므로 더 신경 써야 할 부분이 있다. 즉, 평가용이므로 제시되는 기본 자료에는 상황이 의도적으로 복잡하게 구성되어 있다. 따라서 평가자의 눈으로 보는 것이 문제의 핵심을 찾는

지름길이다. 평가자들이 실전에서 많이 한 코멘트를 보고 몇가지 포인트를 뽑아 보았다.

① 평가자 입장에서는 '피평가자가 자료를 숙지했는가?'부터 본다. 따라서 이슈 파악, 현황·문제 분석, 대안제시 등 주요 덩어리를 주어진 자료를 토대로 검토해야 한다.
② 평가자에게는 '피평가자가 복잡한 문제의 핵심을 파악했는가?'가 중요하다. 따라서 '복잡하게 얽힌 문제를 전체의 틀로 구조화해서 파악했음'을 보여주어야 한다.
③ 문제 해결방안도 이슈 간의 연계성을 파악하여 다각적으로 제시해야 한다. 스토리텔링과 유사하다. 종합적이면서도 창의적인 시각으로 아이디어를 냈는가도 포인트다.
④ 가능하다면 과제 해결에 필요한 추가정보가 무엇인지도 제시하면 한 차원 높은 문제 해결 능력을 보여줄 수 있다.

4단계: 어떻게 처리할까? → 처리방법 선택 다양한 방법을 활용해야 한다. 즉, 보고서, 메일, 전화, 면담, 문자 등 다양한 도구를 활용해서 처리한다. 그리고 혼자 다하려 하는 것도 부자연스럽다. 실제 여러분이 모든 일을 혼자 하는 것은 아니지 않은가? 직접 처리하는 것 외에 부하에게 위임하거나, 상사에게 조언을 구하거나, 동료에게 협조를 요청하는 등 주변 사람들을 활용할 수 있어야 한다. 이때 주의할 점은 타인에게 일을 위임할 때 포괄적으로 하면 안 된다는 것이다. 평가자가 피평가자의 역량을 볼 수 없기 때문이다. 위임하려면 처리 방향과 기준 등을 명확히 제시하면서 업무의 일정 부분을 위임해야 한다.

집단토론Group Discussion
여러 생각을 한 쪽으로 모으기

여러 명의 피평가자가 모여서 하는 회의 방식으로 진행한다. 특정 과제에 대해 의견이 서로 다른 사람들이 회의를 통해 합의를 도출하는 것이다. 이 평가방법의 본질은 무엇일까? 토론자로서 여러 생각을 같은 방향으로 이끌고 가는 것이다.

● 토론은 무엇으로 이끄는가?

어떤 토론자의 모습이 좋은 평가를 받을까? 바로 토론 주도자의 모습이다. 많은 사람이 적극적으로 토론을 주도해야 한다고 생각한다. 그런데 대부분 형식으로 토론을 이끌려고 한다. 단순 진행자와 토론 주도자는 다르다. '형식'으로 이끌면 단순 진행자고, '내용이나 맥락'으로 이끌면 토론 주도자다. 즉, 하수는 형식으로 진행하고, 고수는 내용으로 주도하는 것이다.

하수의 토론 진행 "전체 토론시간이 50분으로 제한되어 있으므로 각자 발언 시간은 한 번에 2분씩만 합시다."라고 말하면 단순 진행자다. 토론 진행방법의 제시에서부터 발언 내용의 요약정리까지, 토론 형식과 준비된 시나리오에 집착하면 진행자는 되어도 주도자는 될 수 없다.

고수의 토론 주도 반드시 제일 먼저 말할 필요가 없다. 한 번씩 다 듣고 나서 말한다(고수는 마지막에 말하는 C다). "A 씨와 B 씨는 각각 ○○을 말씀하셨는데, 중요한 포인트입니다. 두 분이 말씀하신 내용과 제 검토의견을 종합해 보면, 크게 ① ○○도입 여부 ② ○○배분기준 설정 ③ ○○보상방안 등 세 가지로 쟁점이 정리됩니다. 효율적인 회의를 위해서 쟁점별로 나누어 토론했으면 합니다. 우선 첫 번째 쟁점인 ○○도입 여부에 대해서 저는 ○○○하게 생각합니다. A 씨는 어떻게 생각하시나요?"

어떤가? 이 30초짜리 멘트 한 방으로 토론은 초반에 바로 내 페이스가 된다. 고수는 내용을 정리해서 내 방식으로 끌고 간다. 이렇게 말하는데 "전 그렇게 쟁점별로 나누어 토론하는 데 반대합니다. 싫어요."라고 말할 사람이 있을까? 그러면 더 좋다. 그 사람이 이상한 사람이 되니까 말이다.

①번 쟁점에 대해 두세 번 토론했다. 당연히 조정이 안 된다. 그러면 하수는 이렇게 진행한다. "이 토론의 목적은 서로 입장을 조정해서 결론을 내는 것입니다. 마지막으로 조정 기회를 갖기 위해서 1분 이내로 말씀해 주세요." 그러나 고수는 다르다. "쟁점이 ②, ③번도 있습니다. 그런데 ①, ②, ③번이 별개가 아니라 서로 연계되어 있습니다. 따라서 합의를 도출하기 위해서는 전체의 맥락을 이해해야 합니다. 그러니 일단 ②번으로 넘어가 토론했으면 합니다. 저는

②번에 대해 ○○하게 생각합니다. A 씨는 어떻게 생각하십니까?"

어떤가? 고수는 이 한 번으로 토론의 중반까지 계속 자신의 방식으로 이끌어간다. 이렇게 말하면 어떤 사람이 반대할 수 있겠는가? 속으로는 싫을 수 있겠지만, 대놓고 반대하기는 어렵다. 왜냐하면 이런 합리적 대안에 반대하면 고립되기 때문이다. 즉, 만약 A 씨가 반대하면 제3자인 B 씨는 기회는 이때다 하고 A를 고립시키기 위해 C의 제안에 동의한다. 이렇게 내용으로 주도하면 둘 중 하나의 결과가 나온다. A, B 모두를 내 편으로 끌어들이거나 한 사람에 대해 두 사람이 협공을 할 수 있다. "시간이 없으므로 빨리 말합시다."라고 형식으로 독촉하면 반발이 나올 수 있다. 그러나 전체를 살펴보기 위해 다음으로 넘어가자는 식으로 내용을 가지고 대안을 제시하면 동의할 수밖에 없다. 이것이 진정한 고수의 토론 방법이다.

● 내용으로 이끄는 4단계 전략

여기서 제시하는 몇 가지 방법은 국가공무원인재개발원의 역량평가 교육, 필자의 경험, 평가자들의 코멘트와 피평가자들의 후기 등을 종합하여 정리한 것이다.

1단계: 쟁점 만들기 → 스토리식 사고

'합의도출'을 위해서는 서로 다른 의견을 같은 방향으로 수렴시켜야 한다. 따라서 덩어리가 클수록 한 번에 논의해야 할 가짓수가 많아지므로 의견 수렴이 어렵다. 주어진 정보가 한정된 상태에서 전체를 놓고 논의하면 각자가 계속 같은 정보를 가지고 같

〈내용으로 이끄는 4단계 전략〉

은 논리만 반복하기 때문이다. 따라서 전체를 의미 있는 쟁점으로 쪼개는 스토리식 사고가 필요하다.

1) 쪼개기 전체를 몇 개의 덩어리, 즉 '쟁점'으로 쪼개야 한다. 그러면 각 쟁점은 논의 범위가 좁아지면서 '쟁점별 대안'을 생각할 수 있다. 그리고 그 대안을 가지고 서로 타협하면서 '조정안의 전체 모습'을 만들어갈 수 있다.

2) 의미 찾기 쪼개기는 좋은데, 아무렇게나 하면 의미가 있을까? 상대방이 따라올까? 몇 개로 쪼개진 쟁점이 나열식이어서는 큰 의미가 없다. 아예 쪼개지도 않으면 하수이지만, 대충 쪼개면 고수가 아니다. 고수는 논리를 바탕으로 의미 있게 쪼갠다. 다 알고 있는 PEST(정치 · 경제 · 사회 · 기술)와 SWOT 분석도 좋다. 시간

의 흐름도 좋다. 여하튼 논리와 의미가 있게 쪼개야 상대방이 수궁하고 평가자가 고개를 끄덕인다.

그런데 '쪼개기'와 '의미 찾기'가 생각 정리하기에서 말한 '덩어리와 스토리' 아닌가? 그래서 고수의 보고법이 역량평가를 위한 기초운동인 것이다.

2단계: 대안 만들기 → 상대성 원리
이제 쟁점들이 만들어졌다. 어떻게 합의안을 만들어 낼까?

1) 1/n + α 각자가 자기 입장만 유지하면 조정은 불가능하다. ① 내 의견을 관철하고 상대방을 공략하는 것도 중요하지만 ② 대안을 제시하고 상대 의견을 어디까지 수용할지도 고민해야 한다. 모두 ①번, 즉 1/n만 생각하면 타협이 안 된다. 하수들이 이렇게 한다. ①번 플러스 ②번, 즉 1/n + α를 생각해야 조정이 가능하다. 고수들의 토론이다. 물리학에만 상대성 원리가 있는 것이 아니다. 고수는 토론에서도 상대성 원리를 활용한다.

2) 경청 '+α'가 되려면 무엇이 필요할까? 바로 경청이다. 경청은 상대방 말의 맥락을 이해하는 것이다. 그래야 합리적인지 아닌지를 판단하고, 그래야 수용 여부를 결정할 수 있지 않을까? 경청이 안 되면 내 말만 해버리게 되고, 양보가 안 된다. 당연히 조정도 안 된다. 상대방 입장에서 쓰기와 마찬가지로 듣기도 '상대방 입장'에서 들어야 한다.

피평가자들이 자주 하는 후회 가운데 하나가 "대안제시가 부족했어. 상대방이 수용할 수 있게 조정안을 만들었어야 했는데."이다. 평가자들의 코멘트도 비슷하다. '자기 입장의 대안제시에 치우쳤다. 경청의 자세가 부족했다. 상대방과 함께 목표를 달성하지 못했다.' 반대로 '상호 보완적인 결론 도출에 노력했다. 상대방의 상황과 요구를 명확히 이해했다.'는 지적이다. 모두 '+α'와 '경청'의 중요성을 강조하고 있다. 경청은 소리 없는 설득이다. 큰 소리치는 주장보다 훨씬 더 강력하다.

3단계: 자원 나누기 → 합리적 기준

대안을 제시하려면 자원 배분이 핵심이다. 배분을 하려면 기준을 설정해야 한다. 어떤 기준이 필요할까?

1) 정치적·협상적 기준 위험하다. 예를 들어, '신설되는 섬세정책 T/F팀의 팀장으로 현재 3개 부서의 팀장 중 가장 적임자를 차출하기(다만 다음 인사 때까지 공석을 유지)'라는 과제를 생각해보자. 끝까지 합의가 잘 안 된다. 참다못한 내가 마지막 1분을 남겨놓고 양보를 한다. "다들 어렵다면 대승적인 차원에서 우리 국의 팀장을 차출하겠습니다. 대신 다음 인사 때 우리 팀이 원하는 사람을 우선 배치한다는 데 동의해주세요."라는 조정안을 냈다. 모두 동의해서 끝났다. 합의는 되었으나, 이런 기준은 좋지 않다. 과제는 'T/F 팀의 적임자' 선발인데, 합의안은 협상을 통해 '아무나' 선발한 것이기 때문이다. 예산배분의 경우, '○○부 차관이 내 고교

동기 동창입니다. 또는 지역구 의원을 통해 뛰겠습니다.'라는 식의 기준이 대표적인 정치적 기준이다.

2) 행정적·합리적 기준 역량평가는 문제 해결을 위한 역량, 생각하는 과정을 평가한다. 수단과 방법을 가리지 않고 무조건 합의를 도출하는지만 평가하는 것이 아니다. 따라서 행정적·합리적 기준이 먼저다. 예를 들면, 예산배분의 경우 정부 예산편성 기준, 즉 ① 정부 개입 필요성 ② 타 사업과의 중복·유사 여부 ③ 시급성 ④ 투입대비 효과성 ⑤ 집행가능성 ⑥ 형평성 ⑦ 사업비 우선 등의 기준을 제시해보자. 조정이 안 되어도 계속해서 새로운 기준을 제시하면서 과정의 합리성을 보여주자. 비합리적 조정안을 억지로 만드는 것보다는 훨씬 낫다.

4단계: 상대방 대응하기 → 위기와 기회

나는 잘했는데 저 사람이 이상한가? 저 사람이 이상하면 나는 망해야 할까?

1) 이상한 파트너? 집단토론을 하고 나오면 "같이 들어간 파트너가 이상해서 완전히 망쳤어!"라는 후일담을 많이 듣는다. 왜 그럴까? 집단토론을 형식으로 주도하려는 사고 때문에 그렇다. 즉, 내가 준비한 토론 진행 형식이 있는데, 그 형식에 상대방이 따라오지 않아서다. 그러면 당황하게 되고 아무 생각이 안 나면서 머리가 하얗게 된다.

2) 나에겐 구세주! 집단토론을 내용으로 주도한다고 생각해보

라. 정반대다. 파트너가 이상할수록 내게는 좋은 기회다. 파트너가 이상한 형식으로 진행하려 하면 나는 이성적인 내용을 가지고 합리적으로 주도하면 된다. 그럼 내가 조금만 잘해도 훨씬 돋보이지 않을까? 더구나 이렇게 하면 제3자는 내 입장에 동조하지 않을 이유가 없다. 위기는 기회다. 아무리 이상한 상대방이 나와도 나만 잘하면 그는 나에게 구세주가 된다.

역할연기 Role Play
여러 생각을 한 쪽으로 모으기

역할연기는 부하직원, 이해관계자, 고객 등과의 상호작용 상황에서 대화를 통해 주어진 목표를 달성하는 과제를 말한다. 크게 평가자가 한 명인가 두 명인가에 따라 1대1 방식과 1대2 방식이 있다. 1대1 방식에는 주로 부하 코칭, 기자 인터뷰 등의 상황이 나오고, 1대2 방식에는 이해관계자 간 갈등조정 상황이 주로 쓰인다.

1대1이든 1대2든 역할연기 평가방법의 본질은 무엇일까? '설득자로서 다른 생각을 내 방향으로 이끌고 오기'다. 집단토론은 '토론자로서 여러 생각을 같은 방향으로 이끌고 가기'였다. 집단토론에선 나와 다른 생각들이 여러 가지다. 그리고 나도 토론자의 하나로서 양보하고 타협해야 하므로 조정도 내 방향으로만 갈 수는 없다. 타협된 방향으로 이끌고 가야 한다.

그러나 역할연기는 다르다. 나와 다른 생각을 하는 상대방을 대

〈집단 토론과 역할 연기〉

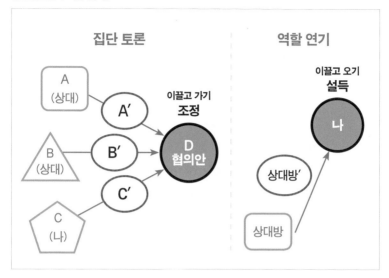

화로 설득하여 내 방향으로 이끌고 와야 한다. 즉 '설득하기'가 필요하다.

● 상대방은 무엇으로 설득되는가?

본질에서 차이가 나므로 당연히 해법도 차이가 있다. 생각해보자. 여러분은 상대방의 말에 언제 설득되는가? 상대방 말의 내용에 공감할 때 설득된다. 그렇다면 상대방도 마찬가지다. 역할연기에서는 집단토론을 이끌고 가는 내용만 가지고는 부족하다. 내용과 동시에 공감이 필요하다.

부하 팀장에 대해 코칭을 하는 상황이다. 그 팀에 추가적인 프로젝트가 갑자기 부가되어서 인력부족과 업무 과잉을 호소하고 있다. 두 가지 코칭을 보자.

하수의 코칭 "그 팀에서 못 한다면 그 일은 누가 하나요? 다른 팀이 대신해야 하나요?"

⇨ 질문을 하고 있지만 질문이 아니다. 코칭이 아니라 지적하고 있다.

"그 프로젝트에 우리 조직의 사활이 걸려 있어요. 개별 팀도 중요하지만 조직 전체가 더 중요합니다. 좀 고생스러워도 조직 전체를 위해서 희생해주세요."

⇨ 지시만 하지 대안이 없다. 코칭이라고 하지만 압박일 뿐이다.

내용만 있고 공감이 없다. 하수의 코칭이다.

고수의 코칭 "그 팀의 인력부족과 업무 과잉은 충분히 이해가 됩니다. 그런데 이 프로젝트의 취지에는 동의하나요? 이 일을 그 팀에서 맡기 위해서는 어떻게 하면 될까요?"

⇨ 상대방의 의견을 구하는 질문을 던진다.

"업무분장에 따르면 이 일은 그 팀에서 하는 것이 맞습니다. 그런데 추가업무를 하는 데는 팀장님 고민대로 인력이 부족해 보이네요. 다만, 현재의 여건상 인력의 즉시 보충은 어려운 상황입니다. 따라서 일단 그 팀에서 이 업무를 하되 부담을 줄이기 위해 저도 그 일의 일부를 직접 담당하겠습니다. 예를 들면, 언론 대응과 국회 설명은 제가 전담을 하는 팀원 역할을 하지요. 그리고 몇 가지 일은 덜어내서 옆의 팀에 주도록 하지요."

⇨ 내가 직접 참여하고, 다른 업무를 줄이는 대안을 제시한다.

내용과 공감이 있다. 고수의 코칭이다. 확실히 다르다.

"개별 팀보다 조직 전체가 중요해. 그러니 해."라는 코칭은 머리로는 이해가 되지만, 마음으로는 납득되지 않는다. 그러나 "그 팀의 인력 부족 문제를 잘 알아. 그러나 이 일도 중요하니까 나도 나서서 구체적으로 도와줄게!"라는 코칭에는 머리와 마음이 함께 움직인다. 그래야 상대방이 나에게 끌려온다.

실제 평가위원들이 많이 하는 코멘트를 보아도 마찬가지다. "일방적으로 자기 의견만을 전달했다. 권위적인 분위기였다. 너무 행정적 설명으로 일관해서 설득하는 데 한계가 있었다." 반대로는 "상대방 말을 경청하고, 논리적으로 설명함으로써 상대방의 공감을 유도했다."는 지적이 나온다. 그리고 "자신이 적극적인 대안을 마련해서 목표를 달성할 필요가 있다."라는 지적도 있다. 대안 마련의 중요성을 잘 알 수 있다.

● 공감으로 설득하는 4단계 전략

1단계: 시작하기 → 왜부터 시작(Why) 보고법에서 보았듯이 상대방을 설득하기 위해서는 Why → How → What의 순서가 효과적이다. 그 과제의 의미와 가치를 공감할 수 있어야 나머지도 이해할 수 있기 때문이다.

앞에서 "그런데 이 프로젝트의 취지에는 동감하나요?"가 Why의 예시다. 변화에는 저항이 따른다. 이 저항을 극복하는 데 How나 What으로 될까? 역부족이다. 왜 변화해야 하는지, 왜 이로운지, 어떤 의미가 있는지, 왜 우리 사회를 그렇게 바꾸어야 하는지 등의 가치와 철학에 대해 먼저 공감을 끌어내야 한다. 예를 들어, 당사자의 이해관계를 넘는 대의, 공동이익, 대민 우선, 장기적 관점 등 Why에 대한 설득이 우선되어야 한다.

2단계: 진행하기 → 스토리 제시(Story) 또 스토리다. 그만큼 중요하다. 어떤 문제도 풀 수 있는 '4개의 생각 덩어리'도 좋다. '도전과 응전'도 좋다. '과거-현재-미래'도 좋다. 'Leading과 Solution'은 어떤가? 논의를 주도하고 대안을 제시하기 말이다. 어떤 스토리든 좋다. 여하튼 스토리가 있어야 한다. 그래야 쉽게 공감한다.

3단계: 자세 갖추기 → 모두 열기(Open) 설득하려면 전부 다 열어야 한다. 머리를 열자. 그냥 "최선을 다하겠습니다."는 별로 도울 의사가 없다는 뜻이고, 상대방도 그렇게 느낀다. "언론 대응과 국회 설명은 제가 전담을 하는 팀원 역할을 하지요."라고 머리를 연다. 그러면 진정성이 보이고 상대방이 공감한다. 입도 열어야 한다. 그냥 "어떻게 생각하세요?" 또는 "이것 아닌가요?"는 설득의 질문이 아니다. "그 일을 맡기 위해서는 어떻게 하면 될까요?" 같은 개방형 질문이 필요하다. 귀도 당연히 열어야 한다. 즉, 상대방의 말은 귀로 듣는 것이 아니다. 그 말의 취지와 입장을 머리로 이해해야 한다. 즉, 맥락적·적극적 경청이 필요하다. 또 눈도 열어야 한다. 상대방 눈에 내 눈을 맞추고, 맞장구도 쳐주자. 실제 평가위원들도 상대방의 의견을 재확인하고 메모하며 적절한 비언어적 표현을 활용했다는 점을 좋은 점으로 평가하기도 한다.

〈공감으로 설득하는 4단계 전략〉

4단계: 대안 만들기 → 보따리 전략(Package) 설득을 하려면 대안에 대한 전략이 필요하다. 그 핵심은 '상대방이 동의할 수 있는 명분인가'라는 것이다. 명분을 세우려면 단순한 대안이 아니라 복합적 대안이 필요하다. 소위 보따리식 또는 패키지식 대안이다. 흔히 '~하되 ~하기'식으로 표현된다. 다음의 네 가지 보따리 전략을 살펴보자. 평소 내가 썼던 전략과 어떻게 다를까?

1) 단계적 접근: 한 번에 다 하지 않고 나누어서 한다. 예를 들면, 일단 도입은 하되 성과를 보며 연차적으로 확대하기(시간), 수도권 지역부터 도입하되 단계적으로 지방까지 확대하기(지역), 일단 도입하되 기업 규모별로 단계적으로 시행하기(규모) 등이 있다.

2) 차등적 접근: 단점을 보완하기 위해 대안을 제시하는 방법이다. 예를 들면, 규제는 강화하되 연구 인프라는 확충하기, 전문가

는 공채하되 행정 직원은 일정 비율로 주민을 우선 채용하기, 보험가입을 의무화하되 보험료 일부는 소득수준에 따라 보조하기, 허가제는 도입하되 업종은 조사해서 선별하기, 보험료율은 올리되 업종·규모별로 차등하기 등이다.

3) 이익적 접근: 겉으로 표현되는 주장보다는 그 내면의 이해관계로 접근하는 방법이다. 예를 들면, 환경문제를 명분으로 혐오시설 건축을 반대하는 의견이 있다. 이것을 계속 환경문제 해결이나 공익문제 등과 같이 명분으로만 대응하면 끝까지 조정이 안 된다. 이런 경우 거시적인 명분을 유지하되 자식들을 위한 일자리 확충이라는 미시적인 이익의 문제로 접근하면 효과적이다.

4) 참여적 접근: 정책의 전반적 과정에 고객을 참여시켜 과정을 관리하는 방법이다. 예를 들면, 어떤 제도를 도입하되 주민들이 선정하는 전문가를 통해 모니터링하기다.

〈평가기법별 특징 정리〉

미리 준비하는 역량평가

역량은 며칠 만에 향상되지 않는다. 그렇다고 향상이 불가능한 것도 아니다. 본질을 제대로 이해하고, 평소에 미리미리 본질에 맞게 계획을 세워 준비하면 된다. 필자가 주변 사람들에게 제시하는 몇 가지 연습방법을 소개한다.

평소에 준비하기

● 이해의 역량 키우기 – 신문사설 줄 치며 읽기

역량의 본질은 이해와 표현을 위한 생각 정리다. 그렇다면 먼저 이해력을 높이기 위해 생각을 정리하는 역량을 키워야 한다. 필자는 역량평가를 준비하는 주변 사람들에게 '신문사설 읽기'를 권한다. 평범하다고? 해보면 비범한 비법임을 알게 된다. 정확하게 말하면 '2개의 신문사설을 비교해서 색깔별로 줄 치며 읽기'다. 다음과 같이 해보자.

① 논조가 상반되는 2개의 일간지를 선택한다.

② 각 신문의 사설 중 주제가 일치하는 1개의 사설을 선택해서 종이로 출력을 한다. 종이가 없으면 어쩔 수 없지만 종이가 있다면 반드시 출력한다. 컴퓨터나 핸드폰 화면으로 보는 것은 최후의 수단이고 최저의 효과를 거둘 뿐이다. 종이 출력을 게을리할수록 역량향상은 지연된다(주제가 일치하는 사설이 없다면 아무거나 1개씩 선택한다).

③ 주장, 근거, 사례 부분을 구별하면서 색깔을 달리해 줄 치며 읽는다. 근거나 사례가 여러 개라면 근거1, 근거2 하는 식으로 번호를 붙인다.

④ 사설의 본문을 보지 않고 밑줄 친 부분만 보면서 말을 이어 본다. 가능하면 밑줄 친 부분을 보지 않고 생각하면서 말하면 더 좋다. 단, 사설을 외우라는 것이 아니다.

⑤ 두 사설 중 어느 사설이 더 자연스럽게 말이 이어지는지 생각해본다. 그 차이가 어디에서 나오는지 밑줄 친 부분을 비교하면서 다시 읽어본다.

⑥ 위 같은 방법을 매일 하려고 노력하되, 안되면 일주일에 한 번은 꼭 한다. 간격이 그 이상 벌어지면 할 필요가 없다.

위의 여섯 단계에서 핵심이 어디일까? 바로 3단계, 즉 [주장-근거-사례] 분석하기다. 특히 많은 분들이 '근거' 찾기를 어려워하는데, 비법이 있을까? 있다. 내가 찾은 '근거'에 '~ 때문이다'를 붙여보는 것이다. 즉 '~ 해야한다'는 사설의 주장 다음에 '~ 때문이다'

를 붙여서 논리적으로 말이 되면 되는 것이다.

신문사설은 논설위원이 쓴다. 논설위원은 말 그대로 논리적으로 설명하는 글을 쓰는 사람들이다. 신문사설은 그런 사람들이 자기의 생각을 많은 독자에게 논리적으로 공개 설명하는 글이다. 이것만큼 좋은 공부 재료가 또 있을까? 처음에는 좀 귀찮게 느껴지지만 며칠만 해보면 쉬워진다.

역량평가를 준비하는 우리 부의 어떤 직원이 보낸 메일에 대한 필자의 답장을 소개한다. 신문사설 읽기의 방법과 사례가 자세히 나와 있으니 도움이 될 듯하다. 다소 길지만 이해를 돕기 위해 원문을 거의 그대로 싣는다. 필자의 인터넷 카페(cafe.naver.com/pjpcrystal)에는 백여 개가 넘는 사설분석 사례가 올라가 있다. 이를 통해 누구나 구체적 방법을 확인할 수 있다.

⟨직원의 문의⟩

지청장님 (당시는 필자가 강원지청장이었다.)

주요 핵심사항에 대하여 줄을 그어 보았는데, 구체적으로 어떤 부분에 줄을 쳐야 하는지, 줄을 친 부분이 너무 많아 혼돈되기도 합니다. 줄을 친 부분 중 동일 성격은 그룹화하여 큰 제목 아래 정리를 해보기도 하였습니다. 그런데 실제 시간이 너무 많이 소요되었습니다.

또한 줄을 치다 보니 거의 내용 전부가 해당되어 나중에는 구분이 잘되지 않습니다. 지청장님 연습 방법 좀 가르쳐 주십시오.

줄 치며 읽기는 무슨 특별한 방법이나 원칙이 있는 것은 아닙니다. 그냥 핵심이라고 생각되는 부분을 치는 것입니다. 단지 '줄을 다 치고 나서 나중에 줄 친 부분만 보면서(전체를 보지 않고) 내가 사설 내용을 내식대로 남에게 말할 수 있게 키워드를 표시하는 느낌?' 정도로 하면 될 것 같습니다. 제가 한 번 밑에 해 보겠습니다.

〔사설〕 전기요금 인상 이어 수요관리 병행돼야

정부가 19일 전기요금을 차등 인상하는 에너지 가격 구조 개선 방안을 발표했다. 용도별로 보면 산업용과 빌딩용이 각각 6.4%, 5.8%로 많이 오르고 일반 가정용도 소폭 오른다. 수요자 부담이 전반적으로 늘어나게 됐지만 전기 과소비형 사회인 우리 현실을 고려하면 요금 인상은 불가피한 측면이 있다.(주장 ①)

우리나라 전기 소비 수준은 주요국들에 비해 높을 뿐만 아니라 증가 속도 역시 예측치를 훨씬 초과해왔다. 그 이유는 (근거)전기요금을 낮은 수준으로 억제했기 때문이다. 그 바람에 전기와 다른 에너지 간 상대가격의 왜곡이 심화되면서 유류나 가스에서 전기로 소비가 급격히 대체됐다. 겨울에 전기난로를 쓰고 비닐하우스 난방을 전기보일러로 교체하는 바람에 (사례)전기사용량은 경제협력개발기구 국가 평균 소비량에 비해 70% 이상 높다고 한다.

요금 인상과 함께 수요관리와 에너지 효율화로 전기 사용량을 줄여나가야 한다.(주장 ②) 원전의 안전성 문제와 송전탑 갈등에서 보듯 발전소를 몰아 짓고 도시 지역 먼 곳까지 전기를 끌어다 쓰는 방식은 (근거①)환경과 생태를 파괴할 뿐만 아니라 현실적으로 부지 확보 등의 난제에 직면해 있다. 분산형 발전시스템이나 신재생에너지를 이용한 발전 등 미래지향적인 방향으로 나아가기 위해서도 전기 사용의 비효율성을 줄여야 한다. (사례 ①) 이번 전기요금 조정으으로 연간 피크 전력을 80만KW 감축할 수 있다고 하니 수요관리가 얼마나 중요한지 알 수 있다.

산업계는 그사이 전기요금이 많이 올랐는데 이번에 또 크게 올랐다고 불만이다. 하지만 아직까지 (근거 ②)다른 나라 산업용과 비교해볼 때 전반적으로 낮은 수준이라고 한다. (사례 ②)국내 제조업의 원가에서 전력비가 차지하는 비중은 1.33%(2011년 기준) 정도라고 하니 전기요금 때문에 경쟁력이 약화할 것이라고 하는 주장은 지나치다. 그동안 전기요금이 싸다 보니 산업용 수요가 폭증하고 그에 맞추기 위해 원전 증설 등 무리한 전력생산시설 확충에 나선 패러다임은 반복될 수 없다. 산업계는 전력 소비효율 향상과 에너지절약 기술 투자에 더 많은 노력을 기울여야 한다. → (이 부분은 주장 ② 부분을 다시 부연설명한 것임)

가정용 전기요금은 누진제를 시간을 두고 개선하겠다고 하는데 가계 부담이 갑자기 늘지 않도록 해야 할 것이다. 1~2인 가구가 50%를 넘어서는 상황에 맞게 요금제도를 조정할 필요가 있다.(주장 ③) 저소득층에 대해서는 요금을 3개월 이상 체납하는 경우에도 단전하지 않고 공급하는 최소전력의 용량을 늘리겠다고 한다. (근거)에너지 기본권 차원에서 그렇게 하는 게 마땅하다. 전기요금 인상으로 영세 자영업자와 농민들의 부담이 늘지 않도록 세심한 배려를 할 필요가 있다.

⇒ 전반적으로 좀 이해가 되셨는지 모르겠습니다. 저 같은 경우는 항상 '주장 → 근거 → 사례'의 순으로 표현하기 때문에 신문사설도 이 방법으로 줄을 치는 것이 쉽습니다. 그리고 색깔도 주장, 근거, 사례를 각각 다른 색으로 표시하면 더 좋겠지요.

⇒ 물론 어떤 글은 '주장, 근거, 사례' 방법으로 명확히 분해하기 어려운 경우도 당연히 있을 것이고, '주장, 근거, 사례'의 순서와 다를 수도 있습니다.
그러나 중요한 것은 어떤 글이든 주장, 근거, 사례를 분석하면서 읽는 습관이 되면, 복잡하고 많은 분량의 남이 쓴 글을 내 식대로 쉽게 이해하게 되고, 그래야 자연스럽게 표현하는 것도 된다는 것이지요.
내가 이해하지 못한 내용은 절대 내가 표현할 수 없습니다. 임기응변은 말 그대로 임기응변에 불과한 것이지요.

⇒ 처음에는 서툴고 잘 안되시겠지만 꾸준히 줄 치며 읽는 습관을 들이고, 줄 친 부분만 보면서 이야기하는 연습을 하시면 실력향상에 도움이 되실 겁니다.

● 표현의 역량 키우기 – 옆으로 쪼개서 따라 쓰기

역량평가에서 표현은 주로 말로 하지만, 그 전에 글로 생각을 정리해야 한다. 따라서 평소 표현의 역량을 키우기 위해서는 생각을 전달하는 연습(말하기)보다 생각을 정리하는 연습에 집중해야 한다. 이에 대해서는 앞에서 많이 설명하고 예도 들었다. 그래도 막상 연습하려면 막막하다는 얘기를 많이 듣는다. 그때마다 필자가 제시하는 연습방법이 '따라 쓰기'다. 즉, 다른 사람이 쓴 잘된 정책검토보고서를 구해서 그대로 다시 써보는 것이다. 그런데 그냥 베껴 쓰는 것이 아니라 옆으로 쪼개서 따라 써야 한다. 첫 글자부터 쭉 타이핑하는 것이 아니다. 다음과 같이 해보자.

① 다른 사람이 쓴 잘된 정책검토보고서를 구한다. 다른 분야나 다른 기관의 것이면 더 좋다. 낯선 것을 익숙하게 하는 연습이다. 실제 역량평가의 과제도 자신이 속한 기관의 사례는 거의 안 나온다.

② 보고서 전체를 보고 가장 큰 목차만 골라서 순서대로 전체를 타이핑 친다(쓰기 1차).

③ 그 다음에 있는 중간 목차만 골라서 큰 목차 사이에 집어넣는다(쓰기 2차).

④ 그 다음 수준의 작은 목차만 골라서 그 사이에 집어넣는다. 즉, 네모(□) 항목들만 골라서 넣는다(쓰기 3차).

⑤ 계속해서 다음의 하위 수준으로 간다. '○ 본문'들만 → '− 설명'들만 → 다음은 '참고자료(※)'만 골라서 바로 윗 수준 사이에 넣는다(쓰기 4차).

⑥ 편집은 신경 쓰지 않는다. 다만 전체 페이지 숫자와 페이지별 포함되는 내용(예시: 전체 7쪽, 검토배경 1쪽, 현황 및 문제점 1쪽 등)은 원 보고서와 동일하게 맞춘다(덩어리별로 분량을 조절하는 연습이 된다).

⑦ 표, 그래프 등은 그리지 않고, 그 자리에 제목만 넣는다.

⑧ 작성한 보고서 전체를 다시 훑어본다. 즉, 잘된 부분, 중복과 누락된 부분이 있는지 생각해본다.

즉, 큰 덩어리부터 목차별로 나눠서 따라 쓴다. 이렇게 '옆으로 쪼개서 따라 쓰기'를 해보면 다음과 같은 효과가 있다. ① 덩어리와

고용노동행정 홍보 활성화 방안

I. 검토배경

II. 현황 및 문제점

III. 홍보 활성화 방안

IV. 세부추진계획

고용노동행정 홍보 활성화 방안

I. 검토배경

II. 현황 및 문제점
  1. 홍보 실태
  2. 문제점 및 원인분석

III. 홍보 활성화 방안
  1. 홍보시기(Timing: When?)
  2. 홍보내용(Contents: What?)
  3. 홍보수단(Tools: How?)

IV. 세부추진계획
  1. 소요예산
  2. 인력확보 및 T/F팀 구성
  3. 추진근거
  4. 추진일정

고용노동행정 홍보 활성화 방안

I. 검토배경

II. 현황 및 문제점
  1. 홍보 실태
    □ ○○○○○
    □ ○○○○○
  2. 문제점 및 원인분석
    □ ○○○○○
    □ ○○○○○

III. 홍보 활성화 방안
  1. 홍보시기(Timing: When?)
    □ ○○○○○
    □ ○○○○○
  2. 홍보내용(Contents: What?)
    □ ○○○○○
    □ ○○○○○
  3. 홍보수단(Tools: How?)
    □ ○○○○○
    □ ○○○○○

IV. 세부추진계획
  1. 소요예산
    □ ○○○○○
    □ ○○○○○
(이하 예시 생략)

고용노동행정 홍보 활성화 방안

I. 검토배경
    ○ ────────────
    ○ ────────────

II. 현황 및 문제점
  1. 홍보 실태
    □ ○○○○○
      ○ ────────────
      ○ ────────────
    □ ○○○○○
      ○ ────────────
      ○ ────────────
  2. 문제점 및 원인분석
    □ ○○○○○
      ○ ────────────
      ○ ────────────
    □ ○○○○○
      ○ ────────────
      ○ ────────────

III. 홍보 활성화 방안
  1. 홍보시기(Timing: When?)
    □ ○○○○○
      ○ ────────────
(이하 예시 생략)

결가지가 구별된다. ② 덩어리의 구성, 즉 스토리가 어떻게 연결되어 있는지 한눈에 알 수 있다. ③ 내용에서도 중요성의 정도가 구별된다. 본문(○와 -)과 참고(※, ▶), 같은 레벨(○와 ○)과 종속 레벨(○와 -)이 구별된다. 결국 덩어리식 사고와 스토리텔링을 연습하게 되는 것이다.

반대로 아래로 죽 베껴 쓸 수도 있다. 보고서 처음부터 위에서 아래로 죽 베껴 쓰는 것이다. 이렇게 하면 덩어리식으로 사고하기 어렵고, 그냥 타이핑 연습이 되기 쉽다. 이 두 방법에서 어떤 차이가 보일까? '생각하며 따라 쓰기'와 '생각 없이 베껴 쓰기'의 차이다. 생각하며 따라 쓰기를 하다 보면 생각을 정리해서 말할 수 있다.

● 연습의 역량 키우기 – 그룹 스터디 제대로 하기

역량평가를 준비하는 직원들이 그룹 스터디를 많이 한다. 몇 명씩 모여 평가방법별로 연습하고 토론한다. 실전에 익숙해지는 아주 좋은 방법이다. 그런데 자기들끼리하고 끝내면 부족하다. 그룹 스터디의 꽃은 제3자의 코멘트이기 때문이다. 그룹 안에 있는 사람들은 문제점을 잘 발견할 수 없다. 자기 선입견이 있고, 창피함 같은 감정이 개입되기 때문이다. 같은 동료들이 서로 코멘트한다고 해도 역시 부족하다. 같이 하는 사람들은 같은 수준에서 그리고 피평가자의 눈으로 보기 때문이다. 그래서 제3자의 코멘트가 필요하다.

말 없는 제3자 동영상이다. 그룹 스터디를 할 때마다 찍어야 한다. 말은 못하지만 누구보다도 말을 많이 한다. 어떤 감정이나 주관이 개입되지 않고, 사실만을 정확히 말한다. 나를 찍어 보아야 내가 얼마나 횡설수설하는지, 중언부언하는지 알 수 있다. 그래야 고칠 수 있다. 그래야 계속 변화하는 나를 볼 수 있다. 동영상은 발음, 말하는 자세, 제스처만을 보기 위한 것이 아니다. 말의 논리적 구성, 덩어리와 스토리, 간결한 표현, 두괄식으로 말하기 등을 보면서 '내가 평가자라면 내 말을 쉽게 이해할 수 있을까?'라는 생각을 하는 것이 핵심이다.

말하는 제3자 어떤 사람이라도 좋다. 제3자의 코멘트를 반드시 받아야 한다. 상급자면 더 좋다. 설사 그 사람이 역량평가로 승진한 사람이 아니라도 상관없다. 상급자는 그 위치가 주는 넓은 시야와 경험이 있다. 역량평가가 무엇인지, 평가방법별로 무엇을 평가하는지 세부적으로 잘 몰라도 된다. 제3자의 객관성과 상급자로서 갖는 통찰력만으로도 충분히 코멘트를 받을 가치가 있다.

며칠 전 준비하기

평소에 역량을 키우기 위해서 신문사설도 읽고, 옆으로 쪼개서 따라 쓰는 연습도 했다. 그룹 스터디를 통해 실전 연습도 많이 했다. 드디어 역량평가가 며칠 후로 다가왔다. 뭘 해야 할까? 익숙해져야 한다. 이제는 익숙함의 역량이 필요하다.

● 덩어리를 익숙하게

그동안 준비했던 각종 생각 덩어리와 스토리를 완전히 내 것으로 만들어야 한다. 실전에서는 시간이 부족하다. 불이 나면 사람의 지능지수가 평소와 달리 현저히 떨어진다고 한다. 마찬가지로 급한 마음이 되면 갑자기 덩어리식 사고나 스토리텔링을 하기 어렵다. 어떤 문제가 나와도 바로 적용할 수 있도록 나만의 스토리에 익숙해져야 한다. 역량평가의 대표적 네 가지 평가방법을 관통하는 본질은 바로 스토리이기 때문이다. '4개의 생각 덩어리', '도전과 응전', '과거-현재-미래', 'SWOT 분석' 등 그동안 여러분이 만든 스토리를 평가방법별로 점검하는 것이다.

집단토론을 위해서 쟁점을 쪼개는 연습을 한다. 사설 제목만 보고 쟁점을 예상해본다. 예를 들어, '한반도 통일방안 마련 시급하다'라는 제목을 봤다. 그러면 쟁점을 통일비용, 사회적 혼란, 주변 국가의 협력이란 3개의 쟁점으로 쪼개 본다. '어떻게 이런 것을 바로 생각할 수 있어? 책이니까 이렇게 쓸 수 있지.'라는 의문이 드는가? 아니다. 가만히 보면 이것은 경제, 사회, 정치·외교라는 스토리다. 초등학교 때부터 배운 익숙한 사고의 틀이다. 사설의 쟁점과 달라도 좋다. 의미 있게 쪼개는 연습이 중요하다.

그동안 만든 배분의 기준도 적용해본다. 예산 배분을 위한 행정적·합리적 기준의 예시가 있었다. 그것을 보고 여러분만의 기준을 만들어야 한다. 그리고 정원 배정의 기준, 인력 차출의 기준, 업무분장의 기준 등 이런 것에 대한 자신만의 행정적·합리적 기준을 미리 만들어놓아야 한다. 그동안의 업무경험, 읽었던 신문사설, 각종 검토보고서 등 여러 자료를 보고 미리 준비하는 것이다. 미리 하지 않으면 실전에선 임기응변이나 직관적으로 말해야 하기 때문에 정치적·협상적 기준으로 흐르기 쉽다. 이렇게 몇 가지 사례를 상정해서 준비한 여러분의 배분 기준, 즉 스토리를 복습하는 것이다.

역할연기를 위해서는 상대방 설득을 위해 준비한 덩어리에 익숙해지는 연습을 한다. 코칭, 인터뷰, 갈등 조정의 주제는 신문사설이나 사회면을 보면 정말 많다. 주제를 정하고 미리 준비한 방법 중 하나를 적용한다. 현안업무처리나 구두발표도 마찬가지다. 신문사설을 보고 여러분의 스토리 중 하나를 적용해본다. 그리고 메모를 하고 말을 이어보라. 쉽게 이어지지 않으면 안 맞는 것이다. 그러면 다른 것으로 바꿔보고, 흐름이 이어지도록 수정하는 식으로 점검한다.

● 곁가지도 준비하기

덩어리를 준비하면서 짬을 내 덩어리를 연결해 주는 곁가지도 미리 챙겨보자. 즉, 평가방법별로 적절한 연결 문구를 미리 정리해 놓는 것이다. 예를 들면, 집단토론을 위해 내용으로 끌고 가는 어구, 쟁점으로 쪼개는 어구 등 몇 가지를 메모해서 익힌다. 역할연기에서도 설득이 안 되거나 예상 밖의 질문을 받을 때가 있다. 이렇게 난감할 때 필요한 어구 몇 가지를 메모하는 것이다.

다음은 필자가 고위공무원단 평가를 위해 미리 정리해 놓은 어구이다. 역대 장관들의 취임사와 같은 몇 가지 자료를 보면서 인상 깊었던 문구를 정리해 놓은 것인데 실제로도 대단히 유용하게 활용했다.

1대2 역할연기, 갈등조정 대비 멘트(집단토론 때도 활용 가능)

- 반대만 하면 수용이 곤란함. 대안을 제시해야 수용 가능
- '엉킨 실타래는 당기지 마라.'는 속담. 너무 당기면 끊어짐.
- 20%의 차이를 좁히려 하지 말고, 80%의 공통분모를 확대해야
- 주장만 하기보다 무엇이 이익인지 생각해야
- 싸움 자체가 목적인가, 이익이 목적인가?
- 나눠야 키울 수 있고, 버려야 담을 수 있음.

1대1 역할연기, 인터뷰 대비(현안업무처리, 구두발표 때도 활용 가능)

- 그렇지 않아도 그 부분에 대해서는 정부가 문제 인식을 충분히 하고 있고, 고민하고 있음.
- 모든 면에서 완벽한 정책이 있으면 이상적이겠지만, 현실적으로는 그렇지 못함. 햇볕이 있으면 그늘도 있음. 중요한 것은 어떻게 하면 그늘의 범위를 좁히고 농도를 약하게 할지를 고민하는 것임.

　현안업무처리와 구두발표도 마찬가지다. 여기서는 주로 기획력과 문제 해결력을 평가한다. 그러나 말할 때 윤활유 역할을 하는 어구들도 미리 정리해놓으면 크게 도움이 된다. 고수는 핵심과 곁가지 모두 신경 쓴다. 결국은 디테일에서 차이가 나기 때문이다.

평가 당일에 준비하기

평가 당일이다. '준비는 무슨 준비? 당일에 뭘 준비해? 그냥 해야지.'라고 생각하는가? 아니다. 반드시 당일에도 미리 준비해야 한다. 시간이 없다고 나오는 대로 바로 말하면 안 된다. 그래도 꾹 참고 생각하고 말해야 한다. 참을성의 역량이 필요하다.

● 급할수록 본질을 생각하고 말하기

미리 준비한 예상문제는 실전에서 절대 그대로 안 나온다. 항상 전년보다 꼬아서 나온다. 그래서 스킬이 아니라 평가방법별 본질에 대한 이해가 중요하다.

집단토론 시간이다. 예상했던 것보다 난이도가 너무 높다. 또는 전혀 예상치 못한 유형이 나왔다. 자료검토 시간에 무엇을 해야 하는가? 한숨만 쉬면서 '난 왜 이렇게 재수가 없지?'라고 생각할 필요 없다. 그럴수록 집단토론 평가방법의 본질을 생각해야 한다. '주된 평가역량이 뭐지? 의사소통, 조정통합이지. 그리고 문제 해결력도 중요해. 형식이 아니라 내용으로 이끌고 가야 해. 그럼, 어떤 쟁점으로 쪼개야 할까? 인력의 배분 문제잖아. 준비한 배분 스토리 중 어느 것이 적합할까? 여하튼 행정적, 합리적 기준으로 가야 해!'라고 생각해보자.

새로운 유형의 문제에 당황해 하지 말고, 급할수록 본질에 집중해야 한다. 그러면 남과 다른 창의적 대안이 나온다. 유형은 본질을 담는 그릇에 불과하다. 물그릇이 아무리 이상하게 생겨도 그 안에 담긴 물은 변하지 않는다. 본질에 집중하면 다른 사람과 차별화된다.

● **급할수록 끝까지 생각하고 말하기**

평가자가 날카로운 질문을 했다. 식은땀이 난다. 어떻게 해야 할까? 단 10초만이라도 생각하고 말하라. 필요하면 "10초만 생각하고 답변 드리겠습니다."라고 하자. 그러면 정말 놀랍게도 생각이 난다. 혀가 움직이기 직전까지 머리로 생각하고 말을 해야 한다. 그래야 입에서 튀어나오는 말이 아니라 머리로 생각한 말이 된다. 끝까지 생각하고 말하자. 생각하면 이루어진다.

〈미리 준비하는 역량평가 연습방법〉